Kunst-Reiseführer in der Reihe DuMont Dokumente

Zur schnellen Orientierung – die wichtigsten Orte und Sehenswürdigkeiten Ober-Italiens auf einen Blick:

(Auszug aus dem ausführlichen Ortsregister S. 292–298)

In der vorderen Umschlagklappe: Karte von Oberitalien mit den im Buch behandelten Städten

In der hinteren Umschlagklappe: Zeittafel zur Geschichte Oberitaliens

Fritz Baumgart

Ober-Italien

Kunst, Kultur und Landschaft
zwischen den Oberitalienischen Seen
und der Adria

DuMont Buchverlag Köln

Umschlagvorderseite: *Am Gardasee* (Foto: D. Geißler, Stuttgart)
Umschlagrückseite: *Verona, S. Zeno Maggiore: Detail der Bronzetür* (Foto: ZEFA/T. Schneiders, Düsseldorf)

Vordere Umschlaginnenklappe: *Bologna, Neptunsbrunnen von Giovanni da Bologna* (Foto: E. Dietl, Ottobrunn)

Frontispiz S. 2: Ravenna, S. Apollinare in Classe

9., überarbeitete Auflage 1988

Satz und Druck: Rasch, Bramsche
Buchbinderische Verarbeitung: Bramscher Buchbinder Betriebe

Printed in Germany ISBN 3-7701-0829-9

Inhalt

Vorbemerkung

Das Buch wendet sich an diejenigen, die außer nach landschaftlicher Schönheit auch nach der Geschichte des Landes fragen, hier der norditalienischen Städte, die im Mittelalter eine für das ganze Abendland bedeutsame Rolle gespielt haben. Die Begrenzung zwischen Venedig im Osten, das wegen seiner besonderen politischen und kulturellen Entwicklung eine eigene Behandlung erfordert, und Mailand im Westen, zwischen dem Alpenvorland im Norden und dem Apennin im Süden ergibt sich aus Landschaft und Geschichte.

Es handelt sich im wesentlichen also um die heutige Lombardei, einen Teil des Veneto, die Emilia und Romagna. Die ihnen, mit wenigen Ausnahmen, gemeinsame Landschaft ist die Po-Ebene, die in modernen Zeiten im allgemeinen als wenig reizvoll empfunden wird, während sie bis zum 18. Jahrhundert häufig als geradezu paradiesischer Garten Italiens betrachtet und geliebt wurde. Darin tritt eine Wandlung des Geschmacks zutage, die vorzüglich durch die Landschaftsauffassung der Romantik hervorgerufen worden ist. Romantisch ist diese Natur allerdings gewiß nicht, fruchtbar aber auf jeden Fall und in ihrer Fruchtbarkeit mit den ständig wechselnden Pflanzungen – von Hecken, Weidenreihen, Pappeln und kleinen Wassergräben eingefaßt – in der endlosen Weite, in dem dunstig-farbigen oder strahlenden Licht auch schön. Das Leben in ihr ist still, wie durch einen Schleier von Einsamkeit und Melancholie gefiltert. Benutzt man kleinere Landstraßen, die wenig befahren sind, wird niemand sich diesem Reiz eigentümlicher Schönheit eines ruhigen, pflanzenhaften Daseins entziehen können. – Anders dagegen sind die Städte, in denen sich alles Leben zu konzentrieren scheint, pulsierend von Beweglichkeit, die Sinne mit Geräuschen, Gerüchen und verstaubten Farben gefangennehmend, Städte, die seit der Antike von einer gemeinsamen Geschichte geprägt worden sind, weswegen ihre Zusammenfassung unter dem Nenner ›lombardisch‹ gerechtfertigt ist. So große Verwandtschaft auch mit der Entwicklung Mittelitaliens, vor allem der Toskana, besteht, und so viele Züge in der Bildung der mittelalterlichen Stadtrepubliken auch gemeinsam sind, rechtfertigt sich eine getrennte Betrachtung nicht nur aus praktischen Gründen. Die Stadtcharaktere von Florenz, Lucca, Pisa, Siena usw. sind andere als die der norditalienischen Gemeinden.

Wer nicht in ununterbrochener Folge von Stadt zu Stadt fahren will, kann an schönen und erholsamen Punkten Aufenthalt nehmen, von denen die gewünschten Orte in bequemen Tagesausflügen zu erreichen sind. Für Mailand allerdings empfiehlt sich ein mehrtägiger Aufenthalt in der Stadt, wobei Como, Monza, Bergamo, Pavia, Lodi und Crema besichtigt werden können. Vom Gardasee aus, etwa von Sirmione, ist der größte Teil der Städte zu erreichen: Brescia, Piacenza, Cremona, Fidenza und Fontanellato, Parma, Reggio Emilia, Modena, Mantua, Verona, Vicenza, Cittadella, Castelfranco Veneto, Padua, Ferrara, Sabbioneta. Von Abano Terme, Montegrotto oder einem anderen Ort der Euganeischen Hügel aus können Exkursionen nach mehreren oder obengenannten Städte (Padua, Vicenza, Cittadella, Castelfranco, Ferrara) und nach Treviso unternommen werden. Bei einem Aufenthalt an der adriatischen Küste nördlich oder südlich von Ravenna ergeben sich die Besuche von Ravenna, Rimini, Faenza und Bologna.

Damit sind alle Städte erwähnt, die im einzelnen kurz besprochen werden sollen, nachdem in einem geschichtlichen Gesamtüberblick das sie gemeinsam Kennzeichnende skizziert worden ist, wobei der Hauptwert auf die Entwicklung der mittelalterlichen freien Kommunen gelegt wird, da sie für den Charakter der Städte bis heute bestimmend gewesen ist.

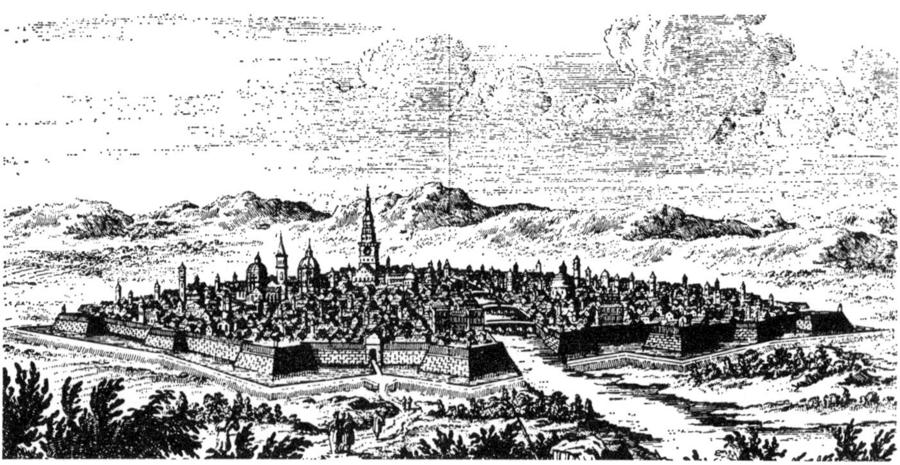

Parma, Stich um 1700

Einleitung

> Ich möchte, daß jede italienische Republik mit ihren Adligen, mit ihrem Volk und ihren besonderen Freiheiten für jeden Stand wiedererstünde. Ich möchte die alten aristokratischen Republiken mit ihren inneren Kämpfen, mit ihren Rivalitäten, die die schönsten Kunstwerke hervorbrachten, die die Politik schufen und die erlauchtesten Fürstenhäuser erhoben. ... Die italienischen Republiken sind der Ruhm des mittelalterlichen Europa gewesen.
>
> (Balzac, Massimilla Doni. 1839)

Jedem Besucher italienischer Städte fällt das lebhafte Treiben auf, das von früh bis abends auf den Hauptplätzen herrscht, auch wenn diese nicht für den oft täglichen Markt benutzt werden. Als es bis vor wenigen Jahrzehnten noch nicht den sich durch alle Straßen und Gassen ergießenden Autoverkehr gab, hoben sich die parlierenden und gestikulierenden Versammlungen vorwiegend schwarzgekleideter und huttragender Männer auf diesen Plätzen stärker hervor; aber auch heute lassen sie sich selbst durch dichtestes und lautestes Verkehrsgewimmel nicht stören. Wie oft hört man dann von Fremden die erstaunte Frage: ja, haben diese Leute denn nichts zu tun? Da sieht man wieder die Faulheit der Italiener! Ein anscheinend unausrottbares Vorurteil ist wirksam, das von vollkommener Unkenntnis südlicher Gepflogenheiten und Geschichte zeugt. Denn dieses Verhalten geht in ununterbrochener Folge auf das italienische Städtewesen zurück, wie es sich vom 11.–14. Jahrhundert ausgebildet hat, und darüber hinaus imgrunde sogar auf eine Tradition von zwei Jahrtausenden.

Doch nicht nur diese Männerversammlungen auf Plätzen, die oft seit der Antike an derselben Stelle die Mittelpunkte städtischen Lebens sind, bedeuten alte Erbschaft. Struktur und Charakter der Städte, die bei aller Gemeinsamkeit jeweils durchaus individuell erscheinen, sind es auch. Ihr bis heute zumeist noch nicht zerstörter Reiz beruht auf diesem dichten Gewebe von Vergangenheit und Gegenwart, in das die gesamte Geschichte eingeflochten ist, angefangen mit dem häufig durch das antike castrum mit cardo und decumanus maximus vorgebildeten Straßennetz der Zentren, über unzählige Monumente aus allen Jahrhunderten hinweg bis zu dem vom 19. und 20. Jahrhundert geprägten Bild, das die Vergangenheit zumeist keineswegs museal, sondern durchaus lebendig in sich aufgenommen hat. Zahlreiche Häuser und Paläste vom 15.–18. Jahrhundert sind noch wie eh und je Wohnstätten der Bürger und des Adels. Die wenigsten norditalienischen Städte sind im Gegensatz zu den toskanischen durch ihre landschaftliche Lage anziehend, die vorwiegend durch die Eintönigkeit der Po-Ebene geprägt wird. Um so stärker aber wirken sie gerade deswegen durch sich selbst, so daß ihr Besuch für jeden, der nicht nur Natur, sondern auch Kultur sucht, zum eindrucksvollen Erlebnis werden kann.

Die Geschichte der norditalienischen Städte hat bei allen Untersuchungen über Entstehen und Charakter des abendländischen Städtewesens überhaupt stets eine große Rolle gespielt. Dabei stand oft die Frage nach der Kontinuität, d. h. nach einem nicht unterbrochenen Zusammenhang mit der Antike, im Mittelpunkt. Sozusagen materiell ist dieser Zusammenhang vorhanden, denn nahezu alle der zu betrachtenden Städte sind, wenn nicht schon keltische oder etruskische Gründungen, auf jeden Fall solche der römischen Antike. Und auch in den dunkelsten Jahrhunderten nach dem Untergang des weströmischen Reiches im 5. Jahrhundert hat ihre städtische Existenz nicht aufgehört, so daß sich vielfach nicht nur das Straßensystem der antiken Anlage bis heute erkennbar erhalten hat, sondern auch römische Monumente, zumeist zwar mehr oder minder stark beschädigt, bewahrt worden sind, am reichsten und schönsten in Verona und Brescia. Das wurde dadurch möglich, daß die neuen germanischen Herrscher sich von Beginn an der Städte und des noch vorhandenen römischen Verwaltungsapparates bedienten. So setzten die Ostgoten im 5. und 6. Jahrhundert bewußt die antike Tradition fort, was dann, allerdings verändert, auch die Langobarden vom 6.–8. Jahrhundert und die Franken ab 774 taten. Durch die Annahme des Christentums seitens der Germanen wurde gleichfalls die Kontinuität der Städte bewahrt. Denn seit der staatlichen Anerkennung des Christentums durch Konstantin d. Gr. und Licinius im 4. Jahrhundert (Mailänder Edikt von 313) wurden alle Städte Bischofssitze. Die Kirche bediente sich damit für die Bildung der Diözesen der römischen Gebiets- und Verwaltungseinteilung, was übrigens zur Folge hatte, daß nach der Erringung der städtischen Autonomie im 12. Jahrhundert die selbständigen Stadtrepubliken bestrebt waren, sich jeweils mindestens der ganzen Diözese als ihres Herrschaftsgebietes zu bemächtigen.

Damit ist jedoch weit in die Zukunft vorausgegriffen worden. Was mit den Städten vom 5.–12. Jahrhundert geschah, kann nur allgemein angedeutet werden. Unter den Langobarden, deren Könige im allgemeinen in Pavia residierten, das dadurch bedeutender als das größere Mailand war, wurden in vielen Orten Herzöge (Duces) eingesetzt, unter den Franken waren es Grafen. Auf jeden Fall hieß das, daß der Adel sich nicht ausschließlich auf dem Lande festsetzte, sondern auch mit den Städten verbunden blieb, so daß das Feudalsystem sich nicht so umgreifend wie nördlich der Alpen des ganzen Landes zu bemächtigen vermochte. – Sich vorzustellen, wie die Städte in diesen Jahrhunderten ausgesehen haben, ist fast unmöglich. Auf jeden Fall besaßen sie von der Antike her einen Mauerring, der, mochte er auch oft genug zerstört worden sein, stets wieder hergestellt wurde, da er nicht nur der notwendigen Verteidigung zu dienen hatte, sondern auch zum Rechtscharakter der Stadt gehörte. Von anderen römischen Anlagen stand sicher noch weit mehr aufrecht als heute. Nur die Tempel mochten frühzeitig zerstört worden sein, da sie den Christen als Götzenstätten galten. Ihre durch Umbau zu bewerkstelligende Weiterverwendung als Kirchen, wie man es von Assisi und Syrakus her kennt, ist hier in keinem Fall bezeugt. Arenen, Theater, Basiliken usw. blieben, da man keine Verwendung für sie hatte, unbenutzt und mußten allmählich verfallen, wenn sie nicht ohnehin als Steinbrüche dienten, wie es beim römischen Colosseum noch bis zum 17. Jahrhundert der Fall war. Die römischen Wohnhäuser, durchweg aus Stein oder Backstein errichtet, wurden durch Holzbauten ersetzt. Was von den regierenden Herren als Wohnsitze gebaut wurde, wird kaum sehr beachtlich gewesen sein. Städtische Repräsentationsbauten irgendwelcher Art konnte es nicht geben, ebenso keine dem Handel und Verkehr dienenden Anlagen. Denn es herrschte völlige Naturalwirtschaft, die Kaufleute und Bankiers nicht benötigte.

Was dagegen seit dem 4.–5. Jahrhundert überall errichtet wurde, waren Kirchen, die den spätantik-frühchristlichen Basiliken entsprochen haben: dreischiffige Backsteinbauten mit abschließender großer Ost-Apsis, ohne Querschiff und ohne Glockenturm (Campanile), der, stets freistehend, erst im 10. Jahrhundert eingeführt wurde. Man kann sich an römischen Kirchen wie S. Sabina aus dem 5. Jahrhundert und an den Basiliken Ravennas vom 5. und 6. Jahrhundert ein Bild ihres Aussehens machen. Langobarden und Franken übernahmen diese Basiliken, errichteten in derselben Tradition Neubauten oder restaurierten je nach Bedarf die alten Anlagen, wobei man stets auch auf deren Schmuck durch Wandmalereien oder Mosaiken bedacht war, während Architekturplastik oder sonstige Skulpturen, mit Ausnahme von Reliefs an Ausstattungsstücken (Altäre, Ziborien, Kanzeln, Schranken usw.), fehlten. Hier wirkte noch lange die frühchristliche Abneigung gegen Vollplastiken nach, mit denen man die Vorstellung heidnischer Götzenanbetung verband. Außer in Ravenna sind diese frühen Basiliken ebenso wie ihre karolingischen Ersatz- oder Neubauten bis auf gelegentliche Reste fast überall verschwunden. Daneben gab es eindrucksvolle Zentralbauten wie S. Lorenzo Maggiore (Abb. 16) in Mailand aus dem 4.–5. Jahrhundert und S. Vitale (Abb. 195) in Ravenna aus dem 6. Jahrhundert und selbstverständlich Taufkirchen (Baptisterien), die zu jeder Bischofskirche gehörten.

Nach dem völligen Chaos aller übergeordneten Macht- und Rechtsverhältnisse im 9.–10. Jahrhundert setzte mit dem Auftreten des ottonischen Kaisertums seit der Mitte des 10. Jahrhunderts eine Wandlung ein, die allmählich den Städten zugute kam. Die außerordentliche Komplexität der geistigen, politischen und wirtschaftlichen Entwicklung der nächsten anderthalb Jahrhunderte, der Zeit der eigentlichen Ausbildung des Abendlandes überhaupt, erlaubt an dieser Stelle kaum Andeutungen in Stichworten. Hervorzuheben aber ist, daß nicht ohne Zusammenhang mit der neuen Ordnung durch die Ottonen ein Aufblühen des Handels erfolgte, wodurch die Naturalwirtschaft nach und nach von der Geldwirtschaft abgelöst wurde. Seit dem 10. Jahrhundert begann Venedig die führende Rolle als Handelsstadt zum östlichen Mittelmeer hin zu übernehmen, zu Byzanz und zur Levante. Die norditalienischen Städte waren die gegebenen Stationen auf den Wegen zum Norden und Westen des Abendlandes hin und ebenso umgekehrt die Empfänger der von dort her kommenden Waren: Vermittler und Verteiler, aber auch Verarbeiter des Materials und daher eigene Produzenten. Eine außerordentliche Erleichterung des Handelsverkehrs boten die Wasserwege, die allmählich durch Regulierungen und Anlage von Kanälen die besten und billigsten Transportmöglichkeiten schufen. Der Prozeß dauerte lange und führte erst im 12. Jahrhundert zur vollen Auswirkung. Der größte Nutznießer der wirtschaftlichen Entwicklung vom 10. zum 12. Jahrhundert aber war der mittlere Feudaladel, der de facto Eigentümer des meisten Landes geworden war, gleichzeitig aber auch in den Städten saß, in denen er am aufblühenden Handel beteiligt war und Reichtum erwarb. Gegen Ende des 11. Jahrhunderts erfuhr das Städtewesen seine eigentliche Ausbildung, es setzte jetzt die Bewegung zur Autonomie ein. Zu diesem Zeitpunkt waren bereits viele weltliche Rechte (Zölle, Gericht, Markt- und Hafenrechte u. a.) von den Bischöfen, die zumeist Herren der Kommunen geworden waren, oder von anderen Feudalherren auf städtische Organe übergegangen.

Viel zu dieser Entwicklung hatte der erste große Zusammenstoß zwischen Kaiser- und Papsttum im 11. Jahrhundert beigetragen, der sowohl geistig-religiöse als politische Gründe hatte und im sog. Investiturstreit zum Austrag kam. Es handelt sich dabei um die Einsetzung der Bischöfe, die bisher vom Kaiser abhing, nunmehr aber im Zuge der kirchlichen Reformbewegungen allein vom Papst in Anspruch genommen wurde. Auf dem Wormser Konzil im Januar 1076 wurde Papst Gregor VII. für abgesetzt erklärt und exkommuniziert. Die lombardischen Bischöfe stimmten dem auf einer anschließenden Versammlung in Piacenza zu. Gregor VII. exkommunizierte seinerseits den Kaiser und alle für diesen eingetretenen Bischöfe mit dem Erfolg, daß Heinrich IV. im Januar 1077 den berühmten Gang nach Canossa antreten mußte, wo er durch Vermittlung der Gräfin Mathilde vom Papst die Absolution erhielt. Diesen bitteren Streit der beiden Mächte benutzten die Städte zu eigenem Vorteil. Die Wahl ihres Standpunktes erfolgte dabei weniger aus politisch-ethischer Gesinnung heraus als wegen der mannigfachen Freiheiten und Rechte, die sie sich je nach der Lage vom Kaiser oder vom Papst für ihre Stellungnahme geben ließen. Im Grunde entstand dabei schon jetzt jene verheerende Aufspaltung in zwei Parteien, die ihre Namen als Ghibellinen und Guelfen aber erst unter Friedrich II. (1220–50) erhielten. Die Bezeichnung der Ghibellinen, die für die kaiserliche Herrschaftsidee eintraten, stammt von dem Hohenstaufenschloß Waiblingen, dessen Name als Schlachtruf gebraucht wurde, die der Guelfen (Welfen), die die päpstliche Seite und gleichzeitig die städtische Autonomie vertraten, von Friedrichs sächsischem Gegner Otto IV. von Braunschweig (1182–1218), der den berühmten Welfenschatz dem Braunschweiger Dom vermacht hatte. Diese Parteiung ließ nicht nur Stadt gegen Stadt kämpfen, sondern bedingte auch die innerstädtischen Geschlechterfehden, die schließlich zum Untergang der kommunalen Autonomie führten. Bezeichnend für den ewigen Streit der führenden Adelsfamilien sind die Geschlechtertürme, die den Städten vom 12.–14. Jahrhundert das charakteristische Aussehen gaben. Schon um 1100 tauchen Verordnungen über derartige Türme auf.

Damit stehen wir wieder am Beginn der Entwicklung freier Kommunen, die sich allmählich ihre eigenen Herrschafts- und Verwaltungsformen schaffen mußten. In erster Linie waren es Konsuln, denen die Leitung des Gemeinwesens oblag. Sie traten erstmals gegen Ende des 11. Jahrhunderts auf und verbreiteten sich im 12. Jahrhundert als Einrichtung schnell überallhin. Obwohl die Bezeichnung fraglos auf Erinnerungen an die Antike zurückgeht, hat sie der Sache nach nichts mit den römischen Konsuln zu tun. Sie wurden ausschließlich aus dem städtischen Adel genommen und jährlich zunächst durch die Versammlung aller Bürger gewählt (Arengo). Ihre Zahl konnte zwischen zwei und zehn schwanken. Es dauerte über ein Jahrhundert, bis auch Nichtpatrizier gewählt werden durften. Bürgerliche Gilden oder Zünfte, wie im Norden, spielten bei der Entstehung der städtischen Autonomie keine Rolle, sie gewannen erst später an Bedeutung. Die größeren Städte gingen bald zur Errichtung eines großen und eines kleineren Rates über, denen die Wahl der Konsuln und ihre Beaufsichtigung zukam. Der große Rat hatte durchschnittlich 400 Mitglieder, konnte aber auch bis zu 1000 und noch mehr umfassen. Daher wird die Form der Kommunalpaläste verständlich, wie sie seit dem 12. Jahrhundert überall errichtet wurden. Sie bestanden durchweg aus einem in Arkaden geöffneten Erdgeschoß, das das Obergeschoß mit einem einzigen großen Saal trug, der durch viele Fenster hell beleuchtet und über eine Freitreppe von außen her zugänglich war. Die hohe Zahl der Ratsmitglieder erforderte für ihre Versammlungen diese gewaltigen Räume, die zugleich auch Ausdruck der städtischen Repräsentation waren. Obwohl sich ihre Form also aus dem Zweck erklären läßt, muß man doch danach fragen, ob bei ihrer Entstehung irgendwelche Anregungen von anderswoher wirksam gewesen sind. Sie sind kaum in der Antike zu suchen, wohl auch nicht in byzantinischen Traditionen. Dagegen bieten sich als Vergleich die deutschen Kaiserpfalzen an, die im Obergeschoß den breitgelagerten Thron- und Gerichtssaal des Palas enthielten. Bei der engen Verbindung des mittelalterlichen Kaisertums mit Italien muß diese Form durchaus bekannt gewesen sein, die ja ebenfalls ein Herrschaftssymbol war, das die Städte sich jetzt als Symbol ihrer Selbständigkeit aneigneten. Diese Kommunalpaläste konnten für sich in der Mitte eines mehr oder minder regelmäßigen Platzes stehen, oft wurden sie durch Verwaltungsgebäude ergänzt, mit denen zusammen sie einen Innenhof bildeten. Aber auch dann mußte stets ein großer Platz vor dem Palazzo vorhanden sein, auf dem die allgemeinen Bürgerversammlungen stattfanden, die sehr oft und für allerlei Gelegenheiten einberufen wurden. Man denke an die eingangs gemachten Bemerkungen über die noch heute auf denselben Plätzen anzutreffenden Männerversammlungen zurück, die sich aus dieser in Jahrhunderten tiefverwurzelten Gewohnheit erklären.

Bald nach der Mitte des 12. Jahrhunderts tauchte die Einrichtung des Podestà (Bürgermeister) auf, der stets von auswärts aus der Schicht der Feudalherren stammen mußte und für sechs oder zwölf Monate gewählt wurde. Er hatte Polizeigewalt und konnte als Führer des kommunalen Heeres dienen, hatte aber keine politischen Entscheidungen zu treffen. Konsuln und Podestà konnten einander zunächst abwechseln oder sogar nebeneinander bestehen. Zu Anfang des 13. Jahrhunderts aber wurde überwiegend der Podestà zur Regel, dessen Bedeutung sich gegen Ende des Jahrhunderts indes verringerte, bis er im 14. Jahrhundert zumeist nur noch die oberste Gerichtsstelle mit Polizeigewalt vertrat, wenn sich nicht mit ihm die Alleinherrschaft einer Signorie entwickelte. – Daneben mußte es Personen für die eigentliche Verwaltung geben, die ebenfalls gewöhnlich für sechs Monate gewählt wurden. Der wichtigste Posten war der des Camerarius oder Massarius, des Rechnungsverwalters, der die Finanzwirtschaft der Kommune zu betreuen hatte. – Eine besonders große Rolle, auch politisch, spielten außerdem die zumeist dem Adel angehörigen Richter und die Notare, die für die zunächst völlig uneinheitlichen Rechts- und die komplizierten Besitzverhältnisse nötig waren. Welche Bedeutung sie hatten, geht aus ihrer Zahl hervor. Für das Ende des 13. Jahrhunderts nimmt man in Bologna etwa 2000, in Mailand 1500, in Padua 600 Notare an. In Zusammenhang damit steht die Entwicklung der Rechtswissenschaft, deren Zentrum seit dem Ende des 12. Jahrhunderts Bologna war (vgl. Abb. 234).

Die Gliederung der Einwohnerschaft erfolgte in Vicinantiae (Nachbarschaften) und Portae (Tore). Das weist auf die hervorragende Bedeutung des Mauerrings und der Stadttore hin, für deren Erhaltung die jeweils in der Nähe liegenden Regionen, die daher ihre Namen bekamen, verantwortlich waren. Das Recht der Städte auf Befestigungen, das sie sich immer schon genommen hatten, wurde vom Kaiser im Konstanzer Frieden von 1183 endgültig anerkannt. Mit dieser Betonung des hohen Wertes, der der Befestigung beigelegt wurde, erhebt sich die Frage nach dem städtischen Heerwesen. Den wichtigsten Bestandteil der militärischen Macht stellte die Kavallerie dar, die vorwiegend von den Adligen gebildet wurde. Um die Zahl der Berittenen (Ritter) zu erhöhen, ging man schon nach der Mitte des 12. Jahrhunderts dazu über, wohlhabende Bürgerliche zu adeln. Das Phänomen der Neureichen tauchte auf, die unbedingt geadelt werden wollten oder aber plötzlich ihre alte adlige Abstammung entdeckten, die dann möglichst bis auf das antike Rom zurückgeführt wurde. – Die übrige Bevölkerung, der eigentliche Popolo, stellte die Infanterie; die Dienstverpflichtung betraf alle Bürger, gewöhnlich zwischen 14 und 70 Jahren. Daneben gab es die Anwerbung von Söldnern, besonders von Berittenen, was in größerem Umfang allerdings erst seit der Mitte des 13. Jahrhunderts erfolgte. Das brachte Gefahren mit sich, da man sich dieser Söldner nicht nur gegen äußere Feinde, sondern auch zur Erringung der Herrschaft über die Stadt bedienen konnte.

Der Infanteriedienst des Popolo stärkte dessen Selbstbewußtsein. Wirtschaftliche Krisen verursachten Unruhe und Aufstände. Seit dem 13. Jahrhundert begannen die Gilden als organisierende Kräfte erstmals Bedeutung zu gewinnen, so daß das frühere regionale System zugunsten eines neuen, durch alle Regionen gehenden Zusammenschlusses zurückgedrängt wurde. Das führte dazu, daß der Popolo seit der Mitte des 13. Jahrhunderts sich einen eigenen Vertreter, den Capitano del Popolo (erstmals 1244 in Parma bezeugt), wählen konnte, der wie der Podestà für sechs oder zwölf Monate bestellt und aus dem auswärtigen Feudaladel genommen wurde. Dieselbe Person konnte einmal dieses oder jenes Amt innehaben, so daß in vielen Fällen ein regelrechter Beruf daraus wurde. Der Capitano del Popolo residierte in einem eigenen Palast, womit der Profanarchitektur wieder eine repräsentative Aufgabe gestellt war.

Mit der Errichtung der Kommunalpaläste und mit der Ausbildung der Rechtswissenschaft war das Laientum erstmals seit dem frühen Mittelalter in einen kulturellen

Wettbewerb mit dem Klerus getreten, dem früher auf allen geistigen und künstlerischen Gebieten allein die Führung zugekommen war. Beim Kirchenbau verbanden sich jetzt beide Elemente, obwohl er im wesentlichen eine Aufgabe der Geistlichkeit blieb. Ohne die tatkräftige Mitarbeit der Bürgerschaft aber wären die monumentalen Kathedralen des 12. Jahrhunderts nicht entstanden. Sie stellen neben den profanen Regierungsbauten die großartigsten Denkmäler der jetzt voll einsetzenden städtischen Kultur dar, wobei jede Kommune den Ehrgeiz hatte, einen ebenso großen, wenn nicht noch größeren Dom als die Nachbarn zu besitzen. Überall wurden die frühchristlichen oder langobardisch-karolingischen Anlagen durch Neubauten ersetzt, die häufig schon gegen Ende des 11. Jahrhunderts begonnen wurden. Ihre heutige Gestalt aber geht durchweg auf die Zeit ab 1117 zurück, da in diesem Jahr ein ganz Oberitalien heimsuchendes Erdbeben furchtbare Zerstörungen angerichtet hatte. Mit dem Aufblühen der lombardischen romanischen Architektur war auch das Entstehen der ersten nennenswerten Skulpturen verbunden, die sich jedoch niemals zu derart umfangreichen Systemen von Architekturplastik wie in Frankreich entwickelten. Wandmalereien des 12. und 13. Jahrhunderts, die sicher in großem Umfang vorhanden waren und weitgehend unter dem Einfluß byzantinischer Kunst standen, sind größtenteils verschwunden. Die Tafelmalerei für Altäre entsteht erst seit dem 14. Jahrhundert. Da der Bau der Kathedralen sich oft lange hinzog, ist an ihnen fast stets der Übergang zur Gotik des 13. und 14. Jahrhunderts zu beobachten. Als Typus bot sich die gewölbte dreischiffige Emporenbasilika an, wie sie sich seit dem 11. Jahrhundert vor allem in Frankreich entwickelt hatte, zumeist mit überkuppelter Vierung und oft mächtigen Querarmen, die gelegentlich indes fehlen konnten; der Chor war wegen der darunterliegenden Krypta häufig stark erhöht. Das Hauptportal enthielt als eine hier entstandene Sonderform fast stets einen mit Skulpturen versehenen säulengetragenen Vorbau (Abb. 28, 43, 180). Die Fassade konnte, dem basilikalen Aufbau folgend, dreigestaffelt sein oder aber in der geschlossenen Form eines Hausgiebels erscheinen.

Pfarrkirchen spielten zunächst eine geringe Rolle, die aber seit dem 13. Jahrhundert zusammen mit der jetzt einsetzenden Errichtung oft machtvoller Bettelordenskirchen der Franziskaner und Dominikaner wächst. Diese Bettelorden, die sich im Gegensatz zu früheren Orden ausschließlich auf die Städte konzentrierten, bezeugen deren im 13. Jahrhundert erreichte Bedeutung, ebenso wie eine neue Intensivierung des religiösen Empfindens der erheblich angewachsenen Bevölkerung. Vor allem war es das Franziskanertum, mit dem im 13. und 14. Jahrhundert die Volksfrömmigkeit ihren bezeichnendsten Ausdruck fand.

Die Bevölkerung hatte sich seit dem 10. Jahrhundert etwa verdoppelt. Man nimmt an, daß die mittleren Städte Ende des 13. Jahrhunderts im Durchschnitt um 20000 Einwohner hatten. Daneben gab es zahlreiche kleinere mit 5000–10000 und wenige größere bis zu 50000 und mehr. – Als die oberitalienischen Städte fast allgemein im 14. Jahrhundert ihre Selbständigkeit verloren, hörte ihre kulturelle Bedeutung nicht auf. Es waren nicht nur die neuen Herrscher, die oft als aufwendige Mäzene in Erscheinung traten und jede künstlerische und geistige Tätigkeit förderten, auch die Bürgerschaft schritt auf dem einmal begonnenen Wege fort. Obwohl gerade das Städtewesen und seine Erbschaft mit dazu beitrugen, daß sich in Italien keine nationale Einheit herausbildete, waren die Kommunen die hervorragendsten Sammelpunkte und Träger italienischer Kultur, deren Höhepunkte im 14. und 15. Jahrhundert allerdings weniger von den oberitalienischen Städten als von den länger autonom gebliebenen toskanischen Stadtrepubliken geschaffen wurden.

Es wird immer ein Wunder bleiben, was diese Kommunen leisteten, obwohl sie sich in unaufhörlichen Kämpfen befanden. Gab es jeweils einmal ruhige Zeiten, dann währten sie kaum länger als zwei Jahrzehnte. Es ist unmöglich, die politischen Verwicklungen jeglicher Art hier im einzelnen zu schildern; nur wenige Hauptzüge können hervorgehoben werden. Als die Hohenstaufen mit Barbarossa (1152–90) begannen, die Wiederherstellung der kaiserlichen Macht in Italien zu versuchen, fanden sie zunächst bei einigen Städten Unterstützung. So nahmen Cremona, Pavia, Lodi, Como und Novara 1162 an Barbarossas Kampf gegen Mailand teil und waren die hauptsächlichsten Urheber von dessen Zerstörung, da sie als Nachbarn dieser mächtigsten Stadt stets von Haß gegen sie erfüllt waren. 1164 aber bildeten Verona, Vicenza und Padua ein Bündnis gegen den Kaiser; ihnen schlossen sich 1167 Brescia, Bergamo, Mantua, Cremona, Mailand, Ferrara, Parma, Modena, Bologna u. a. an. Diese erste ›Lega Lombarda‹ wurde in je anderer Zusammensetzung 1185 und 1195 erneuert. 1226 entstand die zweite große lombardische Liga gegen Friedrich II. Der jetzt mit voller Wut ausbrechende Kampf zwischen Ghibellinen und Guelfen, auf dessen Ursprünge schon früher hingewiesen wurde, tobte nicht nur zwischen den Städten, sondern vor allem auch innerhalb jeder einzelnen Kommune, mit äußerster Heftigkeit fortsetzend, was schon immer als Fehden der führenden Adelsgeschlechter bestanden hatte. Aus diesem Grunde entstanden seit dem mittleren 12. Jahrhundert in wachsendem Maße jene hohen finsteren Geschlechtertürme, oft wenige Meter voneinander entfernt, die den Familien bei ihren Fehden als Zuflucht dienten. Das Bild, das alle, auch die kleinsten Städte vom 12.–14. Jahrhundert boten, ist nur noch an dem Beispiel des toskanischen San Gimignano einigermaßen vorstellbar: ein dichter Wald von mächtigen Geschlechtertürmen, zu denen noch die eigentlichen städtischen Befestigungstürme und die Glockentürme kamen, überragte die wenigen profanen und sakralen Monumentalbauten und die niedrigen Wohnhäuser, die man sich auch für die führenden Geschlechter von größter Einfachheit vorstellen muß. Anspruchsvollere Privatbauten, ›Paläste‹, entstanden erst seit dem 14. und vor allem seit dem 15. Jahrhundert, als es mit der Selbständigkeit der Kommunen vorbei war. Von den norditalienischen Städten bietet Bologna noch ein Fragment des mittelalterlichen Eindrucks (Abb. 231). Daß die Geschlechtertürme auch nach dem Untergang der kommunalen Freiheit lange das Bild der Städte bestimmten, geht aus Darstellungen des 15. und 16. Jh. hervor (Abb. 58, 59).

Als nach der Vernichtung der Hohenstaufen das deutsche Kaisertum als Ordnungsmacht oder zumindest als ein Polarisierungspunkt übergeordneter Kräfte ausfiel, war

II Im Hafen von LAZISE, Garda-See

◁ I SAN VIGILIO Garda-See

III SIRMIONE Scaliger-Wasserburg, Garda-See ▶

MO 00058 D

V MALCESINE Die Scaligerburg unterhalb des Monte Baldo, Garda-See

◀ IV Blick über LIMONE, Garda-See

VI MAILAND
Der Dom

VII MAILAND
Galleria
Vittorio
Emanuele II
(vgl. Abb. 2)

VIII PAVIA
Tessin-Brücke und
Blick auf die Stadt

IX VERONA
S. Zeno Maggiore

X VERONA Blick von der Arena auf die Stadt

XI VERONA S. Zeno Maggiore, das Portal mit der Bronzetür (vgl. Umschlagrückseite und Abb. 138)

XII VERONA Brunnen der Madonna Verona auf der Piazza delle Erbe

XIII MANTUA Fresko von Andrea Mantegna im Castello S. Giorgio beim Palazzo Ducale (vgl. Abb. 126) ▷

XIV Kastell SONCINO bei Crema

XV MONSELICE (Venetien)

XVI Blick auf die Euganeischen Hügel

XVII RAVENNA ›Christus auf der Weltkugel thronend‹, Mosaik im Apsisgewölbe von S. Vitale (vgl. Abb. 198)

XVIII BRISIGHELLA In den Ausläufern des Apennin, südlich von Faenza

XIX BOLOGNA
Ansicht der Stadt

XX BOLOGNA
Piazza Maggiore

XXI In der Po-Ebene

dem Kampf aller gegen alle überhaupt keine Grenze mehr gesetzt. Diese innere Zerrissenheit läßt seit dem endenden 13. Jahrhundert die neue Herrschaftsform der Signorie entstehen, die sich entweder aus städtischen Adelsgeschlechtern oder aus dem ländlichen Feudaladel, der die Ämter des Podestà oder des Capitano del Popolo übernommen hatte, entwickelten. Sie führten bald zur Bildung von Dynastien, die, über die jeweilige Hauptstadt hinausgreifend, sich auch benachbarte Städte unterwarfen. Allgemein wurde es üblich, daß die neuen Herren sich zur Stärkung ihres Ansehens und aus Gründen konstitutioneller Sicherung das Vikariat (Amt der Stellvertretung) vom Kaiser oder Papst verleihen ließen, obwohl deren praktische Macht über die Signorien so gut wie erloschen war. Es sind Traditionswerte, die hier nachwirken. Später wurde es für die Kaiser auch ein gutes Geschäft, die Signori zu Marchesi oder Herzögen zu ernennen. – Zunächst aber wurde nach dem 9.–10. Jahrhundert die Zeit von der Mitte des 13. bis zur Mitte des 14. Jahrhunderts die wirrste Epoche der italienischen Geschichte. Die erste Gewaltherrschaft neuen Stils entstand noch zu Lebzeiten Friedrichs II., dessen Schwiegersohn Ezzelino da Romano (1194–1259) in der Mark Treviso, in Vicenza, Padua und Verona eine Tyrannei entfaltete, deren Grausamkeit selbst für die leidgewohnten und hinsichtlich Gewalt, Mord und Verrat nicht überaus sensiblen Zeitgenossen unbeschreiblich gewesen sein muß. Die Erinnerung an ihre Schrecken führte dazu, daß Albertino Mussato aus Padua (1261–1329) die erste ›moderne‹ humanistische Tragödie ›Ecerinis‹ (Ezzelino) nach dem Vorbild Senecas schrieb. Wie der Anfang der Entstehung derartiger Tyranneien nur an die eine Person des Ezellino gebunden ist, so findet die Epoche der Signorien ihr Ende durch die ähnlich berüchtigte Gestalt des Cesare Borgia (1475–1507), Herzogs der Romagna, des Vorbildes für den ›Fürsten‹ Machiavellis. Was zwischen diesen beiden Polen an kürzer oder länger herrschenden Dynastien oder Signorien entstand und verging, kann hier nicht im einzelnen berichtet werden; Hinweise darauf finden sich bei den Stadtbeschreibungen.

Wichtig für den weiteren geschichtlichen Fortgang ist die Ausbildung jenes Staatensystems, das bis zum 19. Jahrhundert Bestand hatte. Als entscheidende Mächte in Norditalien kristallisierten sich Venedig und Mailand heraus, neben denen noch Ferrara unter den Este und Mantua unter den Gonzaga genannt werden können. Venedig, von dem hier notwendigerweise wenig die Rede war, das übrigens nie das Schicksal einer Tyrannenherrschaft oder Signorie erlitt, sondern bis zum Untergang 1797 eine von Adelsgeschlechtern geführte Stadtrepublik blieb, griff seit 1339 auf die Terraferma (Festland) über, mit der Mark Treviso beginnend. Es erwarb oder eroberte dann Verona, Vicenza und Padua, bis es 1454 im ›Frieden von Lodi‹ Brescia, Bergamo und Lodi als westliche Grenze zum Herzogtum Mailand erhielt, dessen Herrschaft unter den Visconti sich im 14. Jahrhundert zeitweise bis nach Vicenza und Padua erstreckt hatte. Durch die Sforza wurde das Herzogtum seit dem Ende des 15. Jahrhunderts zum Spielball zwischen Frankreich und Habsburg. Nach dem Sieg Karls V. über Franz I., der in der Schlacht von Pavia 1525 Gefangener des Kaisers wurde, kam es zu Spanien, 1714 schließlich zu Österreich. Die meisten Städte der Emilia und Romagna fielen seit dem beginnenden 16. Jahrhundert an den Kirchenstaat, aus dem Parma und Piacenza als Herzogtum der Farnese ausgegliedert wurden.

Daß die selbständige politische Bedeutung der zahlreichen Stadtrepubliken mit der Ausbildung der Signorien und des aus ihnen hervorgegangenen Staatensystems aufhörte, versteht sich von selbst. Der kulturelle Anstoß aber, den sie gegeben hatten, wirkte, worauf schon hingewiesen wurde, weiter und führte vom Mittelalter zur Frührenaissance. Die Höfe der Malatesta in Rimini, der Gonzaga in Mantua, der Este in Ferrara und der Visconti und Sforza in Mailand legen beredtes Zeugnis dafür ab. Bei einzelnen Gestalten dieser Geschlechter aus dem 14. und 15. Jahrhundert, die übrigens fast durchweg als Condottieri (Söldnerführer) in fremden Diensten tätig waren, was ihre Finanzen nicht unwesentlich verbesserte, konnten sich auf eine kaum mehr verständliche Weise die schlimmsten Eigenschaften des Tyrannen mit echter Liebe zu Kunst und Wissenschaft verbinden. Die Gonzaga und Este machten ihre Höfe in bruchlosem Übergang auch zu Zentren der Hochrenaissance und des Barock, und selbst in Mailand blieben trotz der bedrückenden spanischen Herrschaft dank seiner Tradition und wirtschaftlichen Kraft die Leistungen im 16. und 17. Jahrhundert bedeutend. Am ungestörtesten und lebendigsten konnten sich die unter der klugen venezianischen Herrschaft stehenden Städte weiter entwickeln, wofür Vicenza das leuchtendste Beispiel abgibt. Am trübsten sah es, mit Ausnahme des widerstandsfähigen und geistig starken Bologna, in den dem Kirchenstaat eingegliederten Kommunen aus. Wie sich allgemein, zumindest künstlerisch, die Fortbildung der einzelnen Städte bis zum 19. Jahrhundert vollzog, geht aus den folgenden Beschreibungen hervor.

Zum Schluß aber sei noch darauf hingewiesen, was schon einmal angedeutet wurde, daß den Höhepunkt der Hochrenaissance, die die letzte große abendländisch-christliche Epoche bis zum 18. Jahrhundert bestimmend einleitete, weniger die norditalienischen als die toskanischen Städte mit Florenz und Siena an der Spitze seit dem 14. Jahrhundert vorbereiteten. Es seien nur die Namen von Cimabue, Giotto, Duccio, Dante, Petrarca, Boccaccio bis hin zu Masaccio, Donatello, Alberti, Leonardo und Michelangelo genannt. Manche dieser Namen werden uns auch in den Städten nördlich des Apennin begegnen, in denen sie bahnbrechende Meisterwerke hinterließen, damit wenigstens geistig-künstlerisch eine nationale Einheit Italiens schaffend, deren politische Verwirklichung erst vor etwas über einem Jahrhundert erfolgte. Wieder war es auch dabei der Geist von Stadtrepubliken, der zukunftsweisend wurde.

Von den zahlreichen Arbeiten über Geschichte und Charakter des italienischen Städtewesens werden hier nur einige jüngere Werke erwähnt, aus denen jeder Interessierte sämtliche anderen Untersuchungen erfahren kann:

Michael Seidlmayer, Geschichte Italiens. Stuttgart 1962

Storia d'Italia. Volume primo: Il Medioevo. Torino 1965

Walter Goetz, Die Entstehung der italienischen Kommunen im frühen Mittelalter. Sitzungsber. d. Bayer. Akad. d. Wiss., Phil.-hist. Abt., Jg. 1944, Heft 1. München 1944

J. Lestocquoy, Aux origines de la bourgeoisie: Les villes de Flandre et d'Italie sous le gouvernement des patriciens (XIe–XVe siècles). Paris 1952

Edith Ennen, Frühgeschichte der europäischen Stadt. Bonn 1953

Gerhard Dilcher, Die Entstehung der lombardischen Stadtkommunen. Aalen 1967

Daniel Waley, Die italienischen Stadtstaaten. Kindlers Universitäts Bibliothek. München 1969

Schließlich sei auf das unvergängliche Meisterwerk von Jacob Burckhardt hingewiesen, auf ›Die Kultur der Renaissance in Italien‹, seit 1860 in zahlreichen Neuauflagen erschienen.

1 Dom 2 Palazzo Reale 3 Galleria Vittorio Emanuele II 4 Palazzo della Ragione (Broletto Nuovo) 5 Loggia degli Osii 6 Palazzo dell'Ambrosiana 7 Casa dei Borromei 8 S. Sátiro 9 S. Ambrogio 10 S. Maria delle Grazie 11 Monastero Maggiore 12 Civico Museo Archeologico 13 Castello Sforzesco (Musei Artistici) 14 Arco della Pace 15 S. Lorenzo Maggiore 16 Porta Ticinese 17 S. Eustorgio 18 Ospedale Maggiore 19 Teatro della Scala 20 Palazzo Marino 21 Casa degli Omenoni 22 Palazzo di Brera (Pinacoteca) 23 S. Marco 24 S. Simpliciano 25 Museo Poldi-Pezzoli 26 Archi di Porta Nuova 27 Galeria d'Arte Moderna 28 S. Babila 29 Arena

Mailand – Herz der Lombardei

Die wichtigsten Sehenswürdigkeiten:
Dom · Pinacoteca Ambrosiana · S. Satiro · S. Ambrogio · S. Lorenzo · S. Maria delle Grazie · Brera

Mailand ist nicht die sympathischste, sicher aber die lebendigste Stadt Italiens und die am stärksten im Verkehr erstickende. Im Gegensatz zu allen anderen norditalienischen Kommunen hat sie von der durch anderthalb Jahrtausende geformten Struktur innerhalb des mittelalterlichen Mauerringes am wenigsten bewahrt, wozu die Zerstörungen des Zweiten Weltkrieges erheblich beigetragen haben. Außer vereinzelten bedeutenden geschichtlichen Denkmälern sind nur Fragmente alter Viertel erhalten. Die Zahl der Monumente aber ist so groß, daß die Stadt nach wie vor das sehenswerteste Beispiel norditalienischer Geschichte und Kultur bleibt, den denkbar größten Gegensatz zu Venedig darstellend, dem anderen Pol dieses Landes.

Die ursprünglich gallische Siedlung wurde erstmals 222 v. Chr. von den Römern erobert und 197 v. Chr. endgültig unterworfen. Als *Mediolanum* erhielt sie 89 v. Chr. das römische Bürgerrecht und wurde Hauptort der XI. transpadanischen Region. Die für die Verkehrswege zum Norden des römischen Reiches günstige Lage ließ die Bedeutung der Stadt ständig zunehmen, bis sie im 4. Jahrhundert, nachdem Kaiser Maximian 292 n. Chr. hier seinen Sitz aufgeschlagen hatte, die größte urbanistische und monumentale Ausdehnung in der Antike erfuhr. 313 wurde das Edikt von Mailand erlassen, das das Christentum als Religion anerkannte. 370 traf der hl. Ambrosius ein, durch den die Kirche einen außerordentlichen Aufschwung erfuhr. Anfang des 5. Jahrhunderts residierte Kaiser Honorius hier, ehe er Ravenna zur Hauptstadt machte. Die Ostgoten eroberten 539 Mailand und zerstörten es teilweise. Als 569 der Langobardenkönig Alboin erschien, wählte er nicht Mailand, sondern Pavia als Residenz und Krönungsstadt, die sie mit Ausnahmen auch unter den Franken bis zu den Ottonen hin blieb. Infolgedessen wurden die beiden Städte die größten Konkurrenten und erbittertsten Feinde, bis seit dem 11. Jahrhundert Mailand allmählich die Oberhand gewann. Seit dem 10. Jahrhundert waren die Bischöfe nicht nur geistliche, sondern auch weltliche Herren der Stadt. Unter Erzbischof Guido de Velate fand um die Mitte des 11. Jahrhunderts der Aufstand der Pataria statt, der sich nicht nur gegen die bischöfliche Gewaltherrschaft und gegen die Verweltlichung der Geistlichkeit richtete, sondern auch gegen das Prinzip der kaiserlichen Investitur, womit sowohl der Investiturstreit als auch die Kirchenreform eingeleitet wurde. Bürger (cives) und mittlerer Lehnsadel (Valvassoren) waren dabei

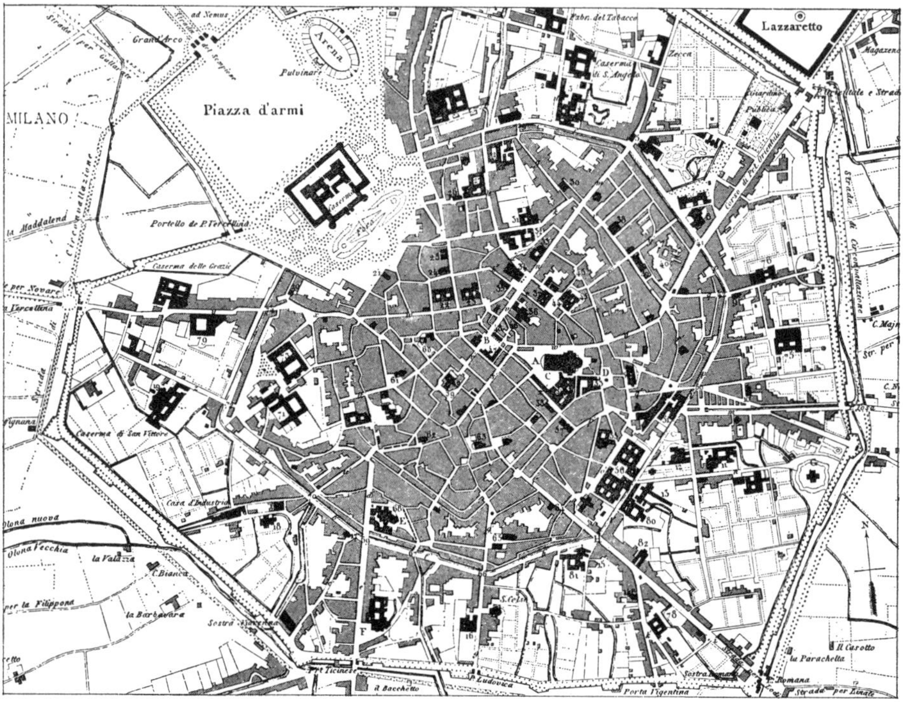

Plan von Mailand, Stich von 1850

verbunden. Das Bewußtsein kommunaler Autonomie taucht auf, die im 12. Jahrhundert errungen wird. 1117 werden erstmals Konsuln erwähnt. Gleichzeitig beginnt die Periode der zwischenstädtischen Kämpfe, vor allem gegen Como und Lodi (1111 zerstört). Nachdem die benachbarten Städte in Verbindung mit Barbarossa 1162 Mailand zerstört hatten, erfolgte ein schneller Wiederaufbau. Nach Barbarossas Niederlage bei Legnano 1176 wurde im Konstanzer Frieden von 1183 die städtische Autonomie durch das Kaisertum anerkannt. Sie hielt nicht lange vor; die inneren Parteikämpfe führten schon 1257–77 zu einer ersten Signorie der Torriani. Die folgende Zeit ist von dem Streit der Torriani und Visconti erfüllt, bis schließlich die Visconti mit Azzone 1330 vom Consiglio del Popolo die absolute Herrschaft erhielten. Der mailändische Machtbereich dehnte sich bald bis Piemont, zum Veneto und zur Emilia hin aus. Bedeutendster Visconti wurde Gian Galeazzo, der 1395 vom Kaiser Wenzeslaus die Herzogswürde erhielt. Nach dem Tode des letzten Herzogs Filippo Maria 1447 lebte die autonome Kommune als Repubblica Ambrosiana wieder auf, die jedoch den inzwischen mächtig gewordenen Staaten Venedig, Florenz und Piemont nicht zu widerstehen vermochte, so daß 1450 Francesco I. Sforza, mit Bianca Maria, der Tochter Filippo Marias, verheiratet, die Nachfolge der Visconti antreten konnte. Die letzte kulturell glanzvollste Zeit erlebte das Herzogtum unter Ludovico il Moro und Beatrice d'Este, an deren Hof 1482 bis 1499 Leonardo da Vinci und gleichzeitig Bramante tätig waren. Politisch wurde sie die unglücklichste Periode, da Ludovico die Franzosen nach Italien zog, die ihn unter Ludwig XII. schließlich 1499 vertrieben. Nach wechselvollen Kämpfen fiel das Herzogtum 1535 an Spanien, das es bis 1713 beherrschte. Die hervorragendsten Persönlichkeiten in dieser an verheerenden Pestseuchen und spanischer Mißwirtschaft leidenden Zeit waren der hl. Carlo Borromeo (1538–84) und sein Neffe Kardinal Federigo Borromeo (1564–1631). Jeder, der an einer eindrucksvollen Schilderung der Epoche Kardinal Federigos interessiert ist, sollte den klassischen Roman ›I Promessi Sposi‹ (›Die Verlobten‹) von Alessandro Manzoni lesen. 1713 trat Österreich die Erbschaft Spaniens an und behielt sie mit der Unterbrechung der napoleonischen Zeit von 1796–1815 bis 1859.

Eine praktische Reihenfolge der Sehenswürdigkeiten anzugeben, ist schwer. Im folgenden wird mit mehreren Aufenthaltstagen gerechnet, für die jeweils eine räumlich zusammenhängende Folge behandelt wird, die relativ leicht zu Fuß bewältigt werden kann. Die Benutzung eines Wagens empfiehlt sich wegen des Verkehrschaos nicht. Als Ausgangspunkt aller Wege wird der Domplatz gewählt, der das Zentrum der Stadt ist (Abb. 1). Bei dem Gang durch die Gassen und Straßen möge man auf die Paläste des 16.–18. Jahrhunderts achten, die hier im einzelnen nicht erwähnt werden können.

Ziffern in eckiger Klammer verweisen auf den Plan Seite 28

A Die rechteckige *Piazza del Duomo* ist in der heutigen Form ab 1865 entstanden. An ihrer Ostseite erhebt sich der *Dom* [1], dessen wahrscheinliches Gründungsjahr 1386 ist (Farbt. VI). Der Ehrgeiz Gian Galeazzo Viscontis wollte mit ihm ein Monument errichten, das an Größe und Pracht die Kathedralen nicht nur der lombardischen, sondern aller italienischen Städte übertreffen sollte, was ihm in der Tat, wenn auch mit etwas zweifelhaftem baukünstlerischen Erfolg, gelang. Bis zur Entstehung von St. Peter in Rom war der Bau über einer Fläche von 11 700 qm die größte Kirche Italiens und Europas. Die Vollendung zog sich bis zum 19. Jahrhundert hin. Der Name eines entwerfenden Architekten ist nicht bekannt. Von vornherein scheint aber eine stark von der nordischen Gotik beeinflußte Form geplant gewesen zu sein, an deren konstruktiver Ausarbeitung bis 1410 zahlreiche italienische, französische und deutsche Baumeister beratend und planend beteiligt waren. Die Anlage ist die einer fünfschiffigen Basilika mit dreischiffigem Querhaus und polygonalem Umgangschor von 157 m Länge und 66 m Breite (Querhaus 92 m). Wegen der außerordentlich dürftigen Belichtung verschwinden die Rippengewölbe im Dunkel, so daß die Höhe unmeßbar erscheint. Allein Vierung und Chor erfahren an klaren Tagen eine etwas hellere Beleuchtung, was die Bedeutung des Allerheiligsten wirkungsvoll unterstreicht. – Von der reichen Innenausstattung, die hauptsächlich dem 16. Jahrhundert angehört, seien nur drei ältere Arbeiten erwähnt: das Portal der Südsakristei von Hans von Fernach mit seinen Skulpturen (1393), das

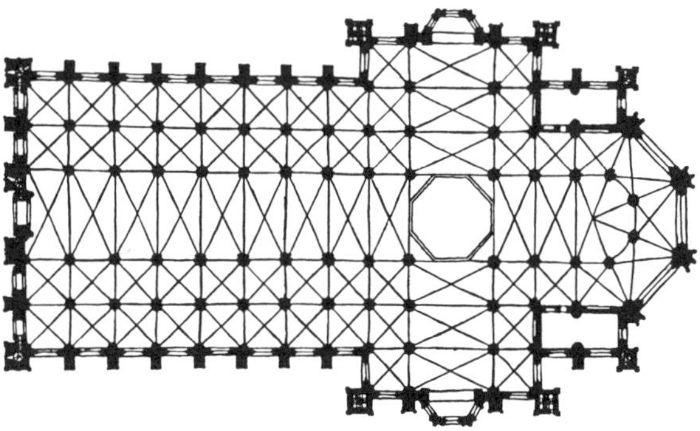

Mailand, Grundriß des Doms

Portal der Nordsakristei von Giacomo da Campione (Ende 14. Jahrhundert) und der Trivulzio-Kandelaber aus Bronze im linken Querschiff, ein kostbares gotisches Werk, vielleicht rheinischer Herkunft, dessen Entstehungszeit umstritten ist (Anf. 13. oder Anf. 14. Jh.). – Das Äußere des Baus ist durch ein Übermaß plastischer Dekoration vom 15.–20. Jahrhundert gekennzeichnet; allein 2245 Statuen, von insgesamt 3159 der Kirche, bevölkern Fassade, Flanken und Apsiden. Unter Dom und Domplatz werden Ergebnisse neuerer Ausgrabungen gezeigt (Zugang vom Dom).

Gegenüber der Südflanke des Doms befindet sich der *Palazzo Reale* von Giuseppe Piermarini (1778) [2]. An seiner Stelle stand ursprünglich der 1138 errichtete Broletto Vecchio, Regierungspalast der freien Kommune, der im 14. Jahrhundert von den Visconti zu ihrem Sitz umgebaut wurde, den sie aber 1385 zugunsten des sichereren Castello aufgaben. Später wurde er unter mannigfachen Veränderungen Sitz der spanischen Gouverneure. – Im Palazzo Reale ist das *Museo del Duomo* untergebracht, das vorwiegend Skulpturen der Kathedrale enthält, unter denen besonders auf den ›Hl. Georg‹ von G. Solari (1404) hingewiesen sei, der für ein Porträt des Gian Galeazzo gehalten wird.

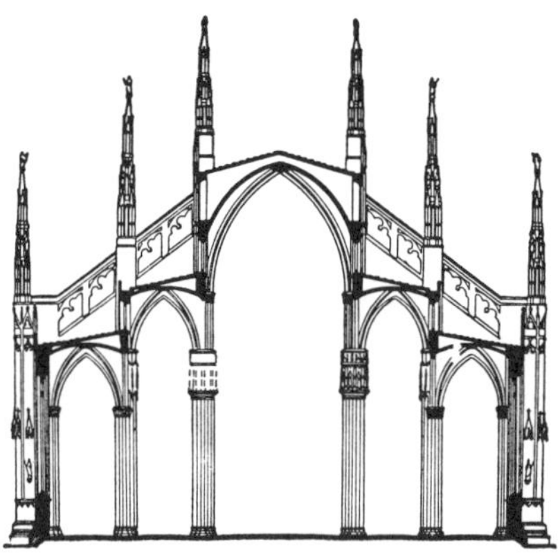

Mailand, Dom: Querschnitt durch die fünfschiffige Staffel-Basilika

An der Nordseite des Domplatzes öffnet sich mit einem mächtigen Triumphbogen die *Galleria Vittorio Emanuele II*, 1865–77 von Giuseppe Mengoni angelegt, die größte derartiger Galerien, die für viele italienische Städte als Treff- und Plauderpunkte unzähliger Männer charakteristisch sind (Farbt. VII; Abb. 2) [3].

In der von der Nordwestecke des Domplatzes ausgehenden Via Mercanti liegt links der *Palazzo della Ragione* oder Broletto Nuovo, der vom Podestà Oldrado da Tresseno (1228–33) als neues Regierungszentrum der Kommune errichtet wurde [4], die 1233 aus Dankbarkeit ein Hochrelief mit seiner Darstellung anbrachte, gleichsam ein vorweggenommenes Reiterdenkmal. Über dem erhöhten Erdgeschoß mit Arkaden erstreckt sich der 50 m lange und 18 m breite Saal für die Versammlungen des Großen Rates und für Rechtsprechung durch zwei Richter. Das 1771 zugefügte oberste Stockwerk hat die schönen Proportionen der ursprünglichen Anlage zerstört. – Die sich vor dem Palast öffnende *Piazza Mercanti* war seit 1228 das Zentrum des städtischen Lebens. Sie hatte nach der Via Mercanti zu eine Entsprechung, so daß der Broletto sich inmitten eines quadratisch geschlossenen Platzes erhob. Ihm gegenüber befindet sich die malerische *Loggia degli Osii* mit doppelgeschossiger Loggia aus weißem und schwarzem Marmor, 1316 von Matteo Visconti errichtet [5].

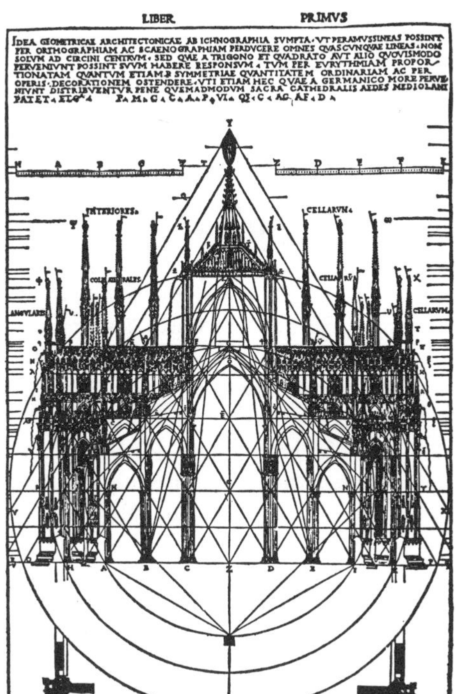

Mailand, Aufriß des Doms nach dem Proportionsschema ad triangulatum (aus: Cesare Caesariano, ›Vitruvius‹, Como 1521)

Über die Via Orefici hinweg gelangt man zum nahen *Palazzo dell'Ambrosiana*, der 1607–09 von Kardinal Federigo Borromeo als Bibliothek angelegt wurde [6]. Nach mannigfachen Veränderungen und erheblichen Zerstörungen im letzten Krieg ist die *Pinacoteca Ambrosiana* mit ihren bedeutenden Schätzen neu eingerichtet worden. Auf folgende Werke sei besonders hingewiesen: ›Madonna mit Engeln‹ von Botticelli (Saal I); Triptychon mit ›Anbetung der Könige‹ von dem Antwerpener Joos van Cleve (ca. 1485 bis 1540), ein bemerkenswertes Werk der niederländischen Renaissance (Saal IV); ›S. Giovannino‹ von Bernardino Luini (ca. 1490–1532), eine der berühmtesten Arbeiten dieses Leonardo-Schülers (Saal VII); Triptychon der ›Madonna del S. Michele‹ von Bramantino (ca. 1536 gest.), einem ungewöhnlich eigenwilligen Mailänder Renaissance-Maler, von dem nur wenige Werke bekannt sind; zwei hervorragende Bildnisse, die lange Leonardo zugeschrieben waren, aber wahrscheinlich von Ambrogio De Predis (ca. 1455 bis ca. 1520) stammen, der ›Musiker‹ und ein ›Weibliches Bildnis‹ (Saal VIII); Raffaels Karton für die ›Schule von Athen‹ (Abb. 21), das einzige erhaltene Beispiel derartiger Vorarbeiten des Künstlers für die Fresken der vatikanischen Stanzen (Saal X); ›Fruchtkorb‹ (Abb. 22) von Caravaggio (1573–1610), ein Jugendwerk dieses aus der Lombardei stammenden Malers, das von größter Bedeutung für die Entwicklung der Stillebenmalerei des 17.–18. Jahrhunderts war (Saal XI); Gemälde von Tizian, Moroni und Moretto (Saal XIII).

Von der Ambrosiana in westlicher Richtung nicht weit entfernt liegt an der Piazza Borromeo die *Casa dei Borromei*, in der ein Zimmer mit Fresken geschmückt ist, die verschiedene Spiele schildern [7]. Um 1442–45 entstanden und zuweilen Pisanello zugeschrieben, gehören diese köstlichen graziösen Darstellungen zu den schönsten Zeugnissen der Endphase internationaler höfischer Gotik.

Auf dem Rückweg zum Domplatz gelangt man von der Via Torino aus zu *S. Satiro* (S. Maria presso S. Satiro), einer der bedeutendsten Kirchen Mailands [8], 1478 von Bramante als dreischiffige Basilika mit breitem Querhaus begonnen (Abb. 3). Wegen der noch heute am Querhaus entlanglaufenden Straße konnte kein Chor gebaut werden, den Bramante durch eine flache Darstellung von drei Arkaden mit Tonnengewölbe ersetzte, die mit Hilfe der angewandten perspektivischen Mittel einen vollkommenen Eindruck von Tiefe erweckt und gleichzeitig mit dem überkuppelten Querhaus zusammen einen Zentralbau vortäuscht. Das dadurch hervorgerufene Gefühl von Weiträumigkeit ist erstaunlich. – Vom rechten Seitenschiff aus kommt man in die *Sakristei* (oder Baptisterium), einem oktogonalen zweigeschossigen und überkuppelten Zentralraum, der mit seinen Friesen und Büsten in Terrakotta ein noch der lombardischen Frührenaissance verhaftetes Meisterwerk Bramantes darstellt. – Am Ende des linken Querarms befindet sich die *Cappella della Pietà*, eine kleine reichgegliederte Zentralanlage aus dem letzten Drittel des 9. Jahrhunderts, einziger Rest der von Erzbischof Ansperto (868–881) errichteten ursprünglichen Kirche. Die schöne ›Pietà‹ von vierzehn Terrakottafiguren über dem Altar stammt wahrscheinlich von Agostino De Fondutis aus Crema, der auch die Terrakottafriese der Sakristei nach Angaben Bramantes hergestellt hat. – Der für einen Heiligen ungewöhnliche Name Satiro war der eines Bruders des hl. Ambrosius.

B In einiger Entfernung westlich des Domplatzes liegt *S. Ambrogio,* die ehrwürdigste und geschichtsreichste Kirche der Stadt [9]. Im 4. Jahrhundert gegründet und 386 vom hl. Ambrosius geweiht, der hier begraben wurde, entstand im 11.–12. Jahrhundert der heutige Bau der dreischiffigen querschifflosen Emporenbasilika mit zwei Türmen seitlich der Fassade und vorgelegtem langrechteckigen Atrium (Abb. 4). Das Innere ist infolge des fehlenden Obergadens und der schweren gedrückten Gurtbögen, die die kuppeligen Kreuzrippengewölbe abtrennen, von düsterer Feierlichkeit (Abb. 6). Die Aufgliederung

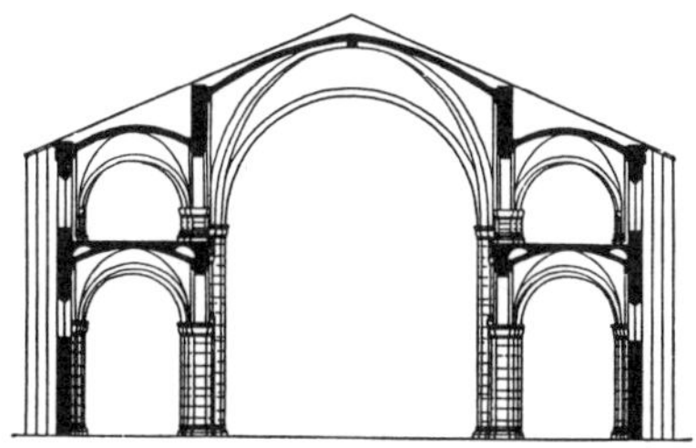

Mailand, S. Ambrogio: Querschnitt durch die dreischiffige Emporen-Basilika

von Stützen und Wänden ist reich, so daß der Bau als erstes Beispiel der voll ausgebildeten lombardischen Romanik gelten kann (vgl. dagegen S. Abbondio in Como, Abb. 34). Die Ausstattung enthält bedeutende Werke. Im Mittelschiff links steht der um 1200 aus älteren Teilen vom Ende des 11. und Anfang des 12. Jahrhunderts zusammengesetzte *Pergamo* (Kanzel) (Abb. 7), unter dem sich der frühchristliche *Sarkophag* eines Ehepaares aus dem 4. Jahrhundert befindet. Im Chor erhebt sich der *Ciborio,* ein auf vier römischen Porphyrsäulen ruhender Baldachin mit Stuckreliefs aus der Mitte des 12. Jahrhunderts. Der *Paliotto* oder Altare d'Oro unter ihm (Abb. 8) stammt von einem Meister Wolvinius und ist eine Stiftung des Erzbischofs Angilbert II. (824–859). Der kastenförmige Altar ist auf allen Seiten mit Reliefs geschmückt, die in Goldblech oder vergoldetem Silber über Holzkerne getrieben sind. Mit ihren Darstellungen aus dem Leben Christi und des hl. Ambrosius gehören sie zu den kostbarsten Werken karolingischer Kunst. – Rechts vom Presbyterium gelangt man zum *Sacello di S. Vittore in Ciel d'Oro* aus dem 4. Jahrhundert, einem quadratischen Raum mit Apsis und Kuppel, der Mosaiken aus der zweiten Hälfte des 5. Jahrhunderts enthält. In ihm waren außer den Reliquien von S. Vittore diejenigen des S. Satiro aufbewahrt. – Im linken Seitenschiff führt eine Tür zum *Portico della Canonica,* der 1492–99 von Bramante errichtet worden ist, und von dem aus das Museum der Kirche zu erreichen ist. Zusammen mit zwei 1498 von Bramante entworfenen Kreuzgängen, die sich in der benachbarten Università Cattolica del Sacro Cuore befinden und zugänglich sind, ist der Portico

Zeugnis der letzten Tätigkeit des Architekten in Mailand, ehe er nach dem Sturz von Ludovico il Moro nach Rom ging.

Außerhalb des Kirchenbezirks, nahe dem Ehrenmal für die Gefallenen des ersten Weltkriegs (Tempio della Vittoria), steht eine römische Säule mit zwei Löchern, die nach der Legende der Teufel mit seinen Hörnern aus Wut über die vergebliche Versuchung des hl. Ambrosius verursacht hat. Es war Brauch, daß die deutschen Kaiser vor ihrer Krönung in S. Ambrogio diese Säule küßten. Damit wird noch einmal auf die geschichtliche Bedeutung der Kirche hingewiesen.

Nicht sehr weit entfernt von S. Ambrogio, in nordwestlicher Richtung am Corso Magenta, liegt die Dominikanerkirche *S. Maria delle Grazie*, die 1466–90 von Guini-

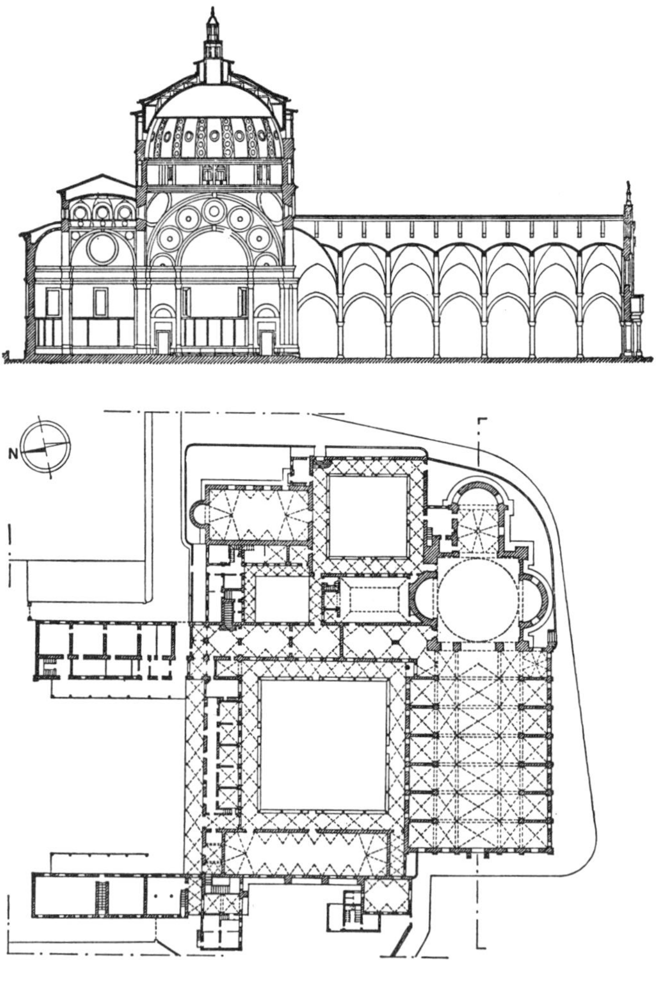

Mailand, S. Maria delle Grazie; spätgotische Basilika: Schnitt und Grundriß

forte Solari als spätgotische weiträumige dreischiffige Basilika errichtet wurde [10]. Ludovico il Moro ließ Chor und Apsis abreißen und ab 1492 von Bramante eine vollkommen neue Anlage bauen, die neben dem Plan des Domes von Pavia das großartigste Beispiel der Baugesinnung dieses Meisters ist (Abb. 9, 10). Der mächtige überkuppelte Raumkubus weitet sich nach zwei Seiten in Exedren, denen im Osten das tiefere Presbyterium entspricht. Durch die Einheitlichkeit von Formen und Dekoration, deren Reichtum noch der spätgotischen lombardischen Schmuckfreude entstammt, entsteht indes der Eindruck eines reinen Zentralbaus, Lieblingsidee der Renaissance. Ebenso stark vermittelt die prachtvolle Außenansicht mit dem farbigen Gegensatz von Marmor und Terrakotta sowohl die Einheit der Konzeption als auch das Gefallen an reicher Dekoration. Die ganze Anlage war eigentlich als Grabeskirche des Herzogs und seiner Gemahlin Beatrice d'Este gedacht, die 1497 hier bestattet wurde. Beider Grabmäler aber wurden dann in der Certosa di Pavia aufgestellt. – Von köstlicher Harmonie der Proportionen ist der kleine, von der Tribuna aus zugängliche Kreuzgang Bramantes.

Vor der Fassade der Kirche befindet sich der Eingang zum *Refektorium* des Klosters, in dem *Leonardo* in den neunziger Jahren das *›Abendmahl‹* malte (1497 vollendet). Von dessen ursprünglicher Farbigkeit ist gleichsam nur ein hauchdünner Schleier übriggeblieben, der indes noch die unbeschreibliche Größe der Konzeption erkennen läßt (Abb. 23). Darauf einzugehen, ist hier unmöglich; es sei nur auf Goethes Beschreibung hingewiesen, die hervorhebt, daß die Tafel des Abendmahls genau den Tischen entsprach, an denen die Mönche aßen, so daß Christus mit seinen Jüngern gleichsam mitten unter ihnen war und doch in jeder Weise über sie erhoben. Damit wird der Kern der Kunst Leonardos getroffen: eine neue unerhörte Vermenschlichung des heiligen Vorgangs bei gleichzeitiger Idealisierung durch Schönheit, wodurch eine profane Verweltlichung vermieden wurde. Das ist der Grundgedanke der Hochrenaissance überhaupt, zu deren ersten unübertroffenen Meisterwerken das ›Abendmahl‹ gehört.

Dem Corso Magenta nach Osten folgend, gelangt man zum *Monastero Maggiore* oder S. Maurizio, einer 1503 begonnenen einschiffigen Kirche von eleganter zarter Harmonie [11]. Eine Wand trennt den Raum in zwei Teile, den vorderen für die Gläubigen, den Chor für die Nonnen. Die Kirche ist vollständig mit Fresken des 16. Jahrhunderts geschmückt, unter ihnen vorzügliche Arbeiten des Bernardino Luini aus den zwanziger Jahren. – Neben der Kirche befindet sich das *Civico Museo Archeologico* [12], dessen Sammlungen einige bemerkenswerte Werke enthalten, darunter ein weitberühmtes römisches Glasgefäß des 4. Jahrhunderts.

Nach Norden zu liegt in etwa 500 m Entfernung das *Castello Sforzesco* [13], das ab 1450 an Stelle der von den Visconti errichteten und von den Mailändern 1447 teilweise zerstörten Zwingburg von Francesco Sforza angelegt wurde (Abb. 11, 12). Beim Tode des Herzogs 1466 war der Bau im wesentlichen fertig, dessen Entwurf wahrscheinlich von Giovanni da Milano stammt. 1488 wurde hier die Hochzeit Gian Galeazzos mit Isabella von Aragonien und 1491 die von Ludovico il Moro mit Beatrice d'Este gefeiert. In dieser Zeit waren Bramante und Leonardo am Ausbau und Schmuck beschäftigt.

Im Laufe der Jahrhunderte erlitt die Festung so viele Schäden, daß man 1880 an vollständige Abtragung dachte, die aber nicht stattfand. 1893 begann die Wiederherstellung, die nach den Zerstörungen von 1943 neuerdings erforderlich wurde. – In den herzoglichen Gemächern und Festsälen um die beiden Binnenhöfe herum, den Corte Ducale und den Cortile della Rocchetta, sind die *Musei Artistici* untergebracht, von deren außerordentlich reichen Sammlungen hier nur wenige herausragende Stücke genannt werden können: das ›Grabmal des Bernabò Visconti‹ mit seiner Reiterstatue von Bonino da Campione, Ende des 14. Jahrhunderts (Saal 2, Abb. 14); die Freskendekoration einer aus Eichen gebildeten Laube im nördlichen Eckturm, die, wenn nicht von *Leonardo* selbst stammend, auf jeden Fall auf seine Angaben zurückgeht (Saal 8); die ›Pietà Rondanini‹, das unvollendete letzte Werk *Michelangelos* voller tiefster Tragik (Saal 15, Abb. 26); die ›Camera di Griselda‹ mit Fresken aus der Mitte des 15. Jahrhunderts, die die Erzählungen Boccaccios wiedergeben (Saal 17); ›Maria mit Heiligen‹ von *Andrea Mantegna*, 1497 datiert (Saal 20); die Teppiche mit ›Monatsdarstellungen‹ von *Bramantino* um 1503, die zu den Meisterwerken italienischer Webkunst gehören (Saal 37).

An das Castello schließt sich der schöne *Park* an, der 1893 an Stelle eines alten Exerzierfeldes und der früheren Gärten der Sforza projektiert wurde. Am Ausgang der nordwestlichen Seite befindet sich der *Arco della Pace* [14], ein gewaltiger klassizistischer Triumphbogen, der 1807 von Luigi Cagnola in Erinnerung an den 1806 erfolgten Einzug von Eugène Beauharnais, dem Stiefsohn Napoleons, begonnen wurde. Die Arbeiten hörten mit dem Sturz Napoleons auf und wurden 1826 von Kaiser Franz I. wieder aufgenommen, der dem Bogen zum Gedenken des Friedens von 1815 den heutigen Namen gab. 1838 unter Ferdinand I. vollendet, wurde er 1859 mit dem Einzug von Vittorio Emanuele II. neu geweiht und mit anderen Inschriften versehen, ein einzigartiges Denkmal wechselnder Geschichte.

C Von der Südwestecke des Domplatzes gelangt man durch die Via Torino und den Corso di Porta Ticinese zu einer Reihe von sechzehn spätantiken Marmorsäulen, die anläßlich der Errichtung von *S. Lorenzo Maggiore* [15] in der zweiten Hälfte des 4. Jahrhunderts von einem anderen Gebäude (Thermen, Tempel oder Palast?) hierher versetzt wurden. Sie bildeten einen Teil des großen Portikus, der vor der Kirche lag, die zu den bedeutendsten spätantik-frühchristlichen Denkmälern gehört (Abb. 16). Mag auch die heutige Erscheinung, vor allem von Tambour und Kuppel, dem Wiederaufbau des Martino Bassi von 1576–1619 entstammen, so gibt die Gesamtform doch sehr genau den Urbau wieder. Zusammen mit den drei angefügten Kapellen – S. Ippolito im Osten, von Anfang an vorhanden; S. Aquilino im Süden, ursprünglich kaiserliches Mausoleum, gleichzeitig; S. Sisto im Norden vom Anfang des 6. Jahrhunderts – ist hier geradezu eine Mustersammlung von Zentralbauformen des 4.–6. Jahrhunderts angelegt. Die Grundform des Hauptbaus ist ein Quadrat mit vier Ecktürmen, zwischen denen sich zweigeschossige Exedren herauswölben, die nach innen eine Art von Umgang mit

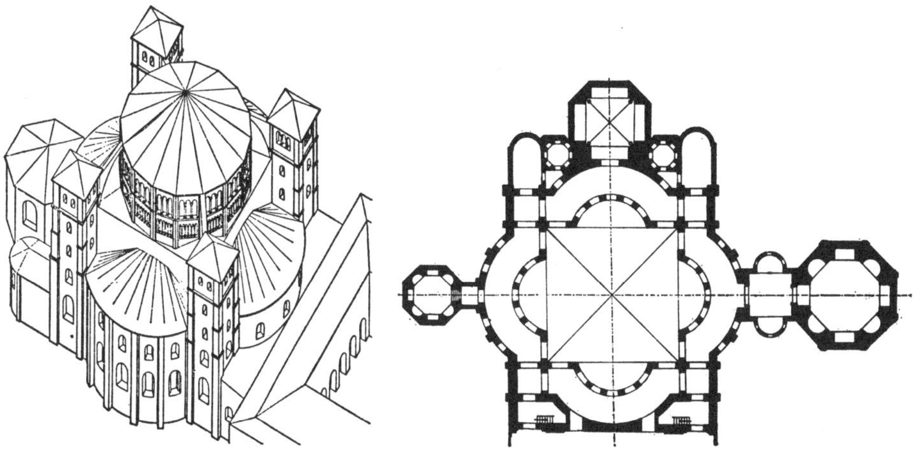

Mailand, S. Lorenzo Maggiore: Ansicht und Grundriß

Emporen bilden. Über den quadratischen Mittelraum war ursprünglich ein Kreuzgewölbe mit vier segelartig aufgeblähten Kappen gespannt. Dieser wahrhaft imperiale Bau kann nicht ohne Einwirkung auf S. Vitale in Ravenna und auf gewisse italienische und deutsche Anlagen des 11.–12. Jahrhunderts gewesen sein, er muß auch für Bramante und Leonardo große Bedeutung gehabt haben. – Unter den zahlreichen Resten der Fresken- und Mosaikdekoration der Erbauungszeit sei besonders auf die Mosaiken von S. Aquilino hingewiesen.

In unmittelbarer Nähe der Säulen am Corso befindet sich die *Porta Ticinese* [16], Rest der 1171 nach der Zerstörung der Stadt durch Barbarossa wiedererrichteten Befestigung. Man kann sich an ihrer Entfernung vom Zentrum ein Bild davon machen, welchen Umfang die mittelalterliche Stadt hatte. – Am Ende dieses Corso liegt die dreischiffige querschifflose Basilika *S. Eustorgio* [17], die vom 13.–15. Jahrhundert an Stelle der von Barbarossa zerstörten Vorgängerin entstand, von der erhaltene Reste benutzt wurden, so die schöne Apsis des späten 11. Jahrhunderts. Die Kirche ist für Deutschland insofern von Bedeutung, als ihr die Reliquien der hl. drei Könige im Dreikönigsschrein des Kölner Doms entstammen, die der Kaiser nach der Vernichtung Mailands dem Erzbischof Rainald von Dassel schenkte, der sie 1164 nach Köln brachte. Ein Teil der Reliquien wurde 1903 zurückgegeben und in der Cappella dei Magi rechts vom Presbyterium in einer modernen Urne aufgestellt. Ursprünglich befanden sie sich in dem noch hier befindlichen mächtigen römischen Sarkophag. Von der sonstigen Innenausstattung sei das ›Grabmal des Stefano Visconti‹ (1327 gest.) aus der Werkstatt des Giovanni di Balduccio in der vierten Seitenkapelle rechts erwähnt, ferner das Fresko des ›Hl. Georg mit der Prinzessin‹ an der Wand darüber, ein Meisterwerk lombardischer Malerei aus der zweiten Hälfte des 14. Jahrhunderts. – Ein kostbares Juwel toskanischer, ins Lombardische übersetzter Architektur und Dekoration der

Frührenaissance ist die hinter dem Chor befindliche *Cappella Portinari*, die der florentinische Bankvertreter der Medici Pigello Portinari 1462–68 errichten ließ (Abb. 17). Der quadratische Raum ist von einer polygonalen Kuppel auf niedrigem Tambour überwölbt, der vor einer vorgetäuschten Loggia mit einem Reigen tanzender Engel aus Stuck geschmückt ist, ein Werk von bezaubernder Grazie. Die Wände sind mit 1466–68 entstandenen Fresken von *Vincenzo Foppa* (ca. 1427–1515) versehen, die u. a. die Geschichte des hl. Petrus Martyr schildern, dem die Kapelle geweiht ist. Sie stellen ein Hauptwerk dieses aus Brescia stammenden Malers dar. Im Zentrum der Kapelle steht die Arca di S. Pietro Martire von *Giovanni di Balduccio* aus den Jahren 1336–39, die 1734 aus der Kirche hierher übertragen wurde. Der überaus reich mit Skulpturen versehene Aufbau stellt den ersten Einbruch toskanischer Plastik im Norden dar; der Künstler stammte aus Pisa und hatte lange in Florenz gearbeitet. – Schließlich sei noch auf den Friedhof aus römischer und frühchristlicher Zeit hingewiesen, zu dem man links vom Presbyterium aus gelangt, das einzige erhaltene Beispiel dieser Art in Mailand.

Von der Piazza S. Eustorgio aus sieht man die zweite *Porta Ticinese*, 1801–14 von Luigi Cagnola errichtet, die zu dem im 16. Jahrhundert angelegten Befestigungsgürtel gehörte und im Vergleich zur Porta Ticinese bei S. Lorenzo das Wachsen der Stadt seit dem Mittelalter anschaulich verdeutlicht. Außerhalb des Tores sind noch Kanäle aus dem 14. Jahrhundert erhalten, wie sie einst in großer Zahl das ganze Stadtgebiet durchzogen und Mailand, das an keinem Flusse liegt, mit dem Ticino und dem Po verbanden. Diese Wasserwege, früher alle schiffbar, waren für den mittelalterlichen Handel von größter Bedeutung. Noch Leonardo beschäftigte sich intensiv mit derartigen Anlagen.

Auf dem Rückweg zum Zentrum, den Corso Italia und die Via S. Sofia benutzend, erreicht man das *Ospedale Maggiore* [18], die Cà'Grande genannt, 1456 von Francesco Sforza und Bianca Maria Visconti gegründet. Die im letzten Krieg stark zerstörte riesige Anlage, die seit 1942 nicht mehr als Krankenhaus benutzt wird, ist im Wiederaufbau begriffen. Steht man in der Via Festa del Perdono vor der 282 m langen Front, sind drei Baustadien leicht zu unterscheiden. Die rechte Hälfte mit vier dahinter liegenden kreuzförmig abgeteilten Höfen stammt von dem Florentiner Antonio Filarete (ca. 1400–69), dessen Plan von 1456 bis zum Ende des Jahrhunderts ausgeführt wurde. Ganz in Backstein erbaut, zeigen die Formen eine reizvolle Mischung von lombardischer Spätgotik und Frührenaissance, die besonders an der prachtvollen Dekoration der zweigeteilten Fenster erkennbar ist. Der größere Teil der linken Hälfte mit dem zwei-

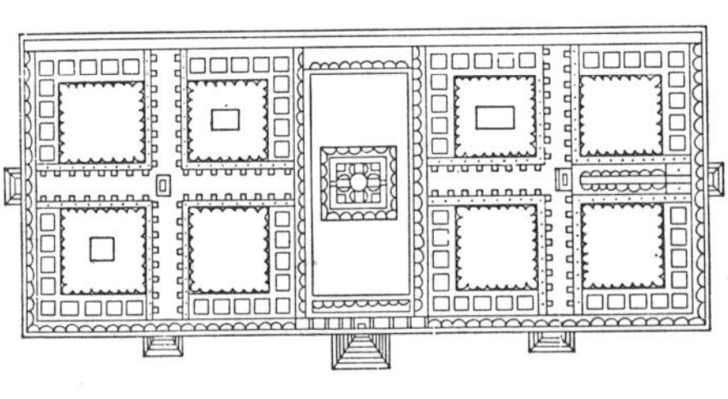

Mailand, Ospedale Maggiore (Cà Grande).
Plan nach dem Entwurf von Filarete

geschossigen barocken Portal in der Mitte ist 1624 begonnen worden, das Motiv der reichgeschmückten zweiteiligen Fenster aufnehmend, ein interessantes Beispiel ›historisierender‹ Architektur im 17. Jahrhundert darstellend. Der letzte klassizistische Teil am linken Ende der Front zeigt die Anfügung von 1797–1804. Durch das Barockportal betritt man den riesigen Cortilone des 17. Jahrhunderts, von dem aus man zu den Flügeln und Höfen Filaretes gelangt. Diese Gründung der Sforza am damaligen südöstlichen Stadtrand stellt gleichsam den monumentalen Gegenpol zum Castello Sforzesco am anderen Ende einer imaginären Achse durch Mailand dar.

D Vom Domplatz aus gelangt man durch die Galleria zur Piazza della Scala, an der sich das traditionsreichste und wohl berühmteste Opernhaus der Welt erhebt, das *Teatro della Scala* [19], nach der einst an dieser Stelle befindlichen Kirche S. Maria della Scala benannt (Abb. 18). Es wurde 1775–78 von Giuseppe Piermarini erbaut und mit einer eleganten klassizistischen Fassade mit Portikus versehen. Die Eröffnung fand am 3. August 1778 mit der ›Europa riconosciuta‹ von Antonio Salieri statt. Der Theaterraum von 24 m Länge, 21,60 m Breite und 20 m Höhe mit vier Rängen von Logen und zwei Galerien faßt 2800 Zuschauer. Noch heute bieten die Aufführungen nicht nur Wiedergaben von höchster Qualität, sondern auch das Schauspiel der unzeitgemäßen Selbstdarstellung eines Publikums von einzigartiger Eleganz und Reichtum, wie es wohl in diesem Ausmaß an keinem anderen Ort mehr stattfindet. Darin drückt sich die Tradition der Scala als gesellschaftlicher Mittelpunkt aus, der sie seit ihrer Gründung war. Wer etwas von diesem Leben und Geist des 19. Jahrhunderts spüren will, sollte den Besuch des angeschlossenen *Museo Teatrale* nicht versäumen.

Gegenüber dem Theater befindet sich der 1553–58 entstandene *Palazzo Marino* [20] mit großartigem Innenhof von Galeazzo Alessi, jetzt Rathaus. – Ganz nahe, gegenüber der Apsis der hinter dem Palast gelegenen Kirche S. Fedele, steht die *Casa degli Omenoni* [21], die sich der Bildhauer Leone Leoni gegen 1565 erbaute (Abb. 19). Ihren Namen hat sie von den acht gewaltigen Karyatiden erhalten, die das Volk als omenoni

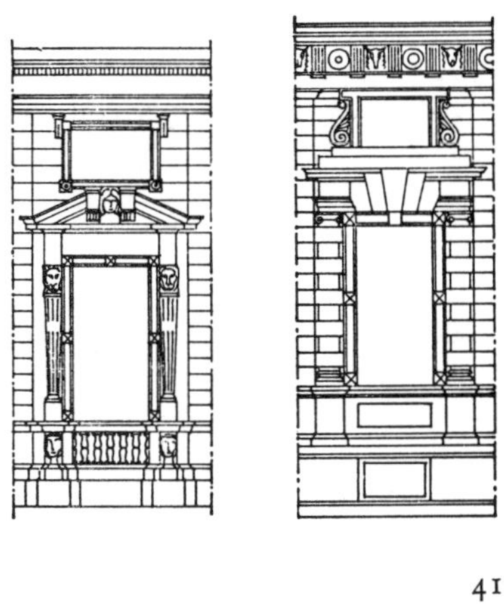

Mailand, Palazzo Marino: Fassadendetails

(große Leute) bezeichnete. In diesem Haus hatte der berühmte Bildhauer Karls V. seine Kunstsammlung, die u. a. den ›Codex Atlanticus‹ von Leonardo enthielt, der sich in der Ambrosiana befindet.

Der Via G. Verdi an der Ostflanke der Scala folgend, gelangt man in der Via Brera zum *Palazzo di Brera* [22] mit monumentalem Innenhof und Bronzestatue Napoleons I. von Antonio Canova, 1809, die wegen ihrer Nacktheit erhebliches Aufsehen erregte. In dem Palast ist die *Pinacoteca* (Abb. 20), deren Fülle von Gemälden selbst die Auswahl der hervorstechendsten Werke schwierig macht. Jeder Kunstliebhaber weiß, daß sich hier die erschreckend verkürzte Darstellung des ›Leichnams Christi‹ von *Andrea Mantegna* (Saal VIII), die feierliche ›Madonna mit Heiligen und Herzog Federico da Montefeltro‹ von *Piero della Francesca* (Saal XXV, Abb. 24) und das 1504 entstandene Jugendwerk der ›Verlobung Marias‹ von *Raffael* (Saal XXVI) befinden. Wegen ihres Umfangs nicht zu übersehen sind das überaus festliche ›Gastmahl beim Pharisäer‹ von *Paolo Veronese,* um 1582 (vgl. Vicenza), die tragische ›Beweinung Christi‹, 1563, und die dramatische ›Auffindung des Leichnams des hl. Markus‹ von *Tintoretto* (Saal IV); die erzählfreudige märchenhafte ›Predigt des hl. Markus in Alexandria‹ von *Gentile* und *Giovanni Bellini* (Saal V). Hingewiesen sei wenigstens noch auf folgende Gemälde: ›Madonna‹ von *Ambrogio Lorenzetti* (Saal II); ›Madonna mit Heiligen‹ von *Girolamo Savoldo* und ›Himmelfahrt Marias‹ von *Moretto,* zwei Hauptwerke der Brescianer Malerei des 16. Jahrhunderts (Saal III); ›Bildnis der Laura da Pola‹ von *Lorenzo Lotto,* vgl. Bergamo u. a. (Saal IV); ›Pietà‹ von *Giovanni Bellini* (Saal VIII); ›Büßender Hieronymus‹, Spätwerk *Tizians,* und ›Bildnis eines Edelmanns‹ von *Lotto* (Saal X); ›Lautenspielerin‹ 1520 von *Bartolomeo Veneto* und ›Jünglingsbildnis‹ von *Ambrogio De Predis,* oft für Leonardo in Anspruch genommen (Saal XIII); ›Kreuzigung‹ des ungewöhnlichen *Bramantino,* vgl. Ambrosiana und Castello Sforzesco (Saal XVII); ›Geburt Christi‹ und ›Anbetung der Könige‹, Jugendwerke von *Correggio* (Saal XX); ›Thronende Madonna mit Heiligen‹ von dem Ferraresen *Ercole De' Roberti* (Saal XXI); ›Emmausmahl‹ von *Caravaggio,* vgl. Ambrosiana (Saal XXXIX); ›Bildnis der Saskia‹ 1632 von *Rembrandt* (Saal XXXIII); ›Rebekka am Brunnen‹, ein Hauptwerk des Venezianers *Piazzetta* (Saal XXXV); ›Die Pergola‹ von *Silvestro Lega,* gegen 1860 (Saal XXXVIII).

Folgt man der Via Brera bis zum Ende und wendet sich etwas nach rechts, gelangt man zu der 1254 gegründeten Kirche *S. Marco* [23], die im 14. Jahrhundert erweitert und im 17. Jahrhundert fast vollständig erneuert wurde. In die Fassade von 1871 wurde ein Portal des 14. Jahrhunderts mit drei Statuetten eingebaut, im Innern sind Reste der mittelalterlichen Kirche an den Querschiffen und im Chor bewahrt. Außer Altarbildern der Mailänder Schule aus dem 16. und 17. Jahrhundert befinden sich im rechten Querarm ein Grabmal und Sarkophage des 14. Jahrhunderts.

Nicht weit entfernt von der Brera und S. Marco, nahe dem Corso Garibaldi, befindet sich die ›Hallenkirche‹ *S. Simpliciano* [24] mit zweischiffigem Querhaus und oktogonaler Kuppel aus dem 12. Jahrhundert, in der Reste der frühchristlichen, vom hl.

Ambrosius errichteten Basilika des 4. Jahrhunderts erhalten sind. Die Kirche ist eng mit der Schlacht von Legnano vom 29. Mai 1176 verbunden, in der die lombardischen Kommunen Barbarossa besiegten. Nach der Legende haben die hier beigesetzten heiligen Märtyrer Martirio, Sicinio und Alessandro durch ein Taubenwunder zum Siege beigetragen. Jährlich findet in Erinnerung an den Tag vor der Kirche ein eindrucksvolles Fest statt, während dessen weiße Tauben aufgelassen werden.

Erwähnt sei schließlich der in einiger Entfernung nördlich gelegene *Cimitero Monumentale,* der 1866 eingerichtet wurde und die eindrucksvollste Anlage dieser Art darstellt. Unter den zahlreichen Grabdenkmälern befinden sich bemerkenswerte Beispiele italienischer Plastik des 19. und 20. Jahrhunderts.

E Dieser letzte Rundgang führt weniger zu bedeutenden historischen Monumenten als zu einer Reihe von Museen, die für manchen Besucher vielleicht von Interesse sind, und vor allem durch einige berühmte und charakteristische Straßen mit zahlreichen Palästen des 17.–19. Jahrhunderts.

Von der Piazza della Scala aus führt nach Nordosten die elegante und belebte Via Alessandro Manzoni, an der rechts das *Museo Poldi-Pezzoli* [25] liegt. Inhalt und Aufstellung haben den Charakter einer reichen Privatsammlung bewahrt, die der Stifter im 19. Jahrhundert hier vereinigt hatte. Außer beachtlichen Möbeln, kunsthandwerklichen Arbeiten, Teppichen und Waffen sind einige Gemälde hohen Ranges vorhanden, unter denen das berühmteste das ›Bildnis einer Dame‹ von *Antonio Pollaiuolo* ist, eine jener strengen Profildarstellungen der florentinischen Frührenaissance (Abb. 25). Ferner sind zu erwähnen die ›Madonna‹ von *Andrea Mantegna,* die ›Pietà‹ von *Giovanni Bellini* (vgl. Brera), die ›Madonna‹ des Leonardo-Schülers *Giovanni Antonio Boltraffio.*

Von der Via Manzoni zweigt die *Via Monte Napoleone* ab, die wegen der Eleganz und des Luxus ihrer Geschäfte wohl ebenso bekannt wie die Scala ist. – Die Via Manzoni endet an den *Archi di Porta Nuova* [26], die zum Mauerring von 1171 gehörten (vgl. Porta Ticinese bei S. Lorenzo). – Von hier aus gelangt man entlang den Giardini Pubblici zur *Galleria d'Arte Moderna* [27], die in der klassizistischen *Villa Reale* von 1790 untergebracht ist, in der Napoleon I., Eugène Beauharnais und Feldmarschall Radetzky wohnten, der 1858 hier starb. Die Galerie enthält vor allem Werke der italienischen Kunst des 19. und 20. Jahrhunderts, darunter eine Reihe von Arbeiten des ›impressionistischen‹ Bildhauers Medardo Rosso und des Futuristen Umberto Boccioni, außerdem einige Gemälde französischer Impressionisten. – Auf dem Rückweg zum Zentrum durch den Corso Venezia befindet sich die kleine, aber suggestive dreischiffige Basilika *S. Babila* [28] vom Ende des 11. Jahrhunderts.

Schließlich sei noch darauf hingewiesen, daß sich in dem hier behandelten Stadtsektor das *Civico Museo di Storia Contemporanea* mit dem *Museo di Milano* (Via S. Andrea), das *Civico Museo del Risorgimento* (Via Borgonuovo, Fortsetzung der Via Monte Napoleone) und die *Collezione Mattioli* (Via Senato 36), eine der bedeutendsten Sammlungen moderner Kunst, befinden.

Monza

Die wichtigsten Sehenswürdigkeiten:
Arengario · Dom (›Eiserne Krone‹)

So klangvoll und erinnerungsreich der Name Monza für die deutsche Geschichte ist, so wenig wird die Stadt heute besucht. Unsäglich häßliche Siedlungen und Industrieanlagen umgeben sie und lassen sie praktisch zum abstoßenden Weichbild Mailands gehören. Der alte Stadtkern aber ist wohl erhalten. – Ursprünglich keltische, dann römische Siedlung mit dem Namen Modicia, wurde der Ort am Ende des 6. Jahrhunderts bedeutsam, als Theodelinde, Königin der Langobarden, ihn zur Sommerresidenz erkor und den Dom gründete, der die ›Eiserne Krone‹ (Abb. 27) bewahrt, mit der die langobardischen Könige, die Karolinger und die deutschen Kaiser zu Königen von Italien gekrönt wurden. Diese Krönung fand zunächst in S. Michele zu Pavia (Abb. 55), der Hauptresidenz der langobardischen Herrscher, statt, später aber auch in S. Ambrogio zu Mailand (Abb. 6) und im Dom von Monza (Abb. 28). 918 wählte Kaiser Berengar I. die Stadt als Residenz. Im 12. Jahrhundert wurde sie freie Kommune, in ständige Kämpfe mit Mailand verwickelt, wechselnd die Partei der Guelfen oder der Ghibellinen ergreifend, bis der innere Zwiespalt sie 1324 zur Beute der Visconti von Mailand werden ließ, die ihr jedoch Sonderrechte verliehen, so daß sie innerhalb des Herzogtums stets eine gewisse Autonomie bewahrte.

Im Zentrum der Stadt, an der Piazza Roma, erhebt sich der *Arengario,* der alte Palazzo del Comune, aus der Mitte des 13. Jahrhunderts. Er ist dem Palazzo della Ragione in Mailand ähnlich. In dem prächtigen Saal des Obergeschosses, der ein Fresko mit der ›Messe zu Ehren des hl. Michael‹ aus der Mitte des 14. Jahrhunderts enthält, ist neuerdings das Museo Archeologico eingerichtet. – Wenige Schritte entfernt befindet sich der *Dom* der Theodelinde, der um die Mitte des 13. Jahrhunderts vollständig neu errichtet, im 14. Jahrhundert erweitert und später im Innern mehrfach verändert wurde. Die reichgegliederte, aber stark restaurierte Fassade, ganz mit weißen und grünlichen Marmorplatten verkleidet, stammt aus der zweiten Hälfte des 14. Jahrhunderts (Abb. 28). In der Portal-Lünette befindet sich ein Relief des 13. Jahrhunderts mit Darstellungen von Theodelinde, Agilulf (?) und ihren Kindern, die dem Täufer die Eiserne Krone darbringen. Der Campanile links der Fassade wurde 1592–1606 nach Entwurf von Pellegrino Tibaldi gebaut. Das Innere der dreischiffigen kreuzförmigen Basilika ist mit Dekorationen des 18. Jahrhunderts versehen. Das Hauptinteresse richtet sich auf die Kapelle der Theodelinde links vom Presbyterium, die die Eiserne Krone enthält. Nach der Legende ist das von juwelengeschmückten Goldplatten umschlossene Eisenband aus einem Nagel vom Kreuze Christi geschmiedet. Der Ursprung ist umstritten, die Entstehungszeit schwankt zwischen dem 6. und 9. Jahrhundert. Die Wände der Kapelle sind mit Fresken der Zavattari geschmückt, die in 44 Szenen die Geschichte der Theodelinde erzählen. Eine Darstellung enthält die Inschrift mit dem Namen Zavattari und dem Datum 1444. Der Stil der Malereien gehört dem Ausklang der internationalen höfischen Gotik an; mit köstlicher Frische werden höfisches Leben, Kostüme, Paläste und Burgen des 15. Jahrhunderts geschildert.

Angeschlossen an den Dom ist das *Museo Serpero*, das den überaus kostbaren Schatz der Kirche enthält, dessen Reichtum hier kaum angedeutet werden kann. Das sind Gelegenheiten, die jeden zur Freude eigener Entdeckungen verführen können. Nur wenige Hinweise seien gegeben: die Glucke mit sieben Küken in vergoldetem Silber, vielleicht eine Grabbeigabe der Theodelinde aus dem 6. Jahrhundert (Vitrine 5); der Deckel des Evangeliars der Theodelinde, 6. Jahrhundert (Vitrine 6); das Kreuz des Adaloald, Sohnes von Theodelinde und Agilulf, 603 dem Fürsten von Gregor d. Gr. geschickt, eine byzantinische Arbeit vom Ende des 6. Jahrhunderts (Vitrine 7); Votivkrone der Theodelinde (Vitrine 8); Reliquiar, entweder byzantinisch des 7. Jahrhunderts oder karolingisch um 800 (Vitrine 9); Elfenbeindiptychon des Stilicho von etwa 400 (Vitrine 11); Kelch des Gian Galeazzo Visconti vom Ende des 14. Jahrhunderts (Vitrine 12).

Nördlich des alten Stadtkernes liegt die *Villa Reale*, die Erzherzog Ferdinand von Österreich 1777–80 durch Giuseppe Piermarini errichten ließ. In einem Teil des umfangreichen Gebäudekomplexes befindet sich die *Civica Galleria d'Arte*, von deren Beständen wenigstens das ›Martyrium des hl. Lorenz‹ von Daniele Crespi (1590/1600–1630) erwähnt sei. – An die Villa schließt sich der 1806 von Eugène Beauharnais angelegte *Park* an, einer der größten und schönsten Europas (Abb. 29).

Como

Die wichtigsten Sehenswürdigkeiten:
Dom · S. Abbondio

Neben Verona ist Como das andere Einfallstor nach Italien für die aus dem Norden kommenden Reisenden. Seine schöne Lage am See und zwischen Hügeln und Bergen (Abb. 36, 37) ist so verführerisch, daß der Altstadt oft nur ein kurzer Blick gegönnt wird, obwohl sie bedeutende historische Denkmäler enthält und schon im Plan auf ihre lange Vergangenheit hinweist. Denn in keiner anderen norditalienischen Stadt ist das langgestreckte römische Castrum mit seinen sich rechtwinklig kreuzenden Straßen so klar bewahrt wie hier. Die ursprünglich gallische Gründung wurde 196 v. Chr. vom Konsul Quintus Marcellus erobert, 89 v. Chr. mit dem Namen Novum Comum zur römischen Kolonie mit lateinischem Recht erklärt und 49 v. Chr. von Cäsar mit dem römischen Bürgerrecht versehen. Ihr Territorium grenzte an das von Mailand und von Bergamo. In langobardischer Zeit unterstand sie dem in Mailand residierenden Herzog, in der karolingischen Epoche wurden die Bischöfe, die zugleich Grafen waren, die absoluten Herren. Nach der Erringung der Selbständigkeit als Kommune führte ein erbitterter Kampf mit Mailand von 1118–27 zur Zerstörung. Der Wiederaufbau erfolgte unter dem Schutz Barbarossas, die Unabhängigkeit als freie Stadt wurde im Konstanzer Frieden von 1183 anerkannt. Es folgte trotz der internen Kämpfe zwischen Guelfen und Ghibellinen eine Zeit der Blüte, bis die Stadt 1335 an die Visconti von Mailand kam, dessen Schicksal sie bis zum 19. Jahrhundert teilte. – Aus Como stammen Gaius Plinius Secundus, Autor der ›Naturalis Historia‹, der beim Vesuvausbruch von 79 n. Chr. umkam, der Humanist Paolo Giovio (1483–1552) und Alessandro Volta (1745–1827).

An der Stelle der sich zum See öffnenden *Piazza Cavour* von 1871–72, heute Mittelpunkt städtischen Lebens, befand sich der alte Hafen. Das mittelalterliche Zentrum war die etwas stadteinwärts nach Südosten zu gelegene *Piazza del Duomo* (Abb. 35), an der sich die *Torre del Comune* von 1215, derBroletto und die Kathedrale erheben (Abb. 31). Der *Broletto* (Gerichtshalle) wurde 1215 als Palazzo del Podestà aus weißem, grauem und rotem Marmor errichtet, das Erdgeschoß in Arkaden geöffnet, das Obergeschoß mit dreigeteilten Fenstern wie üblich einen großen Saal enthaltend. Ein Teil des Palastes ist durch den Neubau der *Kathedrale* zerstört worden, der 1396 auf Geheiß der Visconti begann und die Kirche S. Maria Maggiore aus dem 11. Jahrhundert ersetzte. Gleich-

Como, Dom: Grundriß

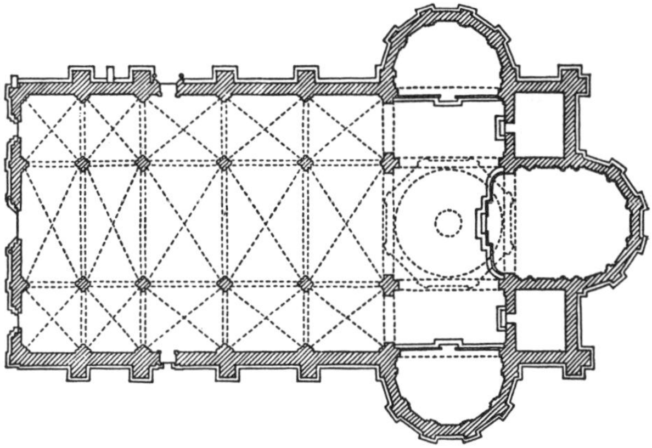

zeitig also mit dem Mailänder Dom und der Certosa di Pavia ist diese Anlage Ausdruck des Mäzenatentums der neuen Herren von Como. Die Vollendung des Baus erfolgte erst 1731–44 mit der Konstruktion der Kuppel nach Entwurf von Filippo Juvara. Die dreischiffige Basilika besteht gewissermaßen aus zwei Teilen, dem spätgotischen, sehr weiträumigen Langhaus aus dem 15. Jahrhundert und der großartigen Ostanlage vom 16.–18. Jahrhundert, die der Idee eines Zentralbaus folgt. Für ihren Plan ist sowohl Bramante als auch Leonardo da Vinci verantwortlich gemacht worden. Auf jeden Fall greift das wahrscheinlich von Cristoforo Solari 1519 gelieferte Modell auf deren Ideen zurück. Am eindrucksvollsten ist die Außenansicht von Osten (Abb. 32), die das Bild eines mächtigen Zentralbaus im Sinne der Hochrenaissance vermittelt. Im völligen Gegensatz dazu steht die in der zweiten Hälfte des 15. Jahrhunderts errichtete Fassade, die in ihrer flächenhaften Ausbreitung und dem Schmuckreichtum vollkommen der lombardischen Spätgotik im Übergang zur Frührenaissance angehört. An ihr befinden sich unter Ädikulen die Statuen von Gaius Plinius und seinem Neffen Plinius Caecilius, einzigartiges Zeichen der Verehrung von Heiden in einer christlichen Kirche als Ausdruck humanistischen Stolzes auf die römische Vergangenheit. Von der reichen Innenausstattung seien zwei Gemälde und eine Plastik erwähnt: das Altarbild der ›Sacra Conversazione‹ von dem Leonardo-Schüler Bernardino Luini (ca. 1490–1532) in der 4. Kapelle des rechten Seitenschiffes, das ›Verlöbnis Marias‹ des überaus eigenwilligen piemontesisch-lombardischen Renaissancemalers Gaudenzio Ferrari (1470/71–1546) in der 3. Kapelle des linken Seitenschiffes und die an Leonardo erinnernde Marmorstatue des ›hl. Sebastian‹ von Cristoforo Solari.

Folgt man vom Domplatz aus der Via Vittorio Emanuele II nach Südosten, so trifft man auf die polygonale Apsis mit schöner Zwerggalerie von *S. Fedele*, einer eigentümlichen Dreikonchen-Basilika aus der ersten Hälfte des 12. Jahrhunderts, die der Idee nach an die ältere Dreikonchenanlage von S. Maria im Kapitol in Köln erinnert. Für beide Kirchen müssen Anregungen frühchristlicher Bauten wie S. Lorenzo Maggiore in

Mailand wirksam gewesen sein. Mag die Kirche auch in vielfach verändertem Zustand auf uns gekommen sein, so vermittelt sie doch noch einen starken Eindruck der um 1100 sich entfaltenden Schaffenskraft und Phantasie lombardischer Romanik. – Im weiteren Verlauf der Straße gelangt man zum *Museo Civico,* das bedeutende prähistorische Funde, römische, vorromanische und romanische Skulpturenfragmente enthält, und schließlich am Ende der Straße zur *Torre di S. Vitale,* einem Rest der Befestigungsanlagen des 12. Jahrhunderts. – Wenig nach Westen zu, am mittelalterlichen Mauerring entlang, kommt man zur *Torre di Porta Vittoria* von 1192, einem der großartigsten Beispiele alter Stadttore.

Von hier aus ist es nicht weit zur außerhalb der Altstadt im Süden nahe der Eisenbahn gelegenen Basilika von *S. Abbondio,* die ab 1022 von den Benediktinern errichtet und 1095 von Urban II. geweiht wurde (Abb. 33). Die mächtige Fassade ist durch Lisenen gegliedert und von einem Rundbogenfries gekrönt; die unteren Halbsäulen sind Reste eines großen Narthex. Einen reicheren Anblick bieten die Ostteile mit der hohen halbrunden Apsis, deren große Fenster kostbare dekorative Umrahmungen erhielten, mit den beiden Türmen über den Apsiden der inneren Seitenschiffe und mit den schräg abfallenden Wänden der äußeren Seitenschiffe, alles mit Lisenen und Rundbogenfriesen versehen. Außerordentlich ernst und streng ist der Eindruck des fünfschiffigen Innern ohne Querschiff und ohne Wölbung mit den hohen einfachen Rundpfeilern (Abb. 34). Die Proportionen von Höhe und Breite ergeben ungewöhnlich steile, schlanke Räume. Der Bau ist genau gleichzeitig mit dem ersten ungewölbten Dom von Speyer und nicht ohne Einflüsse seitens rheinischer und normannischer Architektur entstanden, wie umkehrt lombardische Elemente im Norden wirksam wurden. Die Apsis ist mit Fresken aus der Mitte des 14. Jahrhunderts geschmückt, die das Leben Christi u. a. darstellen. Feierlich wirkt der Kreuzgang mit seinen doppelstöckigen Loggien. S. Abbondio stellt das älteste erhaltene monumentale Werk lombardisch-romanischer Sakralarchitektur dar, faszinierend in seiner Mischung von Altertümlichkeit und Neuheit, großartiger Vorklang der im nächsten Jahrhundert voll einsetzenden Entfaltung lombardischer Architektur.

Wer den Gegensatz des alten christlichen Abendlandes und des neuen wissenschaftlichen Europa eindrucksvoll erleben will, besuche anschließend den am See gelegenen *Tempio Voltiano,* einen 1927 errichteten neuklassizistischen Bau mit dem dem großen Physiker gewidmeten Museum. – Erwähnt sei schließlich noch die *Kaserne der Guardia di Finanza* in der Nähe des Domes, ehemals Casa del Fascio, ein 1932 entstandenes, sehr beachtenswertes Werk moderner Architektur von Giuseppe Terragni, das einer anderen Welt anzugehören scheint als die konventionelle Repräsentation des Tempio Voltiano.

Bergamo

Die wichtigsten Sehenswürdigkeiten:
Città alta · Cappella Colleoni · S. Maria Maggiore · Accademia Carrara

Wie Mailand und Brescia ist auch Bergamo von der industriellen Entwicklung der letzten Jahrzehnte so stark erfaßt worden, daß man bei der Ankunft in der Unterstadt (città bassa) zunächst enttäuscht sein wird. Volle Entschädigung bietet dafür die Oberstadt (città alta), die im wesentlichen so blieb, wie sie bis zum 19. Jahrhundert entstanden war (Abb. 41).

Die keltische Gründung wurde 49 v. Chr. dem römischen Staat einverleibt. Außer zahlreichen Inschriften sind aber keine Monumente der antiken Stadt *Bergomum* erhalten. Unter den Langobarden wurde sie Sitz eines Herzogs, unter den Franken eines Grafen. Als freie Stadt seit dem Beginn des 12. Jahrhunderts war Bergamo neben Brescia und Cremona führend in der Lega Lombarda gegen Barbarossa. Die internen Parteikämpfe zwischen den Suardi (Ghibellinen) und den Colleoni (Guelfen) bewirkten den Verlust der Selbständigkeit, so daß im 14. Jahrhundert zuerst die Visconti von Mailand, dann die Torriani Herren der Stadt wurden. 1408 fiel sie an Pandolfo Malatesta, 1419 nochmals an die Visconti, bis sie 1428 zu Venedig kam. Der Versuch einer

Bergamo, die Oberstadt (lavierte Federzeichnung von Karl Moser, 1932)

Wiedereroberung durch die Visconti wurde 1437 von dem in venezianischen Diensten stehenden Condottiere Bartolomeo Colleoni vereitelt. Bis 1797 gehörte sie zur Republik Venedig. – Schon im 15. Jahrhundert wurde die Stadt durch eine Gesangschule berühmt, vom 17.–19. Jahrhundert durch die Herstellung von Orgeln. Aus der Musikschule Bergamos ging Gaetano Donizetti (1797–1848) hervor.

Mittelpunkt der Oberstadt, mit der die Besichtigung beginnen sollte, ist die 1440–90 angelegte *Piazza Vecchia* (Abb. 42), einer jener schönen, räumlich so wohltuenden und dem städtischen Leben prachtvoll angepaßten Plätze, wie sie seit dem späten Mittelalter gerade in Norditalien überall entstanden. An ihr erhebt sich der *Palazzo della Ragione* oder Palazzo Vecchio, überragt von der Torre del Comune aus dem 12. Jahrhundert. Schon für 1199 bezeugt, wurde er mehrmals durch Brände zerstört, aber stets in alter Form wiederhergestellt. Das Obergeschoß besteht aus einem einzigen großen Saal, der wie stets bei diesen Gebäuden über eine Freitreppe zu erreichen ist. – Der eigentliche Regierungssitz der freien Stadt, der Palazzo dei Rettori, ist nicht erhalten. – Der an der gegenüberliegenden Seite des Platzes befindliche *Palazzo Nuovo* wurde als Repräsentation der venezianischen Herrschaft um 1593 von Andrea Vannone begonnen, 1611 von Vincenzo Scamozzi in betonterem palladianischen Stil verändert und erst 1927–28 vollendet.

Durch den Portikus des Palazzo della Ragione gelangt man auf die kleinere, aber überaus suggestive *Piazza del Duomo*, an der sich rechts das 1340 von Giovanni da Campione errichtete *Baptisterium* befindet (Abb. 44), das ursprünglich in der Kirche S. Maria Maggiore stand und mehrfach seinen Platz wechselte, ein zierliches zweigeschossiges Oktogon (zu den Campionesen s. Verona). Die Reliefs mit Christusgeschichten im Innern von Campione sind teils noch von romanischer Tradition bestimmt, teils von nordischer Gotik beeinflußt, die bei den Gestalten der Tugenden am Äußeren stärker wirksam war. Das Ganze hat etwas von einem Schmuckstück, dem in anderer Weise die *Cappella Colleoni* antwortet (Abb. 40). Bartolomeo Colleoni (1400–75), dessen einfaches Wohnhaus in der Nähe der Piazza erhalten ist, entstammte einer Adelsfamilie Bergamos und verdingte sich wie viele Vertreter seines Standes als Söldnerführer (Condottiere) im Dienste der verschiedensten Mächte, um Ruhm und Reichtum und vielleicht eine kleine Herrschaft zu erringen, wofür jetzt allerdings nicht mehr die richtige Zeit war. Er kämpfte für Neapel, Mailand und Venedig, dessen Generalkapitän er 1455 wurde. Nicht weit von Bergamo liegt das von ihm erworbene und ebenfalls erhalten gebliebene Castello di Malpaga, in dem er den König Christian I. von Dänemark empfing, was der Brescianer Maler Romanino im 16. Jahrhundert mit einer Freskenreihe im Ehrensaal verewigt hat. Seinen noch heute währenden Ruhm aber verdankte er vorzüglich dem überlebensgroßen bronzenen Reiterdenkmal in Venedig von Verrocchio, das er selbst testamentarisch gewünscht und gestiftet hatte und auf dem Markusplatz aufgestellt sehen wollte. Diese Anmaßung ließ die Republik indessen nicht zu und bestimmte den bescheideneren Platz bei SS. Giovanni e Paolo für die

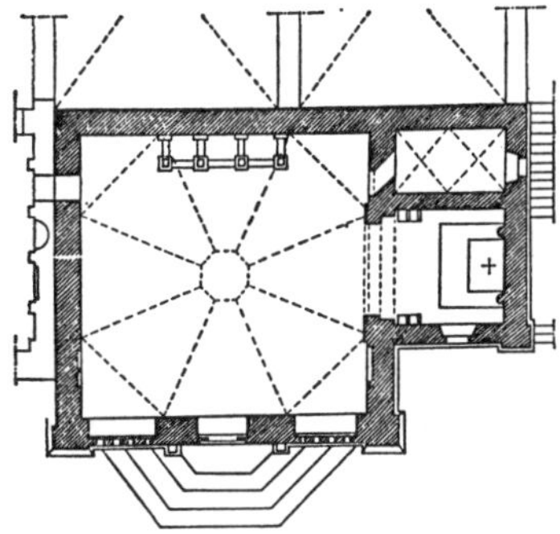

Bergamo, Cappella Colleoni: Grundriß

Errichtung des Denkmals. Ebenso hat Colleoni seinem Nachruhm durch die Kapelle in Bergamo gedient, die er sich als kuppelbekrönten Grabbau 1470–76 durch Giovanni Antonio Amadeo an der Stelle der alten Sakristei von S. Maria Maggiore erstellen ließ. Die Fassade ist im Gegensatz zur toskanischen Frührenaissance nach lombardischer Manier überreich dekoriert, so daß sie wie eine kostbare kunsthandwerkliche Arbeit wirkt (vgl. die Certosa von Pavia, Abb. 62). Im Innern erhebt sich gegenüber dem Eingang das Grabmal des Colleoni von Amadeo, aus zwei übereinandergesetzten Sarkophagen mit reichem Skulpturenschmuck bestehend und nach lombardischer Tradition (vgl. die Scaligergräber in Verona, Abb. 131) mit einer hölzernen Reiterstatue des Condottiere gekrönt (Abb. 45). – An der linken Seite ist 1482 das ebenfalls von Amadeo stammende einfachere Grabmal der Medea Colleoni (1470 gest.), Tochter Bartolomeos, aufgestellt worden, das mit der liegenden, von zartester Grazie erfüllten Figur der Verstorbenen ein Meisterwerk dieses Künstlers darstellt. – Die sonstige pompöse Innenausstattung stammt aus dem 18. Jahrhundert und enthält u. a. Gemälde von Giambattista Tiepolo.

An der Stelle einer schon 774 erwähnten langobardischen Kirche wurde 1137 *S. Maria Maggiore* begonnen, eine dreischiffige, geräumige Basilika mit hoher Kuppel von 1614 und mächtigen Querhäusern (Abb. 43). Der Bau war 1187 noch nicht vollendet und wurde es im Grunde nie, da ihm das eigentliche Langhaus und die Westfassade fehlen, die wegen Einsturzgefahr infolge ungünstiger Bodenverhältnisse nicht ausgeführt wurden. Beiden Eingängen an den Querhäusern sind prächtige Vorhallen von Giovanni da Campione vorgesetzt (die nördliche 1353, die südliche 1360), von dem auch das Portal zur Sakristei stammt (1367). Einen Eindruck von der spätromanischen, die Mauermassen plastisch und räumlich auflösenden Gliederung der Ostteile, die insgesamt nicht zu überschauen sind, kann man beim Umschreiten nur im einzelnen gewinnen. – Das Innere, ursprünglich mit Emporen versehen, die hinter den Hoch- und Querschiffwänden noch erhalten sind, wird von der Ausstattung des 16.–18. Jahrhunderts bestimmt, die aber die außerordentliche Raumgröße nicht beeinträchtigt. Einzigartig sind die kostbaren Teppichserien florentinischer und flämischer Herkunft aus dem 16. und 17. Jahrhundert, wie sie sonst in Kirchen nicht mehr zu sehen sind, obwohl sie seit dem hohen

Mittelalter einen wesentlichen Bestandteil des Innenschmuckes ausmachten. Ferner müssen das Fresko des ›Lebensbaumes‹ nach der Lehre des hl. Bonaventura von 1347 an der südlichen Querschiffwand und die vorzüglichen Intarsien nach Entwürfen von Lorenzo Lotto (1525–28) an den Bänken vor dem Presbyterium erwähnt werden, ebenso wie die Intarsien an den Bänken seitlich des Hochaltars und hinter ihm.

Der einschiffige *Dom* an der Ostseite des Platzes ist 1459 unter Teilnahme von Filarete erneuert, 1689 von Carlo Fontana modernisiert und später verändert worden. Die Fassade stammt aus dem 19. Jahrhundert. Beachtenswert sind das Chorgestühl von Giov. Ant. Sanz aus dem 18. Jahrhundert und das ›Martyrium des Bischofs Johannes von Bergamo‹ von Giambattista Tiepolo im Chor (1743).

Wer die 1331 begonnene *Rocca* aufsuchen will, die vielleicht an der Stelle des antiken Kapitols errichtet wurde, kann auf dem Gang durch die engen und gewundenen Gassen der Oberstadt zahlreiche Plätzchen mit Brunnen und Häuser aus allen Jahrhunderten beobachten und von der Rocca mit der Festung des Veroneser Michele Sammicheli aus dem 16. Jahrhundert den Blick auf Ober- und Unterstadt und in das Land hinein genießen.

Auf dem Wege zur Unterstadt liegt die *Accademia Carrara*, eine gegen Ende des 18. Jahrhunderts begonnene Gemäldesammlung, die einige im Obergeschoß vereinigte hervorragende Werke enthält, wie sie sonst nur in den großen Weltstadt-Museen zu finden sind. Hingewiesen sei vor allem auf das ›Porträt des Lionello d'Este‹ von *Pisanello* (Abb. 46), eines der köstlichsten Gemälde dieses Veroneser Malers und Medailleurs aus der ersten Hälfte des 15. Jahrhunderts, der an fast allen Fürsten- und Tyrannenhöfen Norditaliens tätig war und am schönsten die von Burgund ausstrahlende internationale höfische Kultur vertrat; auf die ›Madonna‹ von *Mantegna*; auf eine besonders ausdrucksvolle, an die Erregung deutscher Spätgotik erinnernde ›Madonna‹ des ferraresischen Malers *Cosmè Tura*, des Schöpfers der einzigartigen Fresken im Palazzo Schifanoia zu Ferrara (Abb. 183); auf das malerisch kostbare und ausdrucksstarke ›Bildnis eines Edelmanns‹ aus der Mitte des 16. Jahrhunderts von dem Brescianer *Romanino*, in dem noch viel von der Kunst Giorgiones nachklingt (Abb. 48); auf die ›Mystische Vermählung der hl. Katharina‹ von 1523 (Abb. 47) und die ›Hl. Familie mit der hl. Katharina‹ von 1533, zwei in ihrer warmen Farbigkeit und bewegten Gefühlsbetontheit überaus eindrucksvolle Werke des venezianischen Malers *Lorenzo Lotto* (um 1480–1556).

Wer sich für diesen ungewöhnlichen Künstler interessiert, der längere Zeit in Bergamo gearbeitet hat und hier am besten kennenzulernen ist, kann in der Unterstadt einige Kirchen aufsuchen, in denen sich ausgezeichnete Altargemälde von ihm befinden: S. Alessandro in Colonna in der Via S. Alessandro (Westteil) mit einer ›Beweinung Christi‹ von etwa 1517, S. Bartolomeo mit einer ›Thronenden Madonna und zehn Heiligen‹, einem Hauptwerk von 1516, und S. Spirito mit der ›Madonna und vier Heiligen‹ von 1521 in der Via Torquato Tasso (Zentrum und Ostteil), S. Alessandro della Croce mit einer ›Trinità‹ und S. Bernardino in Pignolo mit ›Thronender Madonna und Heiligen‹ von 1521 (Nordteil, nahe der Accademia Carrara).

Crema

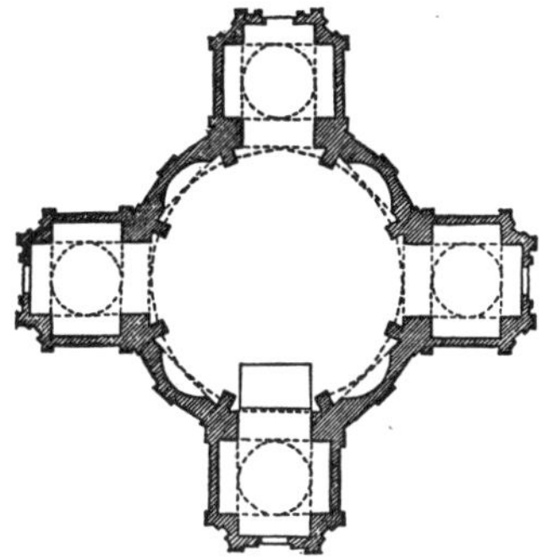

Crema, S. Maria della Croce: Grundriß

Die wichtigsten Sehenswürdigkeiten:
Dom · S. Maria della Croce

Auf einer Insel im Sumpfgebiet des Lago Gerundio entstanden, gehörte Crema im 11. Jahrhundert dem Marchese Bonifacio di Toscana und seiner Tochter Mathilde, die es 1098 dem Bischof von Cremona abtrat. Als freie Stadt seit dem Anfang des 12. Jahrhunderts war es mit Mailand gegen Como, Cremona und Lodi verbündet, wurde 1160 von Barbarossa zerstört, 1185 wieder aufgebaut und kam Ende des 14. Jahrhunderts unter die Herrschaft des Filippo Maria Visconti von Mailand. Von 1449 bis 1797 gehörte es zur Republik Venedig.

Die kleine Stadt hat ihren ländlichen Charakter der letzten Jahrhunderte bewahrt. Die Verwaltungsgebäude an der Piazza del Duomo stammen aus venezianischer Zeit, der Palazzo del Comune von 1525 und der Palazzo Pretorio von 1547–54. Der Bischofspalast von Pietro Terni, einem lokalen Architekten, wurde 1548 errichtet. Allein der *Dom* (Abb. 50, 52) ist ein Monument der mittelalterlichen freien Stadt, 1284 begonnen und 1341 vollendet. Merkwürdig sind die frei aufragenden seitlichen Oberteile der Backsteinfassade. Das geräumige dreischiffige basilikale Innere ist jetzt wieder in den ursprünglichen Zustand versetzt worden. Der Campanile wurde 1604 mit einem Oktogon und konischer Spitze in gotischen Formen erhöht, einer der seltenen Fälle von Historismus im Zeitalter des Barock.

Das bedeutendste Bauwerk, *S. Maria della Croce* (Abb. 51) befindet sich etwa 1,2 km außerhalb der Stadt, ein 1493 von dem Mailänder Architekten Giovanni Battagio errichteter Zentralbau. Das Äußere ist kreisrund und mit vier im griechischen Kreuz angelegten Kapellen versehen, die ihrerseits kleine, von Kuppeln gekrönte Zentralbauten darstellen. Das Innere mit reicher Dekoration ist achteckig gestaltet und kreuzförmig in die Kapellen geöffnet. Die phantasievolle Konstruktion geht auf Ideen Bramantes und vielleicht Leonardos zurück, unter dessen architektonischen Entwürfen sich in Grund- und Aufriß ähnliche Gestaltungen befinden. Die Kirche ist ein Juwel der lombardischen Renaissance, in der überschwenglichen Dekorationsfreude noch auf spätmittelalterlichem Empfinden beruhend, im Plan auf die Hochrenaissance vorausweisend. (Vgl. die Incoronata in Lodi von demselben Architekten, Abb. 53.)

Lodi

Die wichtigsten Sehenswürdigkeiten:
Dom · Broletto · Incoronata · Ospedale Maggiore

1151 machten die Mailänder die kleine Stadtrepublik Lodi, das antike *Laus Pompeia,* etwa 30 km südöstlich von Mailand gelegen, dem Erdboden gleich. Die vertriebenen Einwohner schickten Gesandte zu Barbarossa, der 1158 die Stadt, das heutige Lodi, 6 km vom alten Platz entfernt an der Adda wieder aufbauen ließ. Dieses Ereignis wurde für den Kaiser der endgültige Anlaß, den folgenreichen Kampf gegen Mailand aufzunehmen. Die winzige, aber doch bedeutende freie Kommune entging später nicht dem Schicksal aller benachbarten Städte, sie wurde dem Herzogtum Mailand einverleibt, dessen Geschichte sie dann unter wechselnden Herrschaften bis zur Mitte des 19. Jahrhunderts teilte. Die Brücke über die Adda wurde durch den von Napoleon am 10. Mai 1796 erzwungenen Übergang und den Sieg über die Österreicher berühmt. – Wie Crema hat auch Lodi den ländlichen Charakter der letzten Jahrhunderte bewahrt, was ihr im Gegensatz zu dem Getriebe anderer Städte einen wohltuenden Reiz verleiht.

Zentrum der Stadt ist die *Piazza della Vittoria* mit Säulenarkaden des 15. und 17. Jahrhunderts. An ihr befindet sich der *Dom,* der 1158 begonnen wurde (Abb. 54). Als 1163 die Gebeine des hl. Bassiano aus dem alten Lodi hierher überführt wurden, kann nur die große Krypta fertig gewesen sein. Die Ostteile wurden wahrscheinlich noch im 12. Jahrhundert vollendet, anschließend das dreischiffige basilikale Langhaus. Die Westfassade erscheint infolge ständiger Veränderungen im Laufe der Jahrhunderte sehr uneinheitlich. Die Löwen der Vorhalle aus dem 11. Jahrhundert stammen von der Kathedrale des alten Lodi, die Skulpturen des Portals vom Ende des 12. Jahrhunderts. Alte Skulpturen fanden auch im Inneren Verwendung, so der Paliotto aus rotem Marmor mit Reliefs der Hl. Petrus, Bassiano und Clemens vom 8.–9. Jahrhundert am Hauptaltar der Krypta und zwei romanische Reliefs mit Abendmahl und den Hl. Bassiano und Clemens aus dem alten Lodi im linken Seitenschiff nahe dem Portal zum Broletto hin.

Die Fassade des *Broletto* (Abb. 54) links vom Dom stammt aus dem 18. Jahrhundert; auf dem malerischen Plätzchen hinter dem Portikus sind Reste des alten Kommunalpalastes von 1284 zu sehen. Ein Durchgang führt zur Piazza Mercato, von der sich ein schöner Blick auf die monumentalen Domapsiden vom Ende des 12. Jahrhunderts bietet. Der seitlich gelegene Bischofspalast von etwa 1730 hat einen eindrucksvollen dorischen Hof.

Wenige Schritte von der Piazza della Vittoria entfernt liegt die 1488 von Giovanni Battagio begonnene und von Giovanni Dolcebuono fortgeführte *Incoronata* (Abb. 53), deren Außenbau von der engen Straße aus nicht zu überblicken ist. Der dreibogige Portikus ist mit reichen schmiedeeisernen Gittern geschlossen. Das oktogonale zweistöckige Innere mit Kuppel ist im Erdgeschoß mit Kapellennischen und im Obergeschoß mit einer Galerie mit zweiteiligen Öffnungen versehen. Die überaus reiche Dekoration des Erdgeschosses stammt von den Brüdern Callisto, Cesare und Scipione Piazza (16. Jahrhundert), denen auch ein großer Teil der Altargemälde zu verdanken ist. Die Seitenbilder in der Cappella di S. Paolo sind von dem bedeutenden Mailänder Renaissancemaler Ambrogio Bergognone. Die Kirche ist ein vorzügliches Beispiel bramantesker und leonardesker Zentralbauideen und ein Hauptwerk lombardischer Schmuckfreude im Übergang von der Früh- zur Hochrenaissance (vgl. Crema).

Die im östlichen Teil der Stadt an einem weiten und stillen Platz gelegene Franziskanerkirche *S. Francesco,* 1289 begründet und im 14. Jahrhundert vollendet, ist wegen der charakteristischen Backsteinfassade mit den vor freiem Himmel stehenden Seitenteilen (vgl. Crema) bemerkenswert. Das dreischiffige weiträumige Innere enthält zahlreiche Fresken des 14. und 15. Jahrhunderts. – An dem Platz vor der Kirche befindet sich rechts das 1459 begonnene *Ospedale Maggiore,* das 1571 und nochmals 1792 erweitert wurde. Vom ältesten Teil ist ein graziöser Hof von 1473 mit Arkaden und Loggien erhalten, reich mit Terrakottaschmuck versehen. – Von hier aus gelangt man in der Via XX Settembre zum *Palazzo Varesi* vom Ende des 15. Jahrhunderts, dessen Fassade mit ihren Friesen und Fensterrahmungen in Terrakotta ein schönes Beispiel dieses lombardischen Kunsthandwerks darstellt.

Pavia – Die Residenz der Kaiser und Könige

Die wichtigsten Sehenswürdigkeiten:
S. Michele · S. Pietro in Ciel d'Oro · Certosa

Es sind geschichtliche Erinnerungen, die Pavia den Deutschen besonders nahestehen lassen. Keine andere italienische Stadt war so eng mit den verschiedenen Perioden germanischer Herrschaften und des früh- und hochmittelalterlichen Kaisertums verbunden wie sie. Erhalten ist aus diesen Zeiten fast nichts. Was noch an großartigen Monumenten besteht, legt vornehmlich Zeugnis ab für die Bedeutung der freien Kommune vom 12.–14. Jahrhundert, aber auch für die Bemühungen der Mailänder Herren, ihre Tyrannei durch den Glanz prunkvollen Mäzenatentums zu verschönen.

Das antike *Ticinum*, dessen regelmäßige Castrum-Anlage mit cardo maximus und decumanus noch heute im Grundriß der Stadt zu erkennen ist, gewann gegen Ende des weströmischen Reiches, als dessen Schwerpunkt sich nach Norden verlagerte, an Bedeutung, die es unter der Herrschaft der Ostgoten beibehielt. König Theoderich machte es zu einem seiner Hauptsitze und setzte die Tradition der spätantiken Kultur fort, indem er Palast, Amphitheater und Thermen errichtete. Nachdem die Langobarden unter Alboin 572 die Stadt erobert hatten, wurde sie seit 626 zum bevorzugten Sitz der langobardischen Könige, unter deren Herrschaft gegen Ende des 7. Jahrhunderts zum erstenmal der Name *Papia* auftauchte. Auch in karolingischer und ottonischer Zeit bis zur Mitte des 11. Jahrhunderts blieb sie Zentrum des Regnum Italicum und Krönungsstadt der Könige und Kaiser. Die Residenz der Herrscher war nach wie vor der wahrscheinlich erweiterte oder veränderte Palast Theoderichs, der erst 1024 von den Einwohnern zerstört wurde. Die Kaiser wohnten fortan, wenn sie nach Pavia kamen, im Kloster von S. Pietro in Ciel d'Oro. Als die Stadt sich Anfang des 12. Jahrhunderts zur freien Kommune entwickelte, blieb sie bei den Kämpfen der lombardischen Städte gegen Barbarossa auf Seiten des Kaisers, wodurch sie große wirtschaftliche Vorteile erlangte und reiche Gebiete gewann. Noch dem letzten Staufer Konradin hielt sie die Treue. Seit Karl d. Gr. war die von Pavia nach Parma, dann über den Cisa-Paß nach Sarzana und über Massa, Lucca, Siena, Bolsena nach Rom führende Straße, die ›Frankenstraße‹ oder ›Via Francigena‹, die Kaiser- und Pilgerstraße von größter Bedeutung für das ganze Mittelalter geworden. In der Nähe Pavias, nach Piacenza zu, liegen zwischen Frankenstraße und Po die ›Ronkalischen Gefilde‹, auf denen sich seit Anfang des 11. Jahrhunderts das Heer sammelte, das den Kaiser zur Krönung nach Rom begleitete, und auf denen Barbarossa zweimal, 1154 und 1158, für die Geschichte Italiens und

MAILAND Piazza del Duomo und Dom, Westfassade

2

3

2–10 MAILAND
2 Galleria Vittorio Emanuele II
3 S. Satiro, Innenraum
4, 5 S. Ambrogio, Vorhof und Bronzen Schlange auf antiker Säule im Inner
6, 7 S. Ambrogio, Innenraum und [Detail der Kanzel
8 S. Ambrogio, Paliotto des Wol- [vinius
9, 10 S. Maria delle Grazie, Blick [auf die Apsis und in die Kuppel

4

5

7

9

10

11

12

13

14

1

17

11–20 MAILAND
11, 12 Castello Sforzesco, Außenansicht und Innenhof
13–15 Castello Sforzesco, Grabmal des Bernabò Visconti, Kapitell mit Wappen der Visconti und Grabplatte des Gaston de Foix

S. Lorenzo Maggiore, Hauptfassade und antike Säulen
S. Eustorgio, Portinari-Kapelle
Teatro della Scala
Casa degli Omenoni
Pinacoteca di Brera

18

9

20

21 MAILAND Raffaels Karton zur ›Schule von Athen‹ in der Ambrosiana

22 MAILAND ›Fruchtkorb‹ von Caravaggio in der Ambrosiana

23 MAILAND ›Abendmahl‹ des Leonardo im Refektoriu von S. Maria delle Grazie

24 MAILAND Madonna von Piero della Francesca in der Brera

25 MAILAND Porträt einer Dame von Pollaiuolo im Museum Poldi Pezzoli

26 MAILAND ›Pietà Rondanini‹ vo Michelangelo im Museum des Castel Sforzesco

7

28

7–29 MONZA
7 Langobardenkrone im Dom
8 Der Dom, Fassade und Turm
9 Im Park der Villa Reale

9

30 LAGO MAGGIORE Blick vom Campo dei Fiori auf die Schweizer Alpen, ganz links ein Ausläufer des Sees

COMO Dom und Broletto (links)

32 COMO Dom, Ostseite

35 COMO Der Domplatz am Sonntagnachmittag ▷

, 34 COMO S. Abbondio, Außenansicht und Innenraum

36 COMER SEE Gotischer Glockenturm in Ossuccio, dahinter die Isola Comacina

7 COMER SEE Blick auf das idyllische Fischerdörfchen Campo

38 BERGAMO Gärten und Villen am Colle S. Vigilio am Stadtrand mit Blick in die Ebene ▷

39 PROVINZ BERGAMO Landschaft bei San Pellegrino

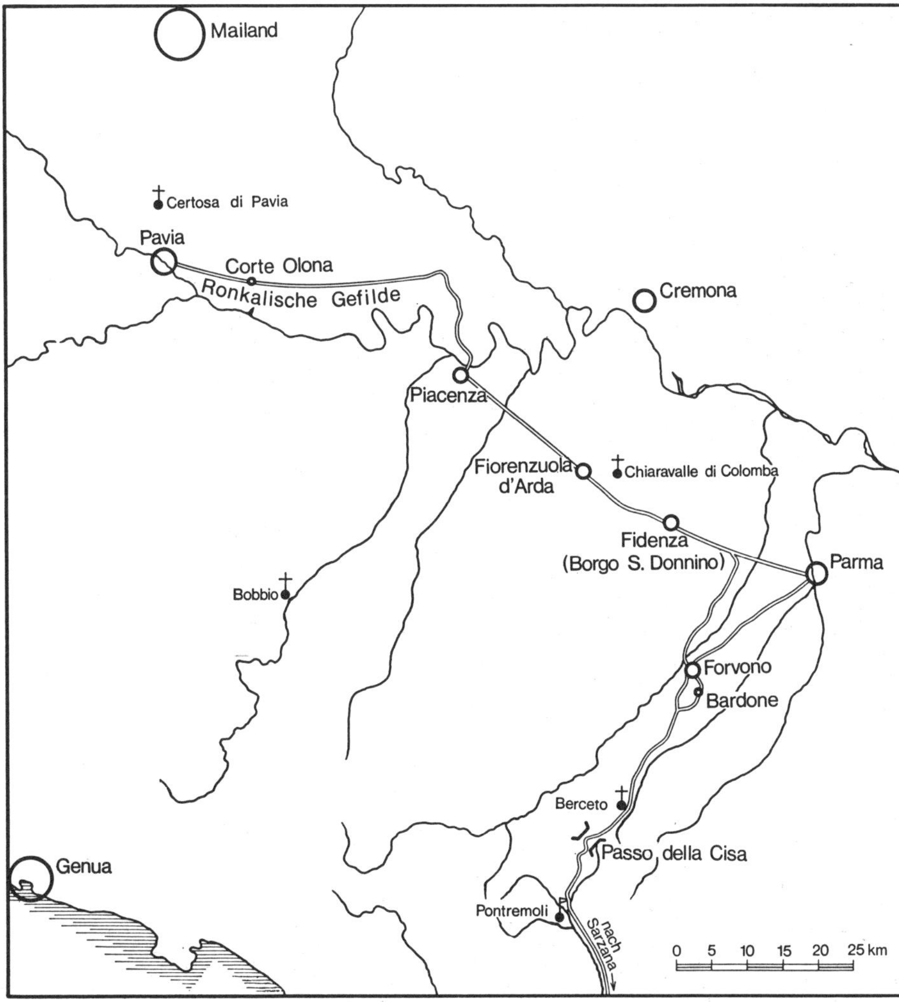

Die ›Via Francigena‹, die Kaiser- und Pilgerstraße, führte von Pavia über Piacenza, Parma, Lucca, Siena, Viterbo nach Rom

Deutschlands folgenreiche Reichstage abhielt. Nach dem Zusammenbruch des Stauferreiches führten die üblichen internen Kämpfe zwischen Ghibellinen und Guelfen zum Verlust der Selbständigkeit: 1359 geriet Pavia endgültig unter die Herrschaft der Visconti und dann der Sforza von Mailand. In der berühmten Schlacht von Pavia 1525, die erstmals zahlreiche zeitgenössische Darstellungen fand, kam Franz I. von Frankreich in die Gefangenschaft Kaiser Karls V. Unter der folgenden spanischen und österreichi-

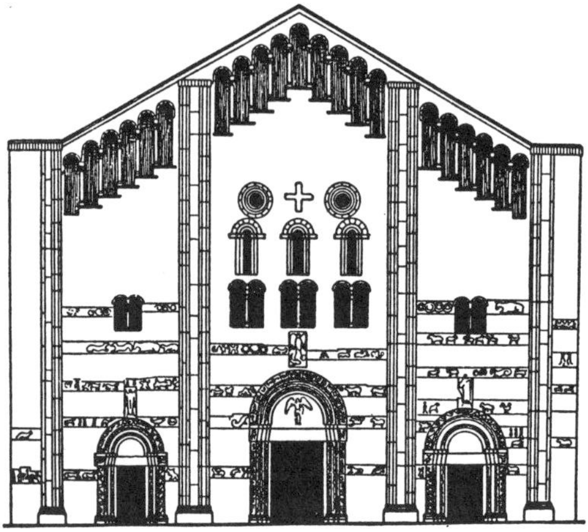

Pavia, S. Michele, die Krönungskirche der Kaiser und Könige: Fassade

schen Herrschaft bis 1859 verlor Pavia vollständig seine frühere Bedeutung. Allein die 1361 von Galeazzo II. Visconti gegründete und von Kaiser Karl IV. bestätigte Universität erlebte durch die Reformen der Kaiserin Maria Theresia und Josefs II. im 18. Jahrhundert eine hohe Blüte; noch heute genießt sie einen guten Ruf.

Im Gegensatz zu den meisten anderen Städten empfiehlt es sich hier nicht, vom alten kommunalen Zentrum auszugehen, sondern mit der am südlichen Rande der Stadt nahe dem Ticino gelegenen Basilika *S. Michele* zu beginnen, die das bedeutendste Monument von Pavia darstellt und als Krönungskirche der Könige und Kaiser höchstes geschichtliches Interesse hat (Abb. 55). Allerdings ist sie nicht mehr die langobardische Kirche, sondern ein nach 1117 begonnener Neubau, der 1155 geweiht wurde, wobei sich gleichzeitig Barbarossa krönen ließ. Die ausnahmsweise in Stein errichtete dreigeteilte hausförmige Fassade mit steigenden Zwerggalerien am Giebel enthält phantasievolle Reliefs des 12. Jahrhunderts in horizontalen Streifen, die eine merkwürdig unarchitektonische Gliederung bilden. Von gleicher Phantasie, die Christliches und Älteres mischt, ist auch die reiche Dekoration der Portalgewände erfüllt (Abb. 56). Um sich der Eigenwilligkeit dieser lombardischen Baukunst und Plastik bewußt zu werden, denke man daran, daß nur wenig später das Königsportal der Kathedrale von Chartres und der frühgotische Chor von Saint-Denis entstanden sind; ein größerer Gegensatz ist kaum denkbar. Das dreischiffige Innere mit Emporen wird von der oktogonalen Vierungskuppel gekrönt; die Gewölbe des Langhauses stammen aus dem 15. Jahrhundert. Der Chor ist wegen der Krypta stark überhöht. Zu beachten sind die Kapitellskulpturen und der silberbeschlagene Kruzifix des 12. Jahrhunderts im rechten Querhaus.

Unweit von S. Michele führt die im letzten Krieg zerstörte und jetzt neuerrichtete *Brücke* über den Tessin (Ticino), die in etwa den Formen der 1351–54 auf römischen Pfeilern gebauten Anlage nahekommt (Farbt. VIII). Hier war auch der Hafen von Pavia, der im Mittelalter eine große Rolle spielte, da die schiffbaren Flüsse als Handelswege von und nach Venedig von höchster Bedeutung waren. Ein Bild vom Aussehen der alten Brücke, von der Stadt überhaupt und ihrem Treiben bieten Fresken aus der Mitte des 15. Jahrhunderts und von 1522 in der nahegelegenen romanischen Kirche *S. Teodoro*, die den damals noch vollkommen bewahrten mittelalterlichen Charakter mit den hohen Geschlechtertürmen überaus anschaulich verdeutlichen (Abb. 58, 59).

Am nördlichen Rande der Stadt liegt die zweite wichtige romanische Kirche, *S. Pietro in Ciel d'Oro*, an Stelle einer langobardischen Gründung im 12. Jahrhundert neu errichtet und 1132 geweiht, aber erst später vollendet. Die Backsteinfassade folgt dem Typus von S. Michele. Das basilikale dreischiffige Innere mit hohem Mittelschiff ohne Emporen, mit Vierungskuppel, falschem Querschiff und hochgelegenem Chor über der Krypta vermittelt einen strengen feierlichen Eindruck. Über dem Hochaltar erhebt sich die dreigeschossige *Arca di S. Agostino* von 1350–80 mit zahlreichen Reliefs und Statuetten von unbekannten lombardischen Meistern, die teils von Giovanni di Balduccio aus Pisa, teils von den Campionesen beeinflußt sind (Abb. 57). Nach der Tradition wurden die Gebeine des hl. Augustinus 496 aus Afrika nach Cagliari auf Sardinien gebracht, von wo König Liutprand sie 723 hierher holte. – In einem modernen Sarkophag in der Krypta hat noch ein anderer Heiliger seine letzte Ruhestätte gefunden, der römische Staatsmann und Philosoph Boethius, den Theoderich in Pavia einkerkern und 524 hinrichten ließ (Abb. 63). Während seiner Haft entstand der ›Trost der Philosophie‹, das letzte Vermächtnis antiken Geistes an das Abendland. Wie den hl. Augustinus hat König Liutprand auch Boethius in der Kirche beisetzen lassen.

Ganz in der Nähe befindet sich das *Castello Visconteo*, die von den Visconti unmittelbar nach der Unterwerfung Pavias errichtete Zwingburg, eine der ansehnlichsten und besterhaltenen Anlagen dieser Art aus dem 14. Jahrhundert (Abb. 60). Die Seitenlänge des Quadrats mißt 142 m, die Höhe 30 m. Von der vier 43 m hohen Ecktürmen wurden die beiden rückwärtigen mit dem Nordflügel, der Fresken Pisanellos enthielt, 1527 von den Franzosen unter Lautrec zerstört. Das Innere beherbergt die *Musei Civici* mit einer beachtlichen präromanischen Abteilung, vor allem auch langobardischer Arbeiten, die die einzigen Reste dieser für Pavia so bedeutenden Zeit sind.

Von hier aus gelangt man durch die Strada Nuova, den cardo maximus, zur *Università* mit ihren fünf Höfen, von denen drei mit Arkaden und Loggien versehen sind. Der zweite Hof enthält eine Reihe von Grabplatten des 14. und 15. Jahrhunderts mit Darstellungen lehrender Professoren und ihrer Studenten. Die große Ehrentreppe von Giuseppe Marchesi aus dem 18. Jahrhundert führt zum Obergeschoß, wo sich das 1786 für Alessandro Volta (s. Como) eingerichtete Teatro Fisico befindet.

Wenige Schritte westlich der Universität ist an der Piazza Petrarca die *Gemäldesammlung* des Museo Civico untergebracht, mit einigen beachtenswerten Werken von Vincenzo Foppa, Boltraffio, Giovanni Bellini, Correggio, Magnasco u. a. – Wiederum ganz in der Nähe, südlich, trifft man auf die 1390 begonnene Backsteinkirche *S. Maria del Carmine* mit reichgegliederter Fassade und weiträumigem feierlichen dreischiffigen

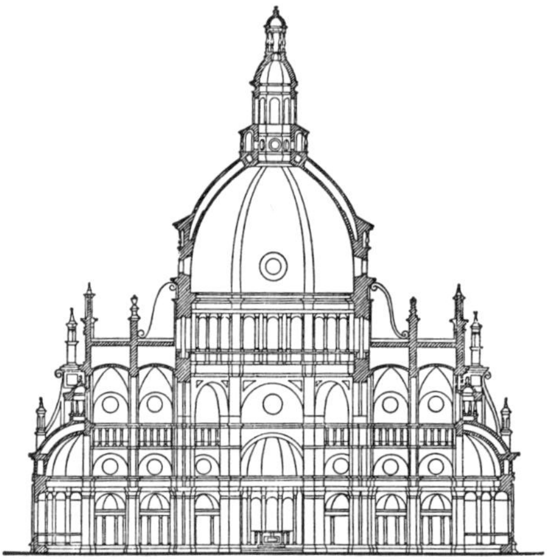

Pavia, Dom, Zentralbau auf griechischem Kreuz: Schnitt

Innern. – Etwas südlich gelangt man schließlich zum alten Zentrum der freien Stadt, zur Piazza della Vittoria mit dem *Broletto,* dem bürgerlichen Regierungspalast des 12. Jahrhunderts und seinen Erweiterungen des 13.–16. Jahrhunderts.

In unmittelbarer Nähe liegt die *Piazza del Duomo,* auf der eine Nachbildung des ›Regisole‹ steht, einer antiken, 1796 zerstörten Reiterstatue, wahrscheinlich des Kaisers Septimius Severus. Neben dem Marc Aurel in Rom war der Regisole die einzige aus der Antike erhaltene bronzene Reiterstatue, schon im Mittelalter, dann besonders in der Renaissance viel beachtet. – An der östlichen Platzseite erhebt sich die mächtige *Torre Civica,* das Wahrzeichen der freien Stadt des 12.–14. Jahrhunderts, daneben Reste der Basilika S. Stefano aus dem 12. Jahrhundert.

Der *Dom,* immer noch nicht ganz vollendet, wurde 1488 nach einem Entwurf von Cristoforo Rocchi, G. A. Amadeo und G. B. Dolcebuono begonnen, an dem Bramante, Leonardo da Vinci und Francesco di Giorgio beteiligt waren. Die Gesamtidee dieses gewaltigen Zentralbaus auf griechischem Kreuz entstammt fraglos dem Bereich der Bemühungen Bramantes und Leonardos, die sich in den beiden letzten Jahrzehnten des 15. Jahrhunderts in Mailand intensiv mit den Problemen sakraler Zentralanlagen beschäftigten. Man kann den Entwurf der Größe und Struktur nach als Vorläufer von Bramantes St. Peter in Rom betrachten. Die 1884 errichtete Kuppel ist mit einem Durchmesser von 30 m und der Höhe von 92 m nach St. Peter, dem Florentiner Dom und dem Pantheon die größte Italiens. Krypta, Apsiden und Sakristeien waren 1507 vollendet, der Chor 1586. Damit waren die Ausmaße des Plans gegeben, denen bei dem Ausbau bis zum 20. Jahrhundert gefolgt wurde.

Was dem Dom von Pavia infolge seiner im wesentlichen im 19. und 20. Jahrhundert erfolgten Ausführung an Wärme und originalem Schmuck fehlt, hat die etwa 10 km nördlich der Stadt liegende *Certosa di Pavia* in reichstem Maße (Abb. 62). Die Kirche wurde 1396, zehn Jahre nach dem Mailänder Dom (Abb. 1) und sechs nach S. Petronio in Bologna (Abb. 232), als Stiftung des Gian Galeazzo Visconti begonnen und 1473 vollendet. Die Klosterbauten mit den beiden Kreuzgängen entstanden zwischen 1428 und 1452. Völlig unabhängig von der Struktur der Kirche wurde ihr ab 1473 eine riesige Schaufassade vorgesetzt, die weniger ein architektonisches Werk als ein Schmuckstück kunsthandwerklichen Charakters ist, das wie die kostbare Wand eines überdimensionalen Schreines wirkt, gänzlich verschieden von der Klassizität der toskanischen Frührenaissance. Die schönste Parallele in kleinem Ausmaß bietet die Cappella Colleoni in Bergamo von Amadeo (Abb. 40), der mit Giovanni Solari und Mantegazza bis 1499 auch entscheidend an der Certosa beteiligt war. Die Arbeiten zogen sich noch bis 1560 hin, ohne zur endgültigen Vollendung zu führen. – Demgegenüber überrascht das Innere (Abb. 61) durch die Weite, Harmonie und Lichterfülltheit des Raumes, die einen starken Gegensatz zum Raumeindruck des gleichzeitig entstehenden Mailänder Domes bilden. Es handelt sich um eine spätgotische dreischiffige Basilika mit Querschiff, deren Seitenschiffe aber so hoch gezogen sind, daß fast die Wirkung einer Hallenkirche erzielt wird.

Unter den Altargemälden des Langhauses seien besonders die von Bergognone hervorgehoben, der neben Vincenzo Foppa der beachtlichste lombardische Maler im Übergang von der Früh- zur Hochrenaissance war: der ›Hl. Ambrosius und vier Heilige‹ von 1490 (6. Kap. links), die ›Kreuzigung‹ von 1490 (4. Kap. rechts) und der ›Hl. Sixtus mit vier Heiligen‹ von 1491 (5. Kap. rechts). – Die bedeutendsten Werke befinden sich in den Ostteilen. Im linken Querarm steht das eindrucksvolle Grabmal des Ludovico il Moro (Abb. 64) und der Beatrice d'Este von Cristoforo Solari (1499), in der alten Sakristei das ursprünglich für den Hochaltar bestimmte gotische Elfenbein-Polyptychon von Baldassarre degli Embriachi (um 1400), neben der Maximians-Kathedra in Ravenna aus dem 6. Jh. (s. S. 203) wohl eine der umfangreichsten Arbeiten in diesem Material, im Chor ein prachtvolles Gestühl mit Intarsien (1498) und im rechten Querarm das Grabmal des Kirchenstifters Gian Galeazzo Visconti von Gian Cristoforo Romano (1497). Außerdem sind überall die vorzüglichen Glasmalereien der Fenster zu beachten. – Der kleine Kreuzgang, den man von hier aus betritt, ist mit einer überaus reichen Terrakotta-Dekoration versehen und gewährt zudem den besten Blick auf den Außenbau der Kirche, vor allem auf die besonders malerische Anlage der Ostteile. – Am großen Kreuzgang befinden sich die 24 Wohnungen, von Zellen kann man hier kaum sprechen, der Karthäusermönche, deren eine zu besichtigen ist, wodurch man eine Vorstellung von dem Leben dieses Ordens gewinnen kann, dem die Certosa heute jedoch nicht mehr gehört.

Brescia

Die wichtigsten Sehenswürdigkeiten:
Römisches Forum · Rotonda · Loggia · Museo Cristiano

Wie bei mancher norditalienischen Stadt darf man sich besonders bei Brescia nicht durch die Außenbezirke abschrecken lassen, deren planlose Anhäufung von Fabriken und Siedlungen der industriellen Entwicklung der letzten Jahrzehnte zu verdanken ist. Der Kern der alten Stadt ist dagegen über Erwarten wohl bewahrt und bietet außer einigen hervorstechenden Monumenten in vielen Straßen und Gassen eindrucksvolle Bilder der Entwicklung vom Mittelalter bis zum 18. Jahrhundert, wenn man das gewaltsam in die Mitte gesetzte und alle Maßstäbe zerstörende Forum Mussolinis ausnimmt.

Wer sich nach Überwindung der häßlichen Umgebung einen ersten Überblick verschaffen will, fahre auf den Colle Cidneo zum Castello, das im wesentlichen aus Konstruktionen des 16.–17. Jahrhunderts besteht und an sich wenig reizvoll ist. Man hat von hier aber eine umfassende Ansicht der Stadt und ihrer Lage am Fuße der Gebirge und am Rande der weiten Ebene; außerdem befindet man sich am Punkt ihrer Entstehung. Wahrscheinlich entwickelte sich auf diesem Hügel die erste keltische Siedlung, deren Name Brich zum römischen *Brixia* wurde. Bald zum bedeutendsten städtischen Zentrum der Gallier geworden, war es schon 225 v. Chr. mit den Römern verbündet und wurde in der Kaiserzeit eine der wichtigsten römischen Städte des Nordens. Nach den Zerstörungen der Völkerwanderung erwachte es unter den Langobarden, die es zum Sitz eines Herzogs machten, zu neuem Leben und wurde besonders von König Desiderius (756–774) gefördert. Als freie Stadt seit der ersten Hälfte des 12. Jahrhunderts nahm es in der Lega Lombarda an den Kämpfen gegen Barbarossa und Friedrich II. teil, der es 1238 vergeblich belagerte. Dieses Versagen gegenüber einem freien Stadtstaat stellte letztlich den Zusammenbruch der Macht des deutschen Kaisertums in Italien dar. Gleichzeitig war dieser Triumph der Kommune aber auch der letzte Höhepunkt ihrer Selbständigkeit, denn schon 1258 geriet sie unter die grausame Tyrannei des Ezzelino da Romano, Schwiegersohn Friedrichs II., der sich Trevisos, Paduas, Vicenzas und Veronas bemächtigt hatte, dann der Pallavicini, Torriani, Scaliger von Verona (1331), Visconti von Mailand (1339), des Pandolfo Malatesta (1404) und erneut der Visconti. Von 1426–1797 gehörte es zur Republik Venedig, von 1815–59 zu Österreich.

Die Geschichte der Stadt läßt sich deutlich an den erhaltenen Monumenten ablesen. Um ihr zu folgen, empfiehlt es sich, mit der Besichtigung des *römischen Forums* zu beginnen (Abb. 67), das südlich des Burgberges liegt, und dessen ursprüngliches Niveau an Ausgrabungen des Portikus und des *Tempels* zu sehen ist. Dieser zum Teil rekonstruierte dreizellige Tempel wurde 73–74 n. Chr. unter Kaiser Vespasian errichtet. Im angeschlossenen *Archäologischen Museum* befinden sich die berühmte römische Bronzestatue der ›Vittoria di Brescia‹, die vielleicht den First des Tempels geschmückt hatte, sechs interessante spätrömische Bronzeköpfe und einige bemerkenswerte griechische Vasen. – Man versäume nicht, der vom Forum nach Süden führenden Straße ein Stück zu folgen, um auf der Piazza Labus die Reste der sogenannten Curia zu sehen, die am südlichen Rande des Forums stand und dessen Ausdehnung deutlich machen kann. Außerdem ist sie aufschlußreich für das mittelalterliche und auch noch spätere Verfahren, sich antiker Monumente zu Wohnzwecken zu bedienen.

Ostwärts vom Tempel liegt das römische Theater, daneben das *Museo Civico dell' età cristiana e moderna,* das einige hervorragende spätrömische und frühchristliche Werke enthält. Hervorzuheben sind das ›Kreuz des Desiderius‹ (auch ›Kreuz der Galla Placidia‹ genannt) aus dem 8. Jahrhundert (Abb. 66), dem ein einzigartiges Bildnismedaillon in vergoldetem Glas aus dem 4. Jahrhundert eingefügt ist, dessen Darstellungen man einst für die der Galla Placidia und ihrer Kinder Valentinian und Honoria hielt (vgl. Ravenna); die ›Lipsanothek‹, ein Elfenbeinkasten des 4. Jahrhunderts mit Reliefdarstellungen des Alten und Neuen Testaments, die noch völlig in der Tradition antiker Erzählweise stehen (Abb. 65); und zwei schöne Elfenbeindiptychen des 5.–6. Jahrhunderts, darunter das des römischen Philosophen Boethius, Ratgeber Theoderichs und von diesem 524 hingerichtet (vgl. Pavia). Außerdem ist von hier aus die langobardische Basilika *S. Salvatore* des 8. Jahrhunderts zugänglich, die Kirche eines Klosters, das nach der Tradition 753 von Ansa, der Gemahlin des Königs Desiderius, gegründet worden ist. Dicht daneben, in der Via dei Musei, sind Reste desselben oder eines anderen langobardischen Klosters erhalten, zu dem das aus dem 12. Jahrhundert stammende Oratorium *S. Maria in Solario* gehörte, ein bemerkenswerter zweistöckiger romanischer Zentralbau. Damit ist man von der Antike über Frühchristentum und Langobarden zum hohen Mittelalter gelangt.

Das Zentrum der mittelalterlichen freien Stadt, die *Piazza del Duomo,* liegt nur wenige Minuten vom antiken Zentrum entfernt nach Westen zu. An ihrem nördlichen Ende, von der *Torre del Popolo* aus dem 11. Jahrhundert überragt, erhebt sich der städtische Regierungspalast des *Broletto,* Ende des 12. Jahrhunderts begonnen, gegen 1230 vollendet und im 14.–15. Jahrhundert erweitert. Bezeichnend sind die größtenteils durch Restaurierung wiederhergestellten drei- und vierteiligen Fenster und die ›Loggia delle gride‹. Reste des alten Zustandes sind auch im Hof zu sehen. – Am Südende derselben Platzseite befindet sich die *Rotonda* oder der *Alte Dom* (Abb. 70), Anfang des 12. Jahrhunderts über der Basilika S. Maria Maggiore aus dem 6.–7. Jahrhundert errichtet, von der Reste des Mosaikfußbodens erhalten sind. Die beiden tiefliegenden ursprünglichen Portale zeigen das Niveau des Platzes im 11.–12. Jahrhundert an, das indes schon höher als in langobardischer Zeit lag. Wie das schmucklose Äußere des mächtigen Rundbaus, der an antike und frühchristliche Grabmonumente erinnert, ist auch der weite, mit einem erhöhten Umgang versehene und überkuppelte Innenraum von strenger Einfachheit, die die Großartigkeit der Wirkung steigert. Wohl selten ist die ursprüngliche ›archaische‹ Kraft lombardisch-romanischer Architektur so unverfälscht zu erleben wie hier. Das Presbyterium wurde im 15. Jahrhundert zugefügt. – Hinter dem Hochaltar befindet sich die ›Auferstehung‹ (1526) des Brescianer Malers Moretto, von dem auch die rechte Seitenkapelle einige Werke enthält, unter denen der ›Schlafende Elias‹ besonders erwähnt sei. Künstlerisch und inhaltlich interessant ist das gegenüber dieser Kapelle angebrachte Gemälde der ›Übertragung einiger Brescianer Heiliger‹ von Francesco Maffei (um 1600–1660), das den Zustand des Domplatzes im 17. Jahrhundert zeigt. Im Umgang am Haupteingang steht der Sarkophag des Bischofs Berardo Maggi (1308 gest.) aus rotem Veroneser Marmor, ein schönes Beispiel der Bildhauerschule der Campionesen (s. Verona) vom Anfang des 14. Jahrhunderts.

Zwischen Rotonda und Broletto wurde 1604 von G. B. Lantana der *Neue Dom* (Abb. 70) begonnen, dessen Kuppel erst 1825 vollendet wurde. Das Innere des Zentralbaus auf dem Grundriß eines griechischen Kreuzes vermittelt trotz der Kälte der Dekoration einen bedeutenden Raumeindruck.

Vom Broletto aus gelangt man in wenigen Schritten zur schönen *Piazza della Loggia* (Abb. 68), dem Mittelpunkt der Stadt unter venezianischer Herrschaft, die damit ein betont glanzvolles Gegengewicht zum mittelalterlichen Domplatz geschaffen hat. Der Hauptakzent liegt auf dem Kommunalpalast oder der *Loggia* (Abb. 69), einem 1492 begonnenen, im wesentlichen aber 1516–74 errichteten Bauwerk der venezianischen Renaissance, entstanden aus der Zusammenarbeit mehrerer Architekten (man nennt Jacopo Sansovino, Andrea Palladio, Galeazzo Alessi und Giov. Ant. Rusconi) und überaus reich mit Skulpturen und dekorativen Reliefs geschmückt. Der Eindruck ist weniger monumental als von ausgesprochener Festlichkeit, wobei sich venezianische und lombardische Schmuckfreude verbunden haben. – Die südliche Längsseite des Platzes nimmt der *Monte di Pietà* von 1484 (rechter Teil) und von 1597 (links) ein, das alte Leihhaus, wie es in allen Städten seit dem späten Mittelalter zum Schutz der Bevölkerung vor dem maßlosen Wucher privater Geldgeber eingerichtet wurde. – Der *Uhrturm* (Torre dell'orologio) ist im 16. Jahrhundert nach dem Vorbild des venezianischen an der Piazza di S. Marco errichtet worden.

Wer durch die engen und belebten Gassen hinter der Loggia schlendert, befindet sich im spätmittelalterlichen Brescia des 14. und 15. Jahrhunderts (Abb. 71). Die glatten anspruchslosen Fassaden des 18. und 19. Jahrhunderts lassen nicht ahnen, daß sich hinter ihnen oft weitgehend erhaltene spätgotische Patrizierhäuser befinden. Ein gelegentlicher Blick in die Höfe kann überraschende ›romantische‹ Ansichten mittelalterlicher Arkaden, Treppen und Fenster bieten. – Am nördlichen Rande dieses Viertels liegt die *Madonna del Carmine*, eine gotische dreischiffige Basilika des 14. Jahrhunderts

Brescia, Palazzo Comunale oder Loggia: Fassade

mit monumentaler und reich mit Terrakottaschmuck versehener Fassade und eindrucksvoll strengem Inneren.

Im Gegensatz zu diesem Stadtteil steht das östlich des Domplatzes zur Porta Venezia hin sich erstreckende Viertel, das eine große Zahl von Palästen des 16.–18. Jahrhunderts enthält, deren Leben sich zum Hof und Garten hin entfaltete. Auch hier bieten Blicke durch die Portale häufig herrliche Bilder von Kolonnaden und reichem Pflanzenwuchs. – In diesem Stadtteil befindet sich dicht bei der Piazza Moretto die Gemäldegalerie, die *Pinacoteca Comunale Tosio-Martinengo,* mit einer Anzahl beachtlicher Werke der Brescianer Renaissancemaler Romanino (1484/87 bis um 1566), Moretto (um 1498 bis 1554) und Savoldo (um 1480 bis nach 1548), deren oft sehr hohe künstlerische Qualität, die sich über das Provinzielle weit erhebt, nirgends so gut wie hier erlebt werden kann. Deshalb sei auf folgende Werke eigens hingewiesen: auf das nachdenkliche ›Bildnis eines Mannes‹ von Romanino, auf die besonders anziehende ›Madonna mit dem hl. Nikolaus von Bari‹ (1539) und das ›Emmausmahl‹ von Moretto, beide Gemälde hervorragende Bildnisse enthaltend und von tiefem religiösem Gefühl erfüllt, und auf die mit starkem romantischen Stimmungsgehalt versehene ›Geburt Christi‹ von Savoldo. Überall sind die Einflüsse Giorgiones und des frühen Tizian in etwas Eigenes verwandelt, das wärmer und volksnäher ist als die vornehmere und ›gelehrtere‹ Kunst der Vorbilder. Ferner müssen genannt werden das ›Engel‹-Fragment von Raffael, das zu seinen frühesten Werken (1501) gehört, und die ›Anbetung der Hirten‹ des Venezianers Lorenzo Lotto (1480–1556), dessen Gemälde sich von denen seiner Zeitgenossen stets durch eine eigentümliche seelische Spannung unterscheiden.

Cremona

Die wichtigsten Sehenswürdigkeiten:
Loggia dei Militi · Dom

Cremona ist wohl die typischste Stadt der eigentlichen Po-Ebene, in deren geographischem Mittelpunkt sie ungefähr liegt. Diese Situation machte sie schon in römischer Zeit seit 222 v. Chr. zu einem wichtigen Straßenkreuzungspunkt, dessen Bedeutung sich beim Wiedererstarken des Städtewesens seit dem 11. Jahrhundert erneuerte. Schon gegen 1080 konnte Cremona sich zur freien Stadt entwickeln, die mit Pavia und Parma zusammen am längsten auf kaiserlicher Seite stand; Friedrich II. liebte und förderte sie besonders. Von Beginn an war sie die erbittertste Konkurrentin von Mailand, in ständige Kämpfe mit dieser Gegnerin verwickelt, der sie schließlich 1334 erlag. Mit Ausnahme kurzer Intervalle ist ihre Geschichte dann bis zur Mitte des 19. Jahrhunderts mit derjenigen der lombardischen Hauptstadt verbunden. – Die vorzügliche Tonerde des Cremoneser Gebietes ließ schon seit dem hohen Mittelalter eine blühende Terrakottakunst entstehen, die vor allem bei der Dekoration von Gebäuden Verwendung fand. Im 17.–18. Jahrhundert wurde die Stadt durch ihre Geigenbauer berühmt: Nicola Amati (1596–1684), Antonio Stradivari (1644–1737) und Giuseppe Antonio Guarneri (1683–1745). Ihr berühmtester Komponist war Claudio Monteverdi (1567 bis 1643).

Staatselefant Kaiser Friedrichs II., ausgesandt um Richard von Cornwall in Cremona zu empfangen (aus: ›Chronica maior‹ des Matthäus Parisiensis, 1235–1259)

Zentrum der mittelalterlichen Stadt ist die Piazza del Comune, an der sich der *Palazzo del Comune* (Pal. dei Nobili oder dei Ghibellini) erhebt (Abb. 79). An der Stelle eines älteren Baus zwischen 1206 und 1246 errichtet, erlitt er viele Veränderungen, die den ursprünglichen Zustand eines fünfbogigen Portikus mit darüberliegendem Saal kaum mehr erkennen lassen. 1246 wurde der Palast des Podestà mit Turm und Kerkern angefügt. Im schönen spätmittelalterlichen Hof führt eine Freitreppe zum Obergeschoß mit seinen verschiedenen, heute noch der Stadtverwaltung dienenden Sälen, von denen einer den Geigenbauern gewidmet ist (vgl. Abb. 82). – Cremona war die einzige Stadt, die im 13. Jahrhundert zwei Regierungen mit je eigenem Podestà und Palazzo Comunale hatte. Etwa 1000 m von dem Sitz der Ghibellinen entfernt, in nordwestlicher Richtung, wurde 1256 an der Piazza Garibaldi der *Palazzo del Popolo* (dei Guelfi oder di Cittanova) errichtet, womit die internen Fraktionskämpfe sichtbaren Ausdruck fanden. – Neben dem Palast der Ghibellinen befindet sich die 1292 entstandene *Loggia dei Militi,* die den Versammlungen der Hauptleute (capitani) der städtischen Miliz diente (Abb. 79). Sie stellt mit ihrem Portikus und dem Saal mit drei großen dreiteiligen und terrakottageschmückten Fenstern eines der charakteristischsten Beispiele lombardischer Profanarchitektur dar.

Gegenüber dem Palazzo del Comune erhebt sich der *Torrazzo,* der Glockenturm des Doms, zwischen 1250 und 1267 oder 1284 erbaut, mit 111 m der höchste Campanile Italiens (Abb. 78). Die große Uhr stammt aus dem Jahre 1583. – Vor Torrazzo und Dom erstreckt sich der *Portico della Bertazzola* von 1499–1525 mit einigen bemerkenswerten Sarkophagen. – Der *Dom* (Abb. 78, 84) ist eine mächtige dreischiffige Emporenbasilika von 68,50 m Länge, 31,30 m Breite und 28 m Höhe. 1107 an Stelle einer älteren Kathedrale begonnen, wurde der Neubau durch das Erdbeben von 1117 schwer beschädigt und ab 1129 großartiger wiederhergestellt und weitergeführt; die Weihe fand 1190 statt. Ende des 13. und Anfang des 14. Jahrhunderts wurden die beiden großen dreischiffigen Querhäuser zugefügt, zuerst das nördliche mit der Fassade von 1288, für deren Portal ein Relieffries der ersten Konstruktion von 1109–1117 Verwendung fand. Die Südfassade von 1342 wiederholt die nördliche und ist besonders reich mit Terrakottadekoration versehen. Die im 14. Jahrhundert vollendete Westfassade wurde 1498 bis 1505 fast ganz mit Marmor verkleidet, wobei erhebliche Veränderungen stattfanden. Die Vorhalle des 14. Jahrhunderts mit den schönen gotischen Statuen der Madonna und der hl. Omobono und Imerio von Giovanni di Balduccio in der Loggia (vgl. S. Eustorgio in Mailand) enthält ältere Stücke, so die beiden säulentragenden Löwen und das Relief mit den Monatsdarstellungen von etwa 1200. – Die überaus reiche Freskierung des großräumigen Inneren stammt im wesentlichen von cremonesischen Malern des 16. Jahrhunderts, ausgenommen das riesige Wandgemälde mit der Golgatha-Darstellung von 1521 und die ›Beweinung Christi‹ von 1522 an der Westwand (Abb. 83), bedeutende Werke des aus dem Friaul stammenden Pordenone (1483–1539; vgl. Piacenza). Beachtenswert sind die zwölf 1684–85 in Brüssel gewebten Teppiche mit der Geschichte Samsons. – Das achteckige Baptisterium geht auf das Jahr 1167 zurück; die

Loggia im oberen Teil wurde Ende des 15. Jahrhunderts vollendet. Das Innere hat den strengen Charakter der romanischen Baukunst bewahrt.

Nicht weit von diesem Zentrum entfernt, am Corso Matteotti, befindet sich der *Palazzo Fodri,* das schönste Beispiel eines cremonesischen Palastes der Frührenaissance vom Ende des 15. bis Anfang des 16. Jahrhunderts mit reichem Terrakottaschmuck an der Fassade und im Hof (Abb. 81). – Halbwegs zwischen den beiden Kommunalpalästen liegt die zwischen 1339 und 1345 begonnene und 1473 geweihte dreischiffige Basilika von *S. Agostino,* bemerkenswert wegen ihrer Weiträumigkeit. Ihre Länge von 71,80 m übertrifft die des Domes. In der 3. Kapelle des rechten Seitenschiffes sind die Fresken von Bonifacio Bembo und Gehilfen von etwa 1452 und in der 5. Kapelle die ›Madonna mit Heiligen‹ von 1494 des Perugino zu beachten. – Wer einen geschlossenen Eindruck der cremonesischen Malerei des 16. Jahrhunderts gewinnen will, sollte den Besuch von *S. Sigismondo* nicht versäumen (Abb. 80), einer 1463 von Bianca Maria Visconti und Francesco Sforza gestifteten Kirche, etwa 2,5 km ostwärts außerhalb der Stadt, mit der sich die Mailänder Herrscher, wie mit der Certosa von Pavia und dem Dom von Como, in den unterworfenen Städten sowohl Denkmäler setzen als auch deren Schicksal durch Mäzenatentum ›verschönen‹ wollten.

Das *Museo Civico* in der Via Ugolino Dati ist in einem 1561 begonnenen Palast mit schönem Hof und großem Treppenhaus von 1769 untergebracht, eine reiche Sammlung der lokalen Malerei des 15. und 16. Jahrhunderts enthaltend.

Piacenza

Die wichtigsten Sehenswürdigkeiten:
Palazzo del Comune · Dom · Madonna di Campagna

Wie manche andere norditalienische Stadt gewinnt auch Piacenza einen besonderen Reiz durch den Gegensatz der weiten, relativ einsamen und leicht melancholischen Po-Ebene (vgl. Abb. 85, 108 u. Farbt. XXI) zum pulsierenden städtischen Leben, das gleichsam alle Kräfte der Landschaft in sich sammelt. Mittelalter und Renaissance haben mit denkwürdigen Monumenten die das Stadtbild bestimmenden Akzente gesetzt, ohne den teilweise immer noch ländlichen Charakter aufzuheben.

Schon als römische Kolonie *Placentia* hatte die Stadt wegen ihrer Lage am Po hohe strategische Bedeutung. 218 v. Chr. widerstand sie in der Schlacht an der Trebbia Hannibal und 207 v. Chr. Hasdrubal. Nach den durch Hamilkar 200 v. Chr. erlittenen schweren Zerstörungen wurde sie von den Römern neu errichtet und 187 v. Chr. mit Rimini durch die Via Aemilia verbunden. 90 v. Chr. erhielt sie römisches Bürgerrecht. Die Form des antiken Castrum ist noch heute im Kern der Stadt zwischen Dom und Via Eufemia an den rechtwinklig sich kreuzenden Straßen zu erkennen. Es behielt infolge des Flußhandels auch unter der Herrschaft der Ostgoten im 5. und 6. Jahrhundert, dann der Byzantiner im 6. Jahrhundert, der Langobarden seit 568 und der Franken seit 774 stets eine gewisse Bedeutung, die sich mit dem Wiedererstarken des Handels seit dem 10. und 11. Jahrhundert erhöhte. 1076 nahm Bischof Dionysius von Piacenza als Führer der in der Stadt versammelten lombardischen Bischöfe zu Beginn des Investiturstreites auf Seiten des Kaisers gegen die päpstlichen Primatsansprüche Stellung. Erst nach dem Tode des Bischofs konnte Papst Urban II. 1096 auf einer triumphalen Synode in Piacenza den Sieg über den inzwischen gebrochenen Widerstand des oberitalienischen Episkopats feiern, wobei er erstmals, noch vor Clermont-Ferrand, zum Heiligen Krieg gegen den Islam aufrief, was den ersten Kreuzzug zur Folge hatte. Während des Investiturstreites gewann Piacenza, wie viele andere Städte, die Selbständigkeit. Als freie Kommune nahm es dann am lombardischen Städtebund gegen Barbarossa teil. Bei den zwischenstädtischen Kämpfen waren Parma und Pavia die Hauptgegner. Seine Märkte, die ›fiere dei cambi‹, waren berühmt. Nachdem der Ghibelline Uberto Pallavicino sich 1254 der Stadt bemächtigt hatte, setzte für fast drei

Jahrhunderte ein ständiger Herrschaftswechsel einheimischer Geschlechter und auswärtiger Tyrannen ein, bis es 1521 zum Kirchenstaat kam und Papst Paul III. 1545 seinen Sohn Pier Luigi Farnese zum Herzog von Parma und Piacenza machte (vgl. für die Folgezeit die Bemerkungen zur Geschichte Parmas).

Genau im Mittelpunkt des antiken Castrum liegt die *Piazza dei Cavalli,* auch heute noch stets belebtes Zentrum der Stadt. An ihr erhebt sich der 1280 begonnene *Palazzo del Comune* (Abb. 86), einer der schönsten profanen mittelalterlichen Backsteinbauten Italiens, paradoxerweise aber nicht mehr Ausdruck der selbständigen Kommune, sondern Geschenk eines der ersten Tyrannen, Alberto Scoto, der damit noch den Schein einer freien Bürgerschaft wahrte. Die zweistöckige Anlage ist im Erdgeschoß durch einen tiefen Portikus mit fünf weiten Arkaden an der Front und drei an den Seiten geöffnet. Das Obergeschoß wird an der Fassade durch sechs große Fenster, zwei vierteilige und vier dreiteilige, mit reichem Terrakottaschmuck gegliedert. Verschiedenartige Fenster befinden sich auch an den Seiten und der Rückfront. Diese reiche Durchfensterung führt dem einzigen Saal des Obergeschosses (44,10 : 16,30 m) eine blendende Lichtfülle zu. Der Zugang erfolgt über eine Freitreppe im malerischen Hof, an dessen linker Seite sich der 40 m hohe Turm ›La Lanterna‹ erhebt. Von den drei Türmchen auf dem Palast selbst enthält der mittlere die Glocke, mit der das Volk zusammengerufen wurde.

Vor dem Palast stehen zwei bedeutende *Reiterdenkmäler* von Francesco Mocchi, die dem Platz seinen Namen gegeben haben. Das linke von 1625 stellt Herzog Alessandro Farnese dar (Abb. 87), den berühmten Heerführer in den spanisch-niederländischen Kämpfen. Auf zwei Reliefs sind Ereignisse aus seiner Laufbahn dargestellt. Das rechte von 1620 zeigt Ranuccio I. Farnese, Sohn Alessandros, mit zwei Reliefs des ›Guten Regiments‹ und des ›Friedens‹. – Der dem Palazzo del Comune gegenüberliegende *Palazzo del Governatore* ist eine klassizistische Konstruktion von 1781. – Die südostwärts gelegene Schmalseite der Piazza dei Cavalli öffnet sich auf einen kleinen Platz, der von der hohen Backsteinfassade der 1278 begonnenen Basilika *S. Francesco* beherrscht wird. Das Äußere der schönen Choranlage ist nicht sichtbar. Das weiträumige dreischiffige Innere in reinen gotischen Formen enthält einen für Italien relativ seltenen Chorumgang mit Radialkapellen.

Durch die Via XX Settembre an der linken Seite von S. Francesco entlang kommt man zum *Dom,* der 1122 als Zeichen von Wohlstand und Bedeutung der freien Stadt begonnen und 1233 vollendet wurde. Der 71 m hohe Campanile ist 1333 fertiggestellt worden. Die Fassade mit hausgiebelartigem Abschluß enthält an den drei Portalen Skulpturen des 12. Jahrhunderts, unter denen die Stützfiguren von ›Wucher‹ und ›Geiz‹ am Mittelportal besonders bemerkenswert sind. Das dreischiffige basilikale Innere (Abb. 88) mit Emporen, die bis zum Chor durchgehen und die ebenfalls dreischiffigen Querarme mit Apsiden gleichsam vom Hauptraum abtrennen, mit oktogonaler Vierungskuppel und über der Krypta erhöhtem Chor mit drei Apsiden zeigt leichte Grundrißverschiebungen, wie sie bei längerer Bauzeit öfter vorkommen und keine

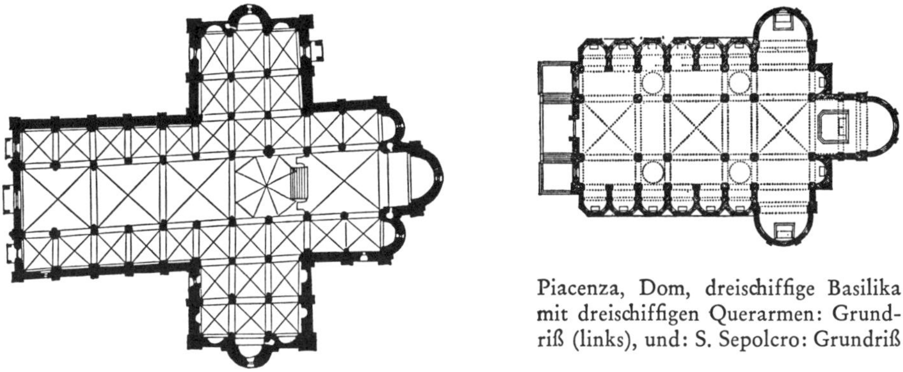

Piacenza, Dom, dreischiffige Basilika mit dreischiffigen Querarmen: Grundriß (links), und: S. Sepolcro: Grundriß

symbolische Bedeutung haben, was früher oft angenommen wurde. Die eigentümliche Trennung der Querarme vom Mittelschiff, die den Eindruck erweckt, als ob drei selbständige Basiliken aneinandergeschoben sind, findet sich ähnlich nur bei dem älteren Dom von Pisa. – In den Langhausstützen sind oben Reliefdarstellungen der Zünfte aus dem 12. Jahrhundert eingelassen, auf deren Kosten die jeweiligen Pfeiler errichtet wurden, ein schöner Beweis dafür, wie sehr der Dombau nicht allein als Anliegen der Geistlichkeit, sondern als ein solches der ganzen Kommune gewertet wurde. – Die Kuppel ist ab 1625 mit Fresken von Pier Francesco Morazzone und Guercino versehen worden. Hinter dem Hochaltar befindet sich ein reiches spätgotisches Schnitzwerk von 1479.

Nicht weit vom Dom entfernt liegt in der Via Alberoni die 903 gegründete, 924 von den Ungarn zerstörte und anschließend bis 1107 erneuerte Basilika *S. Savino* mit einer Fassade von 1721. Das mächtige dreischiffige Innere vermittelt ein eindrucksvolles Bild des originalen Zustandes aus frühromanischer Zeit und enthält einige beachtenswerte Werke: am Anfang des rechten Seitenschiffes ein Holzkruzifix, im Chor das Fußbodenmosaik mit Tugenden und anderen figürlichen Darstellungen aus Bestiarien und in der Krypta mit reichen Kapitellen ein farbiges Mosaik mit den Tierkreiszeichen (Abb. 89, 90). – Das Benediktinerkloster von S. Savino bot wie viele andere Klöster an der ›Frankenstraße‹ (vgl. Pavia, S. 73) den nach Rom pilgernden Gläubigen Unterkunft und Pflege. Ein einzigartiges Zeugnis dafür ist das sog. ›Totenbuch des Konvents‹, das sich in der Stadtbibliothek befindet, eine Art von Gästebuch, in dem viele bekannte Persönlichkeiten des 11. Jahrhunderts neben zahllosen unbekannten eingetragen sind.

Am anderen Ende der Stadt, im Nordwesten, befindet sich die *Madonna di Campagna* (Abb. 91), deren Besuch nicht versäumt werden sollte. Die 1522–28 von Alessio Tramello errichtete Kirche ist eines der bezeichnendsten Werke italienischer Renaissance. Der ursprünglich reine Zentralbau in Form des griechischen Kreuzes ist durch Zufügung des Chors von 1791 leicht verändert, in seiner Wirkung aber doch im wesentlichen erhalten. Über dem Mittelquadrat erhebt sich ein hoher Tambour mit Galerie, der die achteckige

Kuppel mit Laterne trägt. Die Kuppel wurde 1528–31 mit Fresken von Pordenone versehen und nach 1545 von Soiaro vollendet. Ebenfalls von Pordenone stammen die Fresken in der Eckkapelle links vom Presbyterium mit der besonders bemerkenswerten ›Disputation der hl. Katherina‹ und die Fresken in der linken Eckkapelle hinter dem Eingang mit der ›Anbetung der Könige‹, Hauptwerke des friaulanischen Renaissancemalers (vgl. Cremona, Abb. 83).

Von Tramello stammt auch die 1513–33 entstandene Kirche des *S. Sepolcro* in der zur Stadt zurückführenden Via di Campagna. Das dreischiffige basilikale Innere bietet mit der Reinheit seiner Raumordnung ein schönes Beispiel der mit Brunelleschi in Florenz eingeleiteten neuen Baugesinnung der Renaissance. – In der Nähe, auf dem Wege nach S. Sisto, liegt der Palazzo Gazzola aus dem 18. Jahrhundert, in dem das *Museo Civico* untergebracht ist, das wegen der hier aufbewahrten ›Bronzeleber von Piacenza‹ (Abb. 92), einem der wichtigsten Stücke etruskischer Archäologie, wenigstens erwähnt sei. –

Die eben genannte Kirche *S. Sisto* ist ein Frühwerk Tramellos von 1499–1511, das in seiner dreischiffigen Basilikalform noch stärker als S. Sepolcro einen Frührenaissance-Charakter bewahrt. An den drei Kirchen Tramellos ist sehr schön der Weg von der Früh- zur Hochrenaissance zu verfolgen. Aus S. Sisto wurde 1754 von August III. Raffaels ›Sixtinische Madonna‹ in der Dresdner Galerie erworben. Die etwas veränderte Stelle, an der sie sich befand, ist durch eine Kopie kenntlich gemacht. Hinzuweisen ist auf das prachtvolle Chorgestühl mit Intarsien von 1514 und auf das 1593 begonnene Grabmal der Margarethe von Österreich im linken Querarm, der natürlichen Tochter Karls V., durch Heirat mit Ottavio Farnese 1538 Herzogin von Parma und Piacenza und berühmt als Statthalterin der Niederlande von 1559–67.

An Stelle der 1315 begonnenen Rocca Viscontea, von der Reste erhalten sind, ließ Margarethe von Österreich 1558 die gewaltige Backsteinkonstruktion des *Palazzo Farnese* nach dem Entwurf von Francesco Paciotti beginnen. Nach 1564 leitete Vignola die Arbeiten, die 1593 endgültig abgebrochen wurden, als weniger als die Hälfte des Projektes fertiggestellt war. – Erwähnt sei ein zweiter Palast in Backstein, der *Palazzo dei Tribunali,* 1484 von Agostino de Fondutis und Giovanni Battagio errichtet, dessen Fassade und schöner Arkadenhof reich mit Terrakottadekoration versehen sind.

Wer sich für italienische Kunst des 19. Jahrhunderts interessiert, die außerhalb Italiens fast unbekannt ist, sollte den Besuch der *Galleria d'Arte Moderna Ricci-Oddi* in der Via S. Siro im Süden der Stadt nicht versäumen. Die Sammlung enthält u. a. einen Saal mit Werken des beachtenswerten Landschaftsmalers Antonio Fontanesi (1818–82) und Skulpturen des eigenwilligen ›impressionistischen‹ Bildhauers Medardo Rosso (1858–1928).

Fidenza und Fontanellato

Die wichtigsten Sehenswürdigkeiten:
Kathedrale; Rocca dei Sanvitale

Etwa 23 km westlich von Parma liegt an der Via Aemilia das wenig reizvolle Städtchen *Fidenza,* die römische Gründung Fidentia. Seit dem 3. Jahrhundert n. Chr. verfallen, erstand es im 9. Jahrhundert neu unter dem Namen Borgo S. Donnino, den es bis 1927 behielt. Eine gewisse Bedeutung hatte es als freie Stadt im 12. und 13. Jahrhundert. 1195 beschworen hier die lombardischen Städte ihr zweites Bündnis, das gegen Heinrich VI. gerichtet war. Trotzdem förderten die Staufer den Ort, der ihnen wichtig war, weil er inmitten von ausgedehntem unmittelbaren Kronbesitz lag und gleichzeitig als Stützpunkt an der ›Frankenstraße‹ (Francigena) von Pavia nach Rom und gegen das unsichere Parma dienen konnte (vgl. S. 73). Seit 1545 gehörte es den Farnese.

Der Besuch Fidenzas lohnt sich indessen wegen der Skulpturen an der Fassade der Kathedrale (Abb. 95), unter denen die Nischenstatuen von Ezechiel und David zu den hervorragendsten Werken italienischer Plastik des hohen Mittelalters gehören. Am Anfang des 13. Jahrhunderts entstanden, stammen sie entweder von *Benedetto Antelami* selbst oder von einem hochbegabten Gehilfen seiner Werkstatt (vgl. Parma, Abb. 99). Interessant ist auch das Programm des gesamten Nischenschmucks, das sich auf das Portal als ›Tür des Herrn‹, als Eingang zum Hause Gottes, bezieht, von dem weder Reiche noch Arme ausgeschlossen sind, die, durch je eine Familie vertreten, von Engeln hingeführt werden. In dem Relieffries an der Wand, über den Portalgewänden und

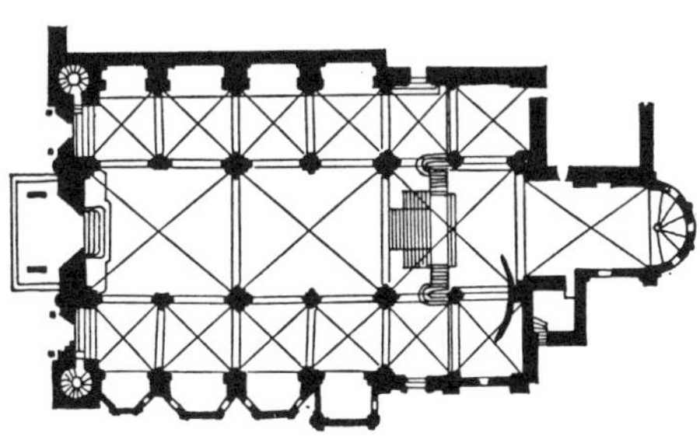

Fidenza, Dom: Grundriß

am Türsturz wird die Legende des Titelheiligen S. Donnino erzählt. – Die Kirche ist als dreischiffige Basilika mit falschen Emporen, wohl nach dem Vorbild des Doms von Modena, 1207 begonnen und gegen Ende des 13. Jahrhunderts vollendet worden. Ihr sehr hochgehobener Chor ruht auf einer Krypta mit Wulstrippengewölben, einer in Italien seltenen, zisterziensisch beeinflußten Form.

So belanglos Fidenza als Ort ist, wenn er auch inzwischen durch eine Fußgängerzone etwas mehr an Reiz gewann, so malerisch ist dagegen *Fontanellato,* das wenige Kilometer nördlich der Via Aemilia zwischen Fidenza und Parma liegt. Im Mittelpunkt des kleinen unberührten Landstädtchens liegt die in der ersten Hälfte des 15. Jahrhunderts errichtete *Rocca* (Kastell) der Familie Sanvitale, eine Art Wasserburg, die bis vor kurzem im Besitz der Familie war und jetzt als Museum zugänglich ist. Abgesehen von der ausgezeichnet erhaltenen Anlage, lohnt der Besuch wegen eines kleinen Raumes, der von *Parmigianino* als Laube mit Darstellungen der ovidischen Fabel von Diana und Aktäon ausgemalt wurde (Abb. 93, 94), ein entzückendes Werk in der unmittelbaren Nachfolge der Camera del Correggio in Parma. Man sollte den Besuch einer derartigen Köstlichkeit der Renaissance, vom Fremdenverkehr bisher völlig unberührt, nicht versäumen.

Parma

Parma, Plan aus der ersten Hälfte des 17. Jh.

Die wichtigsten Sehenswürdigkeiten:
Dom · Baptisterium · S. Giovanni Evangelista · Madonna della Steccata · Galleria Nazionale

Bei der Erwähnung Parmas denkt man unwillkürlich an die ›Chartreuse de Parme‹ von Stendhal und sieht das Bild einer schweigenden Stadt voller Paläste und voller Spione vor sich, seufzend unter einer reaktionären Fürstenherrschaft im Geiste der Hl. Allianz. Wer spätabends durch die dann verlassenen Gassen streicht, mag vielleicht noch etwas von dem spüren, was für die erste Hälfte des 19. Jahrhunderts galt. Tagsüber aber läßt das lebhafte Treiben dieser nach Bologna bedeutendsten Stadt der Emilia keinen Gedanken an Schweigen mehr aufkommen.

Seit 183 v.Chr. römische Kolonie, erlebte Parma als *Julia Augusta* in der Kaiserzeit eine Blüte, die in der Errichtung von Marmortempeln, Triumphbogen, Theater, Amphitheater und Basilika Ausdruck fand. Seit dem Verfall des römischen Reiches unterlag die Stadt vielleicht mehr als andere einem ununterbrochenen Wechsel von Niedergang und Aufstieg. Glückliche Zeiten brachten die Herrschaften von Theoderich (489–526) und von Byzanz (553–568). Unter den Langobarden war sie seit 579 Sitz eines Herzogs. Welche Schicksale sie in den folgenden Jahrhunderten unter ständigen inneren und äußeren Kämpfen erlitt, läßt sich hier im einzelnen nicht schildern. Bemerkenswert ist, daß schon Anfang des 11. Jahrhunderts ein Versuch selbständiger Regierung erfolgte, der jedoch erst Ende des 12. Jahrhunderts zu etwas dauernderem Erfolg führte, stets indes durch Geschlechterkämpfe und Eingreifen fremder Tyrannen in Frage gestellt. Die traditionell ghibellinische Stadt fiel jedoch 1247 vom Kaiser ab, der sie daraufhin belagerte, aber 1248 vor ihren Mauern geschlagen wurde, eine der schwersten Niederlagen, die Friedrich II. erlitt. Ihr endgültiges Ende fand die Republik 1335. 1341 geriet die Stadt unter die Herrschaft der Visconti von Mailand und gehörte mit Unterbrechungen bis 1500 den Mailänder Herren. 1521 kam sie zum Kirchenstaat, 1545 errichtete Papst Paul III. für seinen Sohn Pier Luigi Farnese das Herzogtum Parma und Piacenza. Die Farnese regierten bis 1731, dann folgten bis zur napoleonischen Zeit die spanischen Bourbonen, die einen Teil der farnesischen Kunstschätze nach Neapel verbrachten. Von 1815–47 gehörte das wiederhergestellte Herzogtum Parma und Piacenza Maria Luise von Österreich, der zweiten Gemahlin Napoleons I., dann noch einmal den Bourbonen. 1859 wurde es mit dem italienischen Königreich vereinigt.

Von den Regierungspalästen der freien Kommune, die sich im Zentrum an der Piazza Garibaldi, auch heute noch brodelnder Mittelpunkt, befanden, blieb nichts erhalten. Von der mittelalterlichen Stadt des 12. und 13. Jahrhunderts sind *Dom* und *Baptisterium* bewahrt (Abb. 96), etwas nördlich vom profanen Teil gelegen, einen wahrlich sakralen Bezirk bildend. Der von den beiden Bauten und dem Bischofspalast umschlossene Platz ist einer der suggestivsten Europas. Der von Bischof Cadalus aus dem Geschlecht der Vizegrafen von Verona, dem ersten gescheiterten kaiserlichen Gegenpapst (als Honorius II., 1061–64), um die Mitte des 11. Jahrhunderts gegründete *Dom* wurde 1117 vom Erdbeben großenteils zerstört und danach in veränderter Form als

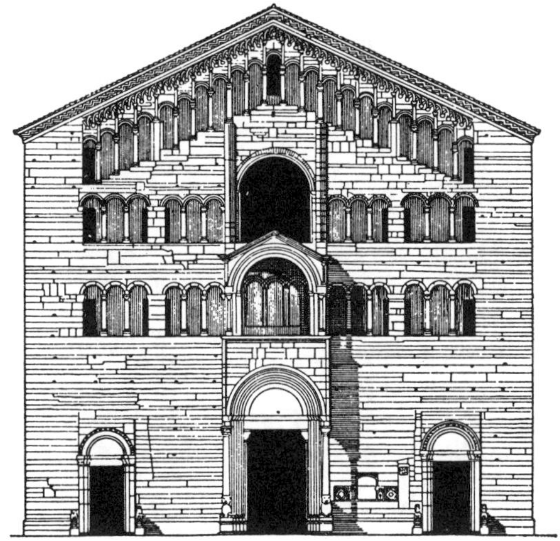

Parma, Dom: Westfassade

dreischiffige Emporenbasilika mit reicher, über einer großen Krypta erhöhten Ostanlage mit apsidialen Querarmen, Vierungskuppel und Chor wieder aufgebaut. Er stellt einen der großartigsten romanischen Bauten Norditaliens dar. 1284–94 wurde der 63,43 m hohe Campanile errichtet (Abb. 96). Ab 1285 erfolgte die Zufügung der rechten Seitenkapellen, im 14. Jahrhundert die der noch tieferen linken. Die mit einem hausförmigen Giebel schließende Fassade wird durch begehbare Loggien gegliedert. An den Portalen befinden sich Skulpturen des 13. Jahrhunderts. Der Raumeindruck des Innern (Abb. 97) ist von einer strengen Größe, die auch durch die Freskendekoration des 16. Jahrhunderts nicht vernichtet wird. Ein Hauptwerk der Hochrenaissance sind die Kuppelmalereien von *Correggio* mit der ›Himmelfahrt Marias‹ und den vier Patronen von Parma in den Pendentifs (1526–30). Die rauschende Festlichkeit der wirbelnden und sich illusionistisch bis in die Unendlichkeit des Himmels erstreckenden Darstellung bedeutet einen Höhepunkt der oberitalienischen Komponente der Renaissancemalerei, die wie auch die etwas spätere Kunst Veroneses alle Elemente der barocken Entwicklung in sich enthält. – Im rechten Querarm ist die 1178 datierte ›Kreuzabnahme‹ von *Benedetto Antelami* eingelassen (Abb. 99), ein Frühwerk dieses ersten, sehr persönlich ausgeprägten Bildhauers Italiens in spätromanischer Zeit. Wahrscheinlich stammt auch der Bischofssitz aus weißem Marmor mit Reliefs (Abb. 102) von ihm, der sich unter einem großen Marmorziborium vom Ende des 15. Jahrhunderts in der Chorapsis befindet. Welche Entwicklung die Plastik seit dem Ende des 11. Jahrhunderts genommen hat, wird deutlich an dem Vergleich der Skulpturen Antelamis mit den Märtyrerszenen und Aposteln aus rotem Veroneser Marmor unter dem Hochaltar, deren Häßlichkeit aber von archaischer Ausdruckskraft erfüllt ist.

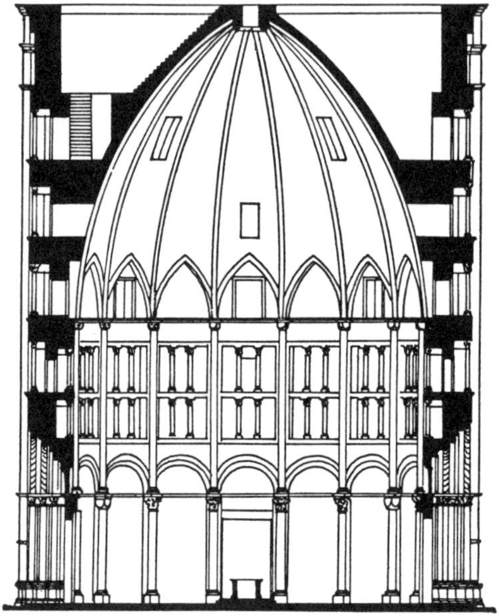

Parma, Baptisterium: Schnitt

Das achteckige *Baptisterium* (Abb. 96) aus rotem Veroneser Marmor, 1196 begonnen und 1260 vollendet, wird unten durch Blendarkaden und drei Portale und darüber durch vier Galerien von Loggien und eine Reihe Blendarkaden gegliedert. Der reiche Skulpturenschmuck (Abb. 100) stammt von *Antelami* und seiner Werkstatt, der vermutlich auch der Architekt dieses ungewöhnlichen Bauwerks war. Das hohe kuppelgekrönte Innere (Abb. 98) ist unten von 16 Nischen umzogen, über denen zwei Reihen von Säulengalerien angebracht sind. Auch hier befinden sich zahlreiche Plastiken von Antelami und Werkstatt, die im einzelnen nicht aufgezählt werden können; hervorgehoben seien nur zwei Meisterwerke des Künstlers, die Darstellungen von Winter und Frühling (Abb. 101). Insgesamt bedeutet dieses Monument das einzige italienische Beispiel jener Verbindung von Architektur und Skulptur, wie sie sich im 12.–13. Jahrhundert in Frankreich vollzog. Denkt man indes an die französischen Bauten, wird die singuläre Lösung Antelamis deutlich, mögen ihn auch Beziehungen vor allem mit der Provence verknüpfen. – Von den zahlreichen Fresken sind die ältesten und bedeutendsten diejenigen der Kuppel und der Nischenwölbungen aus der zweiten Hälfte des 13. Jahrhunderts, an denen noch der enge Zusammenhang der damaligen italienischen mit der byzantinischen Malerei kurz vor dem Auftreten Giottos zu erkennen ist. Das Baptisterium ist wegen Restaurierungsarbeiten schon seit Jahren geschlossen. – Der *Bischofspalast* gegenüber dem Dom stammt aus der zweiten Hälfte des 13. Jahrhunderts. Im Laufe der Zeit vielfach erweitert und entstellt, ist er 1922 zum Teil restauriert worden.

An der rechten Seite des Domes entlang gelangt man zum *Piazzale S. Giovanni,* von dem aus man den schönsten Blick auf die großartige Außenansicht der Ostteile des Domes hat. Wendet man sich zur reichen Barockfassade (1604–07) von *S. Giovanni Evangelista* (Abb. 103), wird man buchstäblich im Umsehen in eine andere Welt versetzt. Die im 10. Jahrhundert gegründete Kirche wurde 1498–1510 von Bernardino Zaccagni als dreischiffige Basilika im reinen Stil der toskanischen Frührenaissance Brunelleschis völlig neu erbaut und anschließend so dekoriert, daß der Eindruck zwar reicher als in den Florentiner Basiliken ist, die klare Harmonie der Anlage aber unzerstört blieb. Im Mittelpunkt der Ausschmückung stehen wieder die Malereien (1520–23) von *Correggio* mit der ›Vision des Evangelisten Johannes‹ in der Kuppel und Evangelisten und Kirchenvätern in den Pendentifs. Die Formen sind kompakter als in der späteren Domkuppel, das Ganze hat noch nicht deren schwerelose Verwandlung alles Irdischen erreicht. – Ein weiteres Fresko Correggios mit ›Johannes, die Apokalypse schreibend‹ befindet sich über einer Tür im linken Querarm. – In den Bogenzwickeln der 1. und 2. Kapelle des linken Seitenschiffs sind die Wandmalereien von Parmigianino zu beachten, besonders die ›Hl. Agatha‹.

In die Stadt nach Westen zurückkehrend, trifft man in der Via M. Melloni auf die ›*Camera del Correggio*‹, ein 1519 von diesem Künstler für die Äbtissin des Klosters S. Paolo ausgemaltes Zimmer, dessen Gewölbe als Laube vorgetäuscht wird. In den 16 ovalen Durchblicken erscheinen spielende Putten mit Attributen (Abb. 105), die sich auf die in Grisaille gemalten mythologischen Gestalten der darunter befindlichen Lünetten beziehen. Den Kamin schmückt die ›Rückkehr Dianas von der Jagd‹. Die Dekoration ist ein einzigartiges Beispiel für den auch die Kirche erfüllenden humanistischen Geist der Hochrenaissance.

Um im Bereich dieses Geistes zu bleiben, empfiehlt es sich, der Strada Garibaldi nach Süden folgend, die *Madonna della Steccata* aufzusuchen (Abb. 106), einen eindrucksvollen Zentralbau auf griechischem Kreuz mit hoher Kuppel von Bernardino und Giovanni Francesco Zaccagni aus den Jahren 1521–39. Das Innere entspricht dem Außenbau, so daß eine vollkommene Einheit des Baukörpers erreicht ist, die auch durch den im 18. Jahrhundert zugefügten Ritterchor nicht zerstört wird. Von der rei-

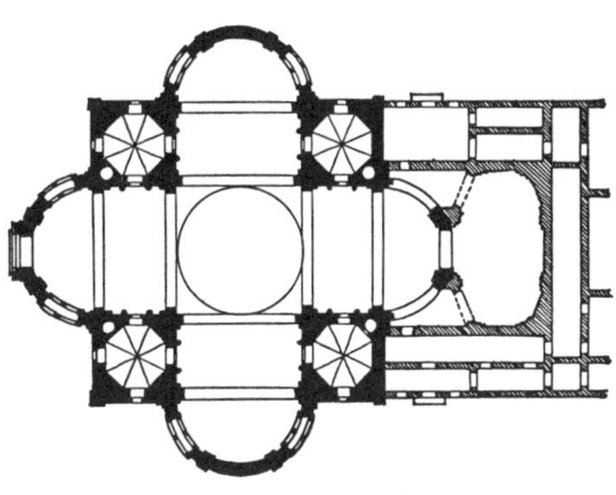

Parma, Madonna della Steccata: Grundriß

chen Innenausstattung seien nur die Wandmalereien von *Parmigianino* im östlichen Kreuzarm mit den sechs Kanephoren, Adam, Eva, Moses, Aaron und den graziösen Dekorationen der Putten, Früchte usw. erwähnt, ein Hauptwerk dieses überaus sensiblen und eleganten Nachfolgers Correggios, der die Hochrenaissance in die pretiöseste Artistik verwandelte (›Manierismus‹).

Etwas weiter nach Süden zu stößt man auf den riesigen schmucklosen Palast der *Universität* aus dem 16. Jahrhundert, Galeazzo Alessi und Vignola zugeschrieben. Schon im 11. Jahrhundert gab es in Parma eine Schule für die sieben Freien Künste, im 12. Jahrhundert Kollegs für Mediziner und Juristen, im 13. Jahrhundert wurde auch Dialektik gelehrt. Die größten Blütezeiten erlebte die Universität in der ersten Hälfte des 17. und in der zweiten Hälfte des 18. Jahrhunderts.

Schon auf dem Wege von der Camera del Correggio zur Steccata konnte man im Hintergrund der Piazza Marconi die gewaltige Anlage des *Palazzo della Pilotta* sehen, von den Farnese gegen 1583 nach Entwurf des Giovanni Boscoli begonnen, 1586 unterbrochen, 1602 wieder aufgenommen und unvollendet geblieben. Die weiten Backsteinflächen sind durch einfache flache Gliederungen kaum belebt. Allein der Arkadenhof und die große Durchgangshalle zum Parma-Fluß zeigen reichere Ausgestaltung. Von dem Durchgang aus betritt man den Palast und das geräumige Treppenhaus, in dem man im zweiten Geschoß das von Giovanni Battista Aleotti 1618 begonnene *Teatro Farnese* erreicht (Abb. 104), das 1628 für die Hochzeit von Odoardo Farnese mit Margherita de'Medici eröffnet wurde. Für lange Zeit blieb es das größte und prächtigste Theater Europas. Als Neuerung gegenüber Palladios Teatro Olimpico in Vicenza (Abb. 140) wurde u. a. an Stelle des festen das bewegliche Bühnenbild eingerichtet. Der 1944 durch Bomben völlig zerstörte Saal von 87,20 m Länge, 32,15 m Breite und 22,65 m Höhe ist seitdem mit den Resten der ursprünglichen Dekoration wieder hergestellt worden. – Im zweiten Obergeschoß befindet sich auch die *Galleria Nazionale,* eine der reichsten Gemäldesammlungen Italiens. Sie enthält eine Reihe bedeutender Altarbilder von Correggio, so daß mit den erwähnten Fresken zusammen die Kunst dieses norditalienischen Vertreters der Hochrenaissance hier wie an keiner anderen Stelle der Welt erlebt werden kann. Ferner sei noch hingewiesen auf ein Triptychon des Florentiners Bernardo Daddi aus der ersten Hälfte des 14. Jahrhunderts und auf eine ›Madonna‹ von Fra Angelico (Saal III); auf die 1574 datierte ›Heilung des Blinden‹ von Greco, vor seiner Übersiedlung nach Spanien in Rom entstanden und noch stark von Tintoretto beeinflußt (Saal IV); die ›Türkische Sklavin‹ von Parmigianino, ein Frauenbildnis von kühler und raffinierter Eleganz (Saal VIII); den ›Mädchenkopf‹ von Leonardo da Vinci aus der Mailänder Zeit von 1482–99 (Saal XI, Abb. 107); die ›Empfängnis‹ von Girolamo Mazzola Bedoli (1500–69), Hauptwerk dieses sehr interessanten Correggio-Nachfolgers (Saal XIII); das ›Bildnis Papst Clemens' VII.‹ von Sebastiano del Piombo, das eng mit Michelangelo zusammenhängt (Saal XIV); den 1530 entstandenen ›Erasmus von Rotterdam‹ von H. Holbein d. J. (Saal XIX); das Bildnis der ›Isabella Clara Eugenia von Spanien‹ von Anton van Dyck, um 1630 (Saal XXII).

In demselben Stockwerk befindet sich die *Biblioteca Palatina*, die wegen der reichen Sammlung von Manuskripten, graphischen Blättern und der gesamten typographischen Ausstattung und sämtlicher Drucke von G.B. Bodoni wenigstens genannt sei. – Ebenso kann auf das *Museo Nazionale d'Antichità* im ersten Geschoß mit seinen Beständen an archäologischen Werken, mittelalterlichen Skulpturen, Kunsthandwerk u.a. nur hingewiesen werden.

Vom Durchgang des Palazzo della Pilotta gelangt man über den Parma-Fluß unmittelbar in den *Parco Ducale*, der kurz nach 1560 angelegt, in der ersten Hälfte des 18. Jahrhunderts und nochmals unter Maria Luise erweitert worden ist. Der an der nördlichen Seite liegende Gartenpalast der Farnese wurde 1564 von Giovanni Boscoli errichtet und 1767 von Petitot verändert. In ihm befindet sich u.a. ein Saal mit Gewölbefresken von Agostino Carracci vom Ende des 16. Jahrhunderts.

Als letztes Monument ist auf dieser Flußseite südlich des Parkes in der Strada Massimo d'Azeglio die *SS. Annunziata* zu erwähnen, ein elliptischer Zentralbau, der 1566 von Giovanni Battista Fornovo begonnen wurde. Die große Kuppel stammt von Girolamo Rainaldi (1632). Das Innere ist von eindrucksvoller Raumgröße.

Reggio Emilia und Canossa

Die wichtigsten Sehenswürdigkeiten:
Dom · Madonna della Ghiara; Burg Canossa

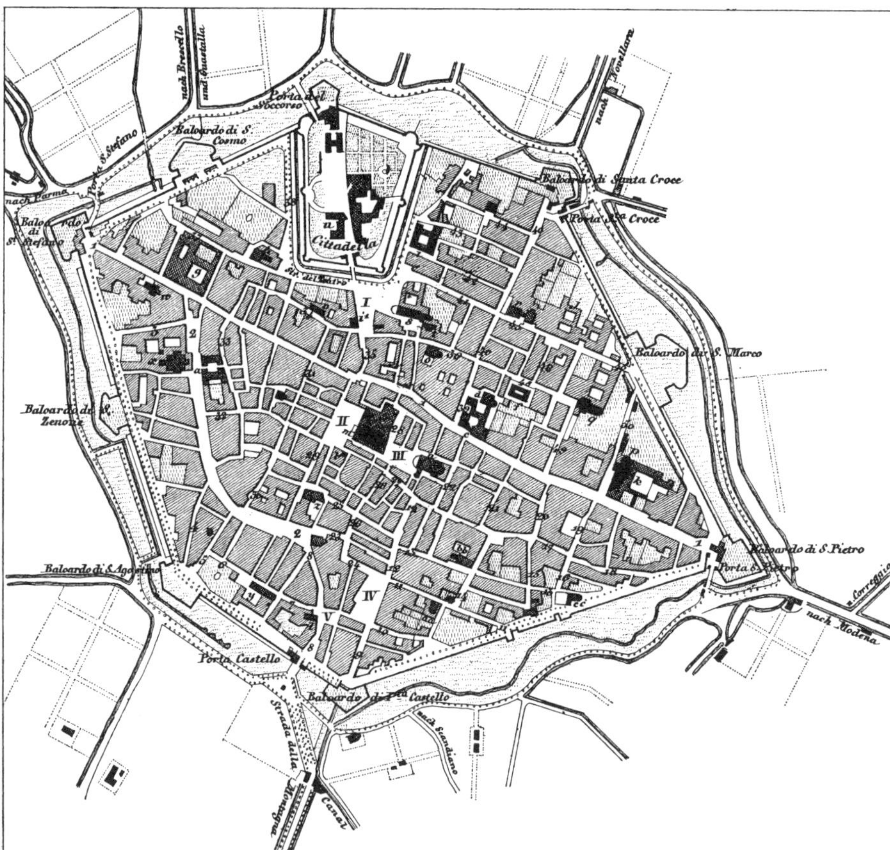

Reggio Emilia, Plan von 1844

Das an der Via Aemilia zwischen Parma und Modena gelegene Reggio ist eine der typischsten Landstädte der Po-Ebene, deren ländlicher Charakter sich trotz starker industrieller Entwicklung auch heute noch bewahrt hat.

In römischer Zeit hatte Reggio (Regium Lepidi) hauptsächlich die Bedeutung einer wichtigen Poststation. Nach dem Untergang des weströmischen Reiches 476 spielte es unter den verschiedenen germanischen Landesherren eine geringe Rolle. Um 1000 bildete es mit Parma, Modena, Ferrara, Mantua und Brescia die Mark des Tebaldo von Canossa und gehörte 1076 zum Patrimonium der Gräfin Mathilde. 1136 war es bereits freie Stadt, die 1168 an der Lega Lombarda teilnahm. Die mörderischen Parteikämpfe des 13. Jahrhunderts führten 1290 erstmals zum Verlust der Freiheit, endgültig 1326. Nach wechselnden Tyrannenherrschaften fiel es 1409 an Nicolò III. von Este, dessen

Ludovico Ariosto, 1474–1533 (Stich von E. Vico)

Geschlecht es bis 1796 behielt. Nach dem Einfall der Franzosen und der Erklärung zur unabhängigen Republik wurde hier auf dem Kongreß der emilianischen Städte vom 27. 12. 1796 – 9. 1. 1797 die Trikolore grün-weiß-rot als Landesfahne geschaffen, die dann italienische Nationalflagge wurde. 1815 kamen die österreichischen Este zur Regierung, 1860 fand die Vereinigung mit dem italienischen Königreich statt. – Aus Reggio stammt der größte italienische Renaissance-Dichter Ludovico Ariosto (1474 bis 1533).

Zentrum der Stadt ist die Piazza C. Battisti, an der sich der *Palazzo del Monte di Pietà* befindet, ursprünglicher Regierungssitz der freien Stadt, von dem nur noch der Turm von 1216 übrig ist. Der *Palazzo del Capitano del Popolo,* 1281 für die letzte Volksregierung erbaut, ist als Hotel radikal restauriert. – Ebenso ist der an der nahegelegenen Piazza Prampolini 1414 begonnene *Palazzo Comunale* durch Veränderungen und Vergrößerungen seines ursprünglichen Charakters beraubt. Dasselbe gilt für den im 9. Jahrhundert gegründeten und zwischen 1285 und 1311 erneuerten *Dom,* der hauptsächlich im 16. Jahrhundert durch teilweise Marmorverkleidung der Fassade und durch Neubau der Vierung mit Kuppel und des Chores verändert wurde. Sowohl an der Fassade als auch im Innern befinden sich viele Skulpturen von Bartolomeo und Prospero Spani, der führenden Architekten- und Bildhauerfamilie Reggios im 16. Jahrhundert. Zu erwähnen ist noch das Altargemälde der ›Himmelfahrt Mariens‹ von Guercino in der vierten Seitenkapelle links und das schöne spätgotische Chorgestühl von 1460. – Die ganz nahe östlich des Domes gelegene dreischiffige Basilika *S. Prospero* von 1514–27 mit einer reichen Barockfassade von 1748–53 enthielt in der fünften rechten Seitenkapelle das für diese Stelle 1528 vollendete Altargemälde der ›Nacht‹ (Geburt Christi) von Correggio, das sich seit 1745 in Dresden befindet; der Rahmen der jetzt dort aufgestellten Kopie ist das vom Maler entworfene Original. Gewölbe und Apsis des Chores sind mit Fresken des bolognesischen Malers Camillo Procaccini von 1597–98 geschmückt. Das Chorgestühl mit Intarsien von 1546 stammt von Cristoforo und Giuseppe Mantello aus Treviso.

Das bedeutendste architektonische Monument im Westteil der Stadt ist die *Madonna della Ghiara* von 1597–1619, ein überkuppelter Zentralbau auf griechischem Kreuz mit verlängertem Ostarm. Die Wirkung des Innern ist großartig (Abb. 109, 110). Der reiche Freskenschmuck der Gewölbe von bolognesischen Malern des 17. Jahrhunderts folgt einem einheitlichen Programm der Lobpreisung Mariens. – Nördlich davon befindet sich am Corso Cairoli die *Civica Galleria Anna e Luigi Parmeggiani* mit einer 1933 der Stadt vermachten Sammlung von Gemälden und Kunsthandwerk beachtlichen Ranges, vor allem auch spanischer Arbeiten wie eines ›Segnenden Christus‹ von Greco. Im übrigen kann man sich hier an der sonst selten mehr in Museen zu sehenden Salonmalerei vom Ende des 19. Jahrhunderts erfreuen.

Etwa 35 km südwestlich von Reggio, im Reggianer Apennin, liegen die Ruinen der *Burg Canossa,* nach der das oben und an anderen Stellen vielfach erwähnte Geschlecht der Canossa seinen Namen erhalten hat. Hier vermittelte die Gräfin Mathilde 1077 während des Investiturstreites die berühmte Begegnung von Kaiser Heinrich IV. und Papst Gregor VII., bei der der Kaiser sich demütigen mußte, um die Aufhebung der Exkommunikation zu erlangen. 1092 belagerte er aus Rache die Burg vergeblich. 1255 zerstörten die Reggianer die Anlage von Grund auf, die dann mehrmals wieder errichtet und wieder zerstört wurde. 1502 setzten die Este Ludovico Ariosto als Burgverwalter ein. Mögen die Ruinen an sich auch nicht sehenswert sein, so rechtfertigt die historische Bedeutung doch ihren Besuch, der durch ein unvergleichliches Panorama belohnt wird.

Modena

Die wichtigsten Sehenswürdigkeiten:
Dom · Galleria Estense · Palazzo Ducale; Abtei von Nonántola

Mehr als die meisten Städte der Po-Ebene hat Modena einen ländlichen Charakter bewahrt, der eine reizvolle Verbindung mit der Vornehmheit eines absolutistischen Herr-

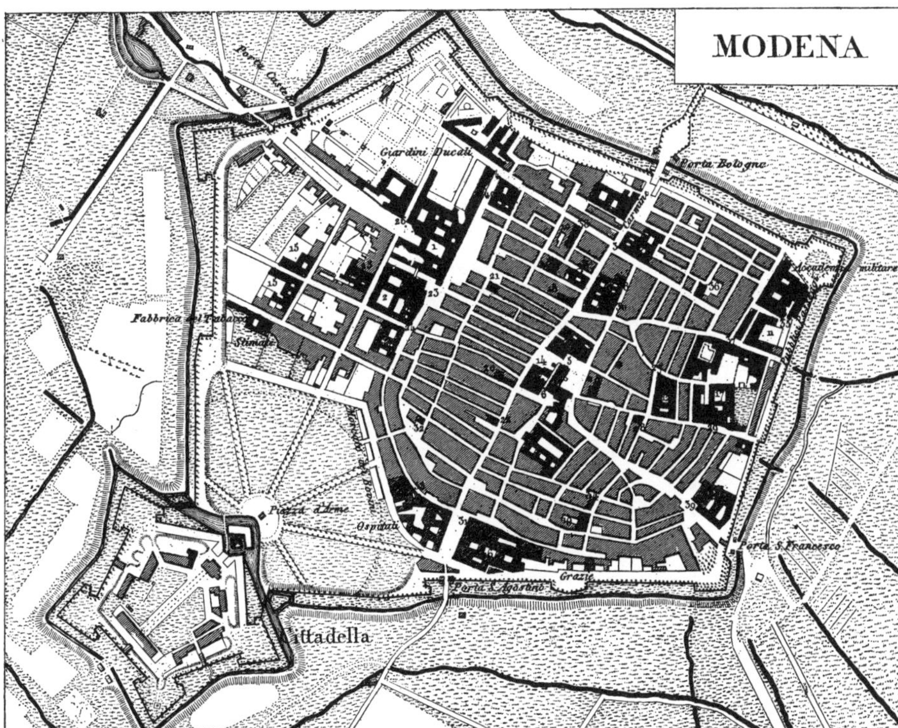

Modena, Plan von 1850

schersitzes eingegangen ist. Wenige, aber großartige Monumente bestimmen seinen Charakter, Sammlungen von internationalem Rang machen seinen Reichtum aus.

Nach unbekannter vorgeschichtlicher Besiedlung wurde das Gebiet erst etruskisch, dann gallisch, bis die Römer 183 v. Chr. ihre Kolonie Mutina gründeten. Zur Zeit Trajans hatte sie bereits das römische Bürgerrecht. Seit dem 4. nachchristlichen Jahrhundert geriet sie anscheinend gründlicher in Verfall als andere römische Städte, und das nicht allein wegen der politischen Ereignisse, sondern vor allem wegen fortgesetzter verheerender Überschwemmungen, so daß die Langobarden den spärlichen Rest der Bevölkerung in die von ihnen gegründete Stadt Cittanova westlich von Modena umsiedelten. Nur der Bischof und ein Teil der Geistlichkeit mit den familiari blieben bei den Gebeinen des Stadtheiligen Geminianus zurück. Im Laufe der Zeit bildete sich um diesen Kern eine neue Siedlung, die 891 mit Mauern umgeben wurde. Sie blieb unter bischöflicher Herrschaft bis kurz nach dem Tode der Gräfin Mathilde von Canossa 1115; seit 1135 ist sie als freie Stadt bezeugt. Sie nahm an der Lega Lombarda gegen Barbarossa teil, schlug sich dann aber auf die kaiserliche Seite. Die erbittertsten Kämpfe führte sie mit ihrer Rivalin Bologna, die in der Schlacht von Fossalta, nahe Modena, 1249 siegte, wobei Enzio, der Sohn Kaiser Friedrichs II., gefangengenommen wurde. Nach wechselnden Tyrannenherrschaften regierte seit 1336 das Haus Este (s. Ferrara). Borso d'Este erhielt 1452 den Titel Herzog von Modena und Reggio und 1471 den von Ferrara. Nachdem Ferrara 1598 an den Kirchenstaat gefallen war, blieb Modena bis 1796 Hauptstadt des estensischen Herzogtums. Nach der napoleonischen Zeit herrschten bis 1859 die österreichischen Este.

Zentrum der mittelalterlichen und noch der heutigen Stadt ist die Piazza Grande, an der sich der *Palazzo Comunale* erhebt. 1194 begonnen, wurde er 1624 fast völlig umgebaut, so daß nur wenig von der alten Konstruktion übrigblieb, der indes noch die Torre dell'Orologio in der Mitte der Fassade entstammt. – In unmittelbarer Nähe befindet sich der *Dom* (Abb. 111, 114) an der Stelle einer Kirche des 4. Jahrhunderts mit dem Grab des hl. Geminianus. Er wurde 1099 von dem Lombarden Lanfranco begonnen, mit dem von Beginn an der Bildhauer Wiligelmus zusammenarbeitete. 1106 konnten die Gebeine des Heiligen überführt werden, so daß die große dreischiffige

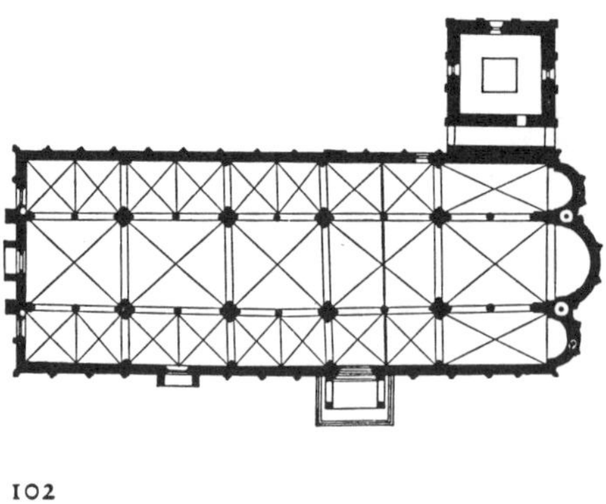

Modena, Dom: Grundriß

Krypta mit ihren 60 Säulen fertig gewesen sein wird. Die endgültige Weihe fand 1184 statt. Die dreigeteilte Fassade mit Loggia und mächtigem Rosenfenster, eine der schönsten und wohlausgewogensten des Gebietes (Abb. 114), folgt im Gegensatz zu der hausgiebelartigen Form vieler romanischer Kirchen Norditaliens dem Aufbau der dreischiffigen Basilika. Das Mittelportal mit Vorhalle und Reliefschmuck, der sich über den Seitenportalen fortsetzt (Abb. 112), ist ein Hauptwerk des Wiligelmus aus dem Anfang der Erbauungszeit und damit eine der ersten großartigen Äußerungen der erwachenden italienischen Plastik. Die Reliefs schildern in schweren und verhaltenen, aber sehr eindringlichen Formen die Geschichte des Menschengeschlechts von der Erschaffung Adams bis zur Errettung Noahs aus der Sintflut. Die Ausdruckskraft der Darstellungen ist sehr wohl mit der des Jacopo della Quercia (vgl. Bologna, Abb. 237) und Michelangelos in der Cappella Sistina im Vatikan zu vergleichen, alle drei denselben Zyklus verwirklichend. – Das erste Vorhallenportal an der Südseite mit seinen Darstellungen aus dem Leben des hl. Geminianus, die Porta dei Principi, ist das Werk eines Nachfolgers des Wiligelmus; das zweite, die Porta Regia, eine Arbeit campionesischer Meister um 1200. – Rechts von der eindrucksvollen Choranlage erhebt sich der 88 m hohe Campanile, die Ghirlandina, in dem ein alter Holzeimer (secchia) aufbewahrt wird, der der Legende nach 1325 den Bolognesen als einzige Beute abgenommen worden sein soll. Dieses Ereignis gab das Motiv ab für das komische Heldenepos ›La secchia rapita‹ des Modenesen Alessandro Tassoni (1565–1635), die vielleicht amüsanteste Dichtung des 17. Jahrhunderts. – Die an der Nordseite folgende Porta della Pescheria von etwa 1125–32 mit Fabelwesen, Monatsdarstellungen und einem Relief mit den Rittern der Tafelrunde des Königs Artus stammt von einem Nachfolger des Wiligelmus unter burgundischem Einfluß. – Das Innere mit falschen Emporen ist von wahrhaft erhabener Strenge (Abb. 115). Vor dem Chor erhebt sich der ›Pontile‹ mit bedeutenden Reliefs von Anselmo da Campione um 1160–80 unter provençalischem Einfluß. Der Ambo links davon stammt von campionesischen Meistern zwischen 1208 und 1225. Bemerkenswert ist das Chorgestühl mit Intarsien von Cristoforo und Lorenzo da Lendinara (1465). In der rechten Apsis der Krypta steht eine 1480 entstandene Gruppe von fünf bemalten Terrakottastatuen, die Anbetung der Hirten darstellend, von dem Modenesen Guido Mazzoni, dessen hervorragende Skulpturen sich durch einen ungewöhnlich expressiven Realismus auszeichnen. Schließlich sei das Altarbild des ›Hl. Sebastian mit Heiligen und Maria‹ von Dosso Dossi aus dem Jahre 1522 am Ende des linken Seitenschiffs erwähnt, ein Hauptwerk dieses malerisch sehr interessanten und eigenwilligen ferraresischen Renaissancemalers.

Eine weitere Terrakottagruppe Guido Mazzonis von 1476, die ›Beweinung Christi‹, befindet sich in der nahe dem Dom, an der Piazza Matteotti, gelegenen Kirche *S. Giovanni Battista* (Abb. 113). – Im Stadtviertel westlich dieser Kirche (Rua Mura, Via Adelarda) sind viele Häuser und Paläste des 15. und 16. Jahrhunderts erhalten, unter denen der *Palazzo Ferrari-Moreno* und der *Palazzo Ghiselli* mit schönen Höfen hervorragen. – Abgeschlossen wird dieses Viertel vom *Palazzo dei Musei*, einer 1753 als

Arsenal errichteten riesigen Anlage. Unter den verschiedenen hier untergebrachten Sammlungen ist die der *Galleria Estense* mit ihren zahlreichen Werken am beachtenswertesten. Obwohl 100 der schönsten Gemälde 1746 an August d. Starken von Sachsen verkauft wurden, den Grundstock der Dresdner Galerie bildend, gehört die Sammlung immer noch zu den bedeutendsten Italiens. Herausgegriffen seien, gleichsam andeutungsweise, nur wenige Beispiele: ein interessantes venezianisches Altärchen, das häufig *Greco* zugeschrieben wird; die ›Grablegung Christi‹ von dem Venezianer *Cima da Conegliano;* der ›Hl. Antonius‹ von dem Ferraresen *Cosmè Tura*, besonders ausdrucksvoll die Kunst dieses Meisters vom Ende des 15. Jahrhunderts charakterisierend; zwei Orgeltüren von *Paolo Veronese;* eine ›Madonna mit Heiligen‹ von *Dosso Dossi* (vgl. Dom); verschiedene Werke von *Nicolò dell'Abate*, dem phantasievollen Hauptmeister der modenesischen Renaissancemalerei; die ›Madonna Campori‹ von *Correggio.* Gekrönt aber wird die Sammlung durch zwei Bildnisse des Herzogs Francesco I. d'Este: das wohl 1638 entstandene Gemälde des *Velazquez* von stillem, zurückhaltendem Ausdruck und kostbarer Farbigkeit der über dem Panzer liegenden Schärpe und die 1650–51 entstandene Marmorbüste des *Bernini*, ein unvergleichliches Meisterwerk hochbarocken Pathos'. – In der *Biblioteca Estense* ist eine Auswahl besonders schöner Handschriften mit Miniaturen ausgestellt, darunter die berühmte ›Bibbia di Borso‹ aus dem 15. Jahrhundert.

Im nordöstlichen Teil der Stadt befindet sich der *Palazzo Ducale*, einer der größten Italiens, 1634 von Francesco I. an Stelle eines Kastells von 1291 begonnen und erst im 19. Jahrhundert vollendet. Außer der harmonischen fünfstöckigen Hauptfassade ist der überaus festliche Arkadenhof zu beachten. – Schließlich sei noch die ganz im Süden der Stadt gelegene, ab 1476 völlig erneuerte fünfschiffige Basilika von *S. Pietro* erwähnt, die eine Reihe von Werken des Antonio Begarelli (1499–1565) enthält, des nach Mazzoni bedeutendsten modenesischen Bildhauers.

Obwohl nicht zu den Städten gehörig, muß hier die etwa 10 km ostwärts von Modena gelegene *Abtei von Nonántola* erwähnt werden, eine Langobardengründung von 751 bis 752. Diese Benediktinerabtei gehörte neben Bobbio und Pomposa zu jenen Klöstern, die im 11. und 12. Jahrhundert eine Macht erreichten, die sie zu bedeutenden politischen Faktoren machten. Im 12. Jahrhundert war Nonántola das Zentrum der kirchlichen Reformbestrebungen, wie sie von Cluny ausgegangen waren. – Der heutige Kirchenbau stammt aus dem 12. Jahrhundert und enthält an dem typischen Vorhallenportal Reliefs von ca. 1121, Arbeiten von Schülern des Wiligelmus. In dem einfachen, aber eindrucksvollen dreischiffigen basilikalen Innern erstreckt sich unter dem erhöhten Chor eine ungewöhnlich große, von 86 Säulchen mit beachtenswerten Kapitellen getragene Krypta.

BERGAMO Cappella Colleoni

41 BERGAMO Blick auf die Oberstadt

42 BERGAMO Piazza Vecchia und Palazzo della Ragione

44

–48 BERGAMO
S. Maria Maggiore und die Rundkirche S. Croce
Baptisterium
Reiterstandbild des Colleoni

–48 Accademia Carrara: ›Porträt des Lionello d'Este‹ von Pisanello, ›Mystische Vermählung der hl. Katharina‹ von Lorenzo Lotto und ›Bildnis eines Edelmannes‹ von Romanino

45

47

48

49 CREMA ›Il Torrazzo‹ am Dom

50 CREMA Dom und Campanile

51 CREMA S. Maria della Croce

CREMA Der Dom, Innenraum

53 LODI Die Kirche Incoronata, Innenraum

LODI Dom und Broletto

55 PAVIA Fassade der Basilika S. Michele. Krönungskirche der Könige und Kaiser

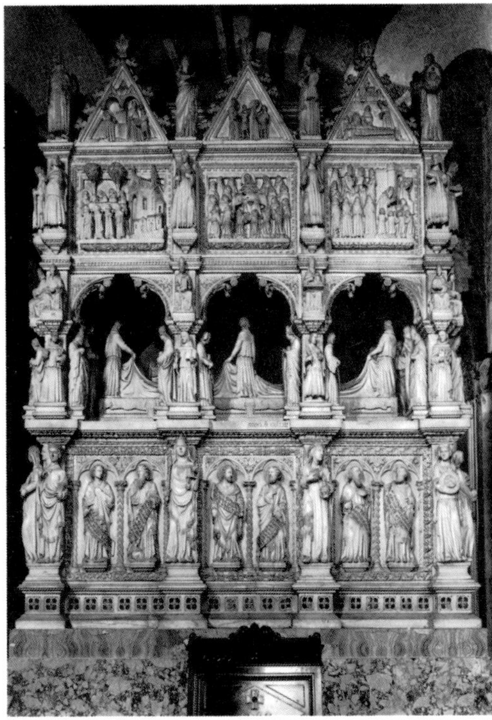

5, 57 PAVIA Detail vom Hauptportal von S. Michele und Grabmal des hl. Augustinus in S. Pietro in Ciel d'Oro

8, 59 PAVIA S. Teodoro, Fresken mit Stadtansichten Pavias, frühes 15. Jh.

60 PAVIA Castello Visconteo

61 PROVINZ PAVIA La Certosa, Innenraum

62 PROVINZ PAVIA La Certosa

3, 64 PAVIA Grabmal des Boethius in der Krypta von S. Pietro in Ciel d'Oro und Grabmal des Ludovico il Moro in der Certosa

BRESCIA Elfenbeinkasten des 4. Jh. (Lipsanothek) im Museo Civico Cristiano

66 BRESCIA Desiderius-Kreuz im Museo Civico Cristiano

67 BRESCIA Blick auf das Römische Forum

68 BRESCIA Blick von der Loggia auf die Piazza

BRESCIA Die Loggia (1492–1574)

72 LAGO D'ISEO Ostufer, Blick zur Monte Isola ▷

BRESCIA Alter Dom (Rotonda), links der Neue Dom

71 BRESCIA Blick zur Loggia

73 LAGO D'ISEO Westseite, Motiv bei Sárnico

74, 75 GARDASEE Sirmione, Grotten des Catull und Scaliger-Wasserburg

76 GARDASEE Blick vom Westufer auf den Monte Baldo

77 DER PO

Ferrara

Die wichtigsten Sehenswürdigkeiten:
Dom · Castello Estense · Palazzo dei Diamanti · Palazzo di Schifanoia · Palazzo di Ludovico il Moro · Casa Romei · S. Francesco

Goethe läßt im ›Torquato Tasso‹ das höfische Leben der Spätrenaissance in der Stadt der Este erstehen, deren vornehme geradläufige Straßenzüge mit ihren zahlreichen Palästen außerhalb des mittelalterlichen Kernes noch heute von dem Geist dieser Zeit zeugen, der von stiller Reserviertheit ist. Wie ein Schmuckkasten lag der Ort einst in der flachen eintönigen Landschaft, die unmittelbar bis an die Wälle reichte.

Im weiten sumpfigen Umland des früher schon hier beginnenden Po-Deltas, das viel südlicher als heute verlief, war die Gegend vielleicht von Pfahlbauern ligurischer Stämme besiedelt. Im 5. Jahrhundert n. Chr. wurde sie Rückzugsgebiet der vor Attila aus dem Friaul und Veneto fliehenden Bevölkerung. Als im 6. Jahrhundert durch die Exarchen von Ravenna ein Mauerring errichtet wurde, muß also bereits eine geschlossene Siedlung bestanden haben. Gegen Mitte des 8. Jahrhunderts von Langobarden besetzt, wurde sie von Karl d. Gr. der Kirche geschenkt. Papst Johannes XV. gab die Stadt 988 dem Markgrafen Tebaldo von Canossa, einem Neffen Ottos I., zum Lehen. Nach dem Tode der Gräfin Mathilde 1115 machte sie sich selbständig, geriet aber schon 1259 endgültig unter die Herrschaft der Familie Este, einem aus der Stadt Este (nördlich von Rovigo) stammenden Geschlecht deutschen Ursprungs, das schon im 10.–11. Jahrhundert kaiserliche Pfalzgrafen stellte. Welf IV. und Fulco I. waren im 11. Jahrhundert Stammväter der beiden Linien Welf-Este in Deutschland (Welfen) und Fulc-Este in Italien. Unter den Este, die gleichzeitig Herren von Modena und Reggio Emilia waren, erlebte Ferrara im 14. und 15. Jahrhundert eine Blüte, die nur mit der des burgundischen Hofes in dieser Zeit zu vergleichen ist. Petrarca hielt sich hier auf, 1391 wurde die Universität gegründet, Pisanello, der größte ›Hofmaler‹ Italiens in der ersten Hälfte des 15. Jahrhunderts, arbeitete für die Este (vgl. Bergamo). Dieser ›Herbst des Mittelalters‹ führte ohne Bruch zur ebenso glänzenden Epoche der Renaissance, deren berühmtester Vertreter der mit der zu Unrecht so berüchtigten Lucrezia Borgia, Tochter Papst Alexanders VI., verheiratete Herzog Alfonso I. (1505–34) war. Ludovico Ariosto (1474–1533) feierte ihn und das Haus Este im ›Orlando Furioso‹ (›Rasender Roland‹), dem letzten mittelalterlichen Ritterepos im Geiste einer neuen Zeit; der unglückliche, von Herzog Alfonso II. und dem Hof verehrte und trotzdem jahrelang eingekerkerte Torquato Tasso (1544–95), dessen Liebe zu Eleonore d'Este, der Schwester des Herzogs,

Ferrara, Plan aus der ersten Hälfte des 17. Jh.

legendär ist, lieferte mit der ›Gerusalemme Liberata‹ (›Befreites Jerusalem‹) den grandiosen Abgesang. Denn 1597 kam die Stadt wieder an den Kirchenstaat (bis 1859), unter dem ihr Glanz erlosch. Die Este regierten in Modena als der neuen Hauptstadt ihres Herzogtums weiter.

Das einzige aus der Zeit der freien Stadt stammende Monument ist die *Kathedrale* (Abb. 180), die um 1135 von dem Architekten Wiligelmo und dem Bildhauer Nicolò begonnen wurde, aber nur im unteren Teil der Fassade den romanischen Charakter der Erbauungszeit zeigt. Die oberen, durch Bogengalerien und tiefe Fensternischen reich gegliederten gotischen Geschosse sind vom Ende des 13. Jahrhunderts an entstanden. Die abschließenden drei gleichhohen Giebel mit steigenden Zwerggalerien, Erbschaft der lombardischen Romanik, machen aus der Fassade wieder eine mächtige Schauwand, die keine Rücksicht auf das Innere nimmt; die beiden seitlichen Rundfenster öffnen sich ins Freie. Das mit Skulpturen versehene Mittelportal ist ein Werk des Meisters Nicolò, das mit seiner Stufung des Gewändes und den figurenbesetzten Halbsäulen in der Entwicklung des mittelalterlichen Portals eine besondere Rolle spielt. Der gotische Aufbau darüber mit französisch beeinflußten Reliefs wurde Ende des 13. oder Anfang des 14. Jahrhunderts zugefügt (Abb. 181). Am reinsten erhalten ist der Außenbau an der linken Seite der Kirche, während die rechte unten von einem Portikus mit Läden verstellt wird, der ›loggia dei merciai‹, eine charakteristische, auf das 15. Jahrhundert zurückgehende Anlage. Die halbrunde Apsis mit zwei Reihen von terrakottageschmückten Blendarkaden wurde 1498–99 von Biagio Rossetti an Stelle des romanischen Chors errichtet. Der *Campanile*, 1412 begonnen und in mehreren Ansätzen bis 1594 weitergeführt, gehört zu den schönsten der Renaissance und soll in seinen Ordnungen auf einen Entwurf von L. B. Alberti zurückgehen. – Das Innere der ursprünglich fünfschiffigen Emporenkirche hat durch Francesco Mazzarelli zwischen 1712 und 1718 eine durchgreifende Veränderung erfahren, die von dem alten Zustand nichts mehr erkennen läßt. In dem ebenfalls von Mazzarelli hinter der Fassade angelegten Atrium ist links ein ravennatischer Sarkophag des 6. Jahrhunderts aufgestellt. Von der Innenausstattung seien erwähnt: der Altar del Crocifisso von 1678 im rechten Querarm vor dem Chor mit zwei schönen Bronzestatuen des hl. Georg und des hl. Maurelius von dem Florentiner Giovanni Baroncelli und dem Paduaner Domenico Paris aus den Jahren 1453–56 und am dritten Altar des linken Seitenschiffs die ›Madonna mit Heiligen‹ des ferraresischen Renaissancemalers Garofalo von 1524.

Das vom Atrium aus zugängliche *Museo della Cattedrale* enthält einige bedeutende Kunstwerke, deren Besichtigung nicht versäumt werden sollte. Hier sind die von der zerstörten Porta dei Mesi stammenden Marmorplatten mit Monatsdarstellungen untergebracht, die mit zu den schönsten Werken der italienischen Plastik des 12. Jahrhunderts gehören. Von hohem künstlerischen Wert ist auch die 1408 entstandene ›Granatapfelmadonna‹ des sienesischen Bildhauers Jacopo della Quercia (vgl. Bologna), eine kräftig bewegte Marmorplastik mit quellenden Faltenbäuschen, die etwas an die kurz zuvor entstandenen Skulpturen des Claus Sluyter in Dijon erinnern. Ebenfalls von Quercia stammt die Statuette des ›Hl. Maurelius‹. Ferner sind die Orgelflügel mit dem ›Hl. Georg‹ und der ›Verkündigung‹ (1469) von Cosmè Tura zu erwähnen, die besonders deutlich die eigentümliche Verbindung von plastischer und zeichnerischer Formgebung erkennen lassen, die für den ferraresischen Stil der Frührenaissance charakteristisch ist.

Gegenüber der Kathedrale befindet sich der *Palazzo Comunale*, einst Palazzo di Corte, 1243 auf Geheiß von Azzo Novello, dem ersten als Tyrann mit Ferrara verbundenen Mitglied der Este, errichtet, mehrfach umgebaut und mit seinen Fresken von Giotto, Pisanello und Piero della Francesca allmählich völlig verschwunden. Die heutige Fassade ist eine Rekonstruktion von 1924. Dieser Palast hatte also nichts mit der freien Stadt zu tun, sondern war Tyrannenresidenz. Neben dem großen Durchgang zum Hof, dem Volto del Cavallo, steht rechts ein Renaissancebogen mit der Reiterstatue des Nicolò III. d'Este und links eine Säule mit der Sitzstatue des Borso d'Este, der 1471 gegen gute Bezahlung von Kaiser Friedrich III. den Herzogstitel erwarb. Beide Bronzestatuen sind moderne Nachbildungen der 1796 von den Franzosen zerstörten Originale, die 1451–54 von dem Florentiner Nicolò Baroncelli mit Gehilfen hergestellt worden sind, erste Auswirkungen von Donatellos Tätigkeit in Padua. Durch den Volto del Cavallo gelangt man in den malerischen Cortile Ducale mit der großartigen Freitreppe von 1481.

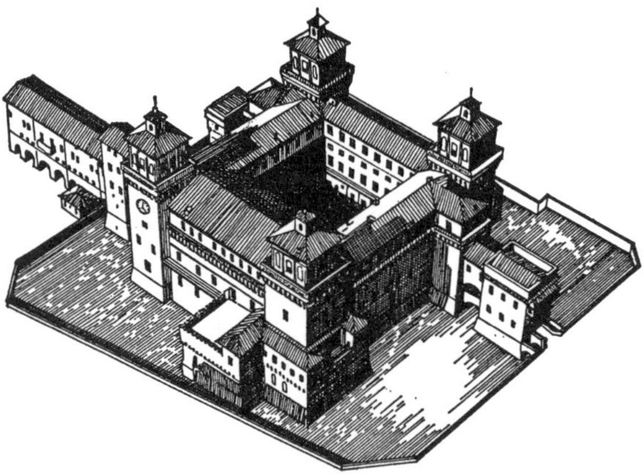

Ferrara, Castello Estense

Während der Palazzo Comunale die mittelalterliche Residenz der Este war, wurde das nahebei gelegene *Castello Estense* (Abb. 182) nach einem Volksaufstand 1385 von Nicolò II. d'Este als Zwingburg begonnen, schnell fertiggestellt und im 16. Jahrhundert an Türmen und Mauern um ein Stockwerk erhöht und verschiedentlich im Innern verändert. Der größte der vier Ecktürme im Norden, die ›Torre dei Leoni‹, war bereits seit dem 13. Jahrhundert vorhanden und hatte dem Schutz der hier gelegenen Porta dei Leoni im Mauerring der freien Stadt gedient. Wie alle mittelalterlichen Zwingburgen lag auch diese also am Rande der Stadt. Der quadratische Hof wurde Ende des 15. Jahrhunderts von Herzog Ercole I. in die heutige Form gebracht. In den Appartamenti Ducali mit schönen Dekorationen des 16. Jahrhunderts befanden sich die reichen estensischen Sammlungen, die bei dem Verlust der Stadt teils nach Modena gebracht, teils zerstreut wurden.

Vom Castello aus führt der Corso Ercole I. d'Este nach Norden durch die von diesem Fürsten vorgenommene Stadterweiterung mit zahlreichen Häusern und Palästen des 16. Jahrhunderts. Ziemlich zu Anfang liegt rechts an der Piazza Torquato Tasso die 1570 errichtete *Chiesa del Gesù*, die eine hervorragende bemalte Terrakottagruppe der ›Grablegung Christi‹ von Guido Mazzoni enthält (1485), einem modenesischen Bildhauer von großer Kraft des Ausdrucks. – Etwas weiter den Corso entlang befindet sich auf derselben Seite der Ende des 15. Jahrhunderts für Giulio d'Este begonnene *Palazzo*

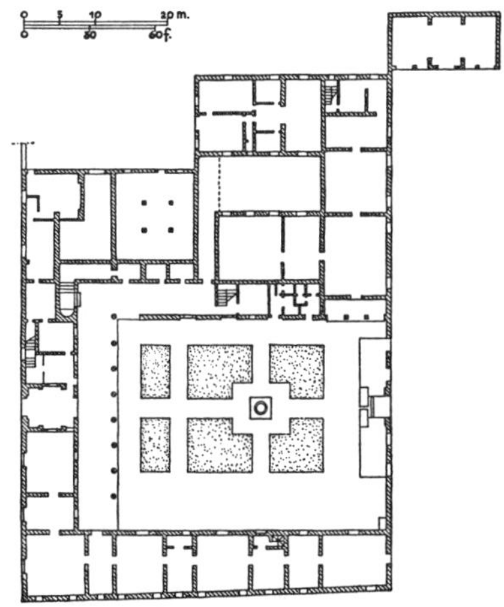

Ferrara, Palazzo dei Diamanti: Grundriß

dell'Istituto Nazionale della Providenza Sociale mit einem bemerkenswerten Kranzgesims in Terrakotta und schräg gegenüber der *Palazzo dei Diamanti* (Abb. 184), der 1492 von Biagio Rossetti für Sigismondo d'Este begonnen und im letzten Drittel des 16. Jahrhunderts vollendet wurde. Seinen Namen erhielt er von den 12 600 pyramidenförmig geschnittenen Marmorblöcken, mit denen Haupt- und Seitenfassade verkleidet sind. Im Palast sind untergebracht: die *Pinacoteca Comunale* mit Werken ferraresischer Maler des 15.–18. Jahrhunderts, darunter wichtige Gemälde von Cosmè Tura und Dosso Dossi; das *Museo Boldini* mit einer Sammlung von Arbeiten des ferraresischen ›Impressionisten‹ und Gesellschaftsmalers Giovanni Boldini (1842–1931); die *Civica Raccolta d'Arte Moderna.* – Gegenüber der Seitenfassade liegt der *Palazzo Prosperi-Sacrati* von 1493–96 mit der bemerkenswerten Porta dei Sacrati von 1506–16. – In der Via Ariosto, etwas weiter nach Nordwesten, befindet sich die vom Dichter selbst erbaute *Casa di Ludovico Ariosto,* in der er seine letzten Lebensjahre verbrachte.

Im entgegengesetzten südöstlichen Stadtteil liegt ziemlich am Ende des Corso della Giovecca die 1559 errichtete einstöckige *Palazzina di Marfisa* mit reicher Renaissance-Einrichtung. – Zwei Querstraßen nach Süden zu gelangt man in der Via Scandiana zum *Palazzo di Schifanoia,* der 1385 von Alberto V. d'Este begonnen und mehrfach, vor allem vom Herzog Borso 1458 und 1469, erweitert wurde. Borso gab den Auftrag für die Freskierung der Sala dei Mesi mit den zwölf Monatsdarstellungen, die zugleich Szenen aus dem Leben des Herzogs enthalten. Die Leitung der Arbeiten hatte wahrscheinlich Cosmè Tura, die Ausführung erfolgte durch Schüler und Gehilfen, unter denen Francesco del Cossa und Ercole Roberti hervorragen. Der Zyklus gehört inhaltlich und künstlerisch zu einer der bedeutendsten Leistungen nicht nur der ferraresischen, sondern der italienischen Malerei des 15. Jahrhunderts überhaupt. Das komplizierte astrologische System, letztlich eine Erbschaft des Mittelalters (vgl. den Salone in Padua), wird mit der neuen humanistischen Verehrung der Antike und zugleich mit einer frischen eindringlichen Realistik zeitgenössischen Lebens verbunden. Der größere Teil der Fresken ist untergegangen oder weitgehend zerstört. Unter den erhaltenen sei besonders hingewiesen auf den Monat März mit dem ›Triumph der Minerva‹, April mit dem ›Triumph der Venus‹ (Abb. 183), Mai mit dem ›Triumph des Apollo‹ und September mit dem ›Triumph der Luxuria‹. Die Fresken sind neuerdings auf Leinwand übertragen.

Am südöstlichen Ende der Stadt, in der Via XX. Settembre, befindet sich der *Palazzo di Ludovico il Moro,* der für den Mailänder Herzog Ende des 15. Jahrhunderts errichtet wurde. Die Arbeiten wurden nach der Vertreibung der Sforza aus Mailand 1503 abgebrochen, so daß nur zwei Flügel des prächtigen Ehrenhofes vollendet sind. Der Palast ist ein Hauptwerk von Biagio Rossetti. Im piano nobile ist das *Museo Archeologico Nazionale* eingerichtet worden, das die seit 1922 gemachten griechisch-etruskischen Funde von Spina enthält, eine reiche Sammlung rotfiguriger griechischer Keramik mit einigen vorzüglichen Stücken (Abb. 185, 186).

Auf dem Rückweg ins Stadtzentrum trifft man in der Via Savonarola auf die um 1442 begonnene *Casa Romei,* eines der besterhaltenen Beispiele ferraresischer Adelshäuser des 15. Jahrhunderts. Der Name der Straße erinnert daran, daß der fanatische Reformer und Bußprediger, 1498 in Florenz gehenkt und verbrannt, 1452 in Ferrara geboren wurde. – Wenige Schritte entfernt liegt die weiträumige dreischiffige Basilika *S. Francesco* (1494–1530) von Biagio Rossetti, mit reicher Innenausstattung des 16. Jahrhunderts, die einen Bau von 1341 ersetzte, in dem 1438 die Eröffnungssitzung des Konzils von Ferrara stattfand, zu der Kaiser Sigismund, der byzantinische Kaiser Johannes Palaeologus und der Patriarch von Konstantinopel erschienen. Dieses der Wiedervereinigung der römischen und griechischen Kirche dienende Konzil kurz vor dem endgültigen Fall von Byzanz wurde wegen Geldmangels der Gastgeber dann nach Florenz verlegt, wo es 1445 schließlich ergebnislos endete, aber mit den Fresken von Benozzo Gozzoli im Palazzo Medici eine glänzende Erinnerung hinterließ.

Ferrara, S. Francesco: Fassade der dreischiffigen Basilika

Sabbioneta – Gonzagas Klein-Athen oder Die ›ideale‹ Stadtanlage

Die wichtigsten Sehenswürdigkeiten:
Chiesa dell'Incoronata · Teatro Olimpico

Nach dem Besuch von Mantua lohnt sich derjenige des etwa 33 km in südwestlicher Richtung gelegenen Sabbioneta, einer kleinen Residenzstadt des 16. Jahrhunderts, die den Charakter ihrer Gründungszeit im Zustand einsamer Verlassenheit bewahrt hat, so daß man sich hier der Gegenwart völlig entrückt glaubt (Abb. 116). – Das Gebiet ging 1446 in den Besitz einer Nebenlinie der Gonzaga über. Vespasiano (1531–91), der 1577 von Kaiser Rudolf II. zum Herzog gemacht wurde, ließ die Stadt nach seinem Plan erbauen und befestigen und machte sie zum Sitz eines glänzenden Hofes, der den Beinamen ›Piccola Atene‹ erhielt. Er gründete eine Akademie, ein Museum, eine

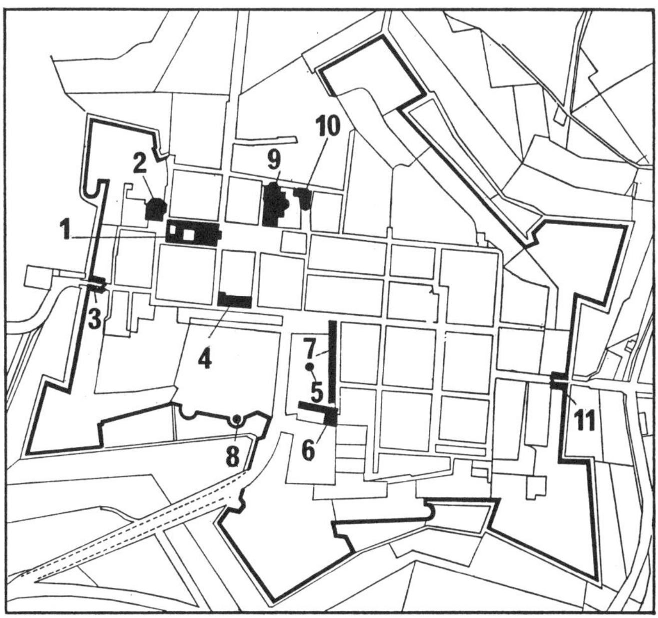

Sabbioneta, Übersichtsplan

1 Palazzo Ducale
2 Chiesa dell'Incoronata
3 Porta della Vittoria
4 Teatro Olimpico
5 Säule des Palladio
6 Palazzo del Giardino
7 Galleria delle Antichità
8 Ruinen des Kastells der Gonzaga
9 S. Maria Assunta
10 S. Rocco
11 Porta Imperiale

Bibliothek, eine Druckerei und eine Münze, die sehr geschätzte Stücke prägte. Auf kleinstem Raum entstanden der *Palazzo del Giardino* mit provinziellen, aber inhaltlich interessanten Dekorationen und einer immens langen *Galleria delle Antichità*, deren Sammlung 1771 in den Palazzo Ducale von Mantua überführt wurde; das *Teatro Olimpico* (1589) von Vincenzo Scamozzi (Abb. 117); der *Palazzo Ducale* mit schönen geschnitzten Holzdecken und die *Chiesa dell'Incoronata* (1586), ein achteckiger Zentralbau, der das Mausoleum des Herzogs von Giovanni Battista della Porta mit seiner Bronzestatue enthält, eine hervorragende Arbeit von Leone Leoni (1588) und das einzige bedeutende Kunstwerk des Ortes (Abb. 118). Um vom Stadtpalast zum Gartenpalast zu gelangen, bedarf es nur weniger Minuten!

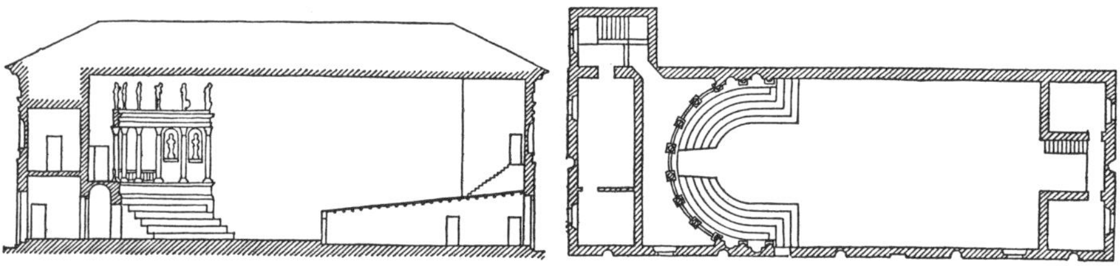

Sabbioneta, Teatro Olimpico von Vicenzo Scamozzi: Querschnitt und Grundriß

Nach dem Tode von Vespasiano verfiel die Stadt schnell und wurde 1748 Österreich angeschlossen. Sie enthält heute, ein seltener Fall, weniger Einwohner als im 16. Jahrhundert, die aber schon damals nicht ihre Mauern füllten.

Mantua

... sie bauten ihre Stadt auf Mantos Grab
und tauften ohne weitern Zauber sie
nach ihr, die diesen Platz zuerst gewählt.
(Aus der Divina Commedia; der Mantuaner Virgil zeigt Dante die mythische Gründerin der Stadt, Manto)

Die wichtigsten Sehenswürdigkeiten:
Palazzo Ducale · S. Andrea · Castello di S. Giorgio · Palazzo del Te

Die freie Stadt des hohen Mittelalters und die Herrschaft der Gonzaga haben das Bild von Mantua geprägt, das im wesentlichen wohl erhalten ist und von einigen charakteristischen Plätzen bestimmt wird, die noch heute lebenerfüllte Mittelpunkte städtischen Treibens sind. Ihre einzigartige Insellage schützte sie vor eingreifenden Veränderungen (Abb. 119).

Nach antiker Überlieferung wurde die Stadt auf einigen Inseln inmitten eines weiten, vom Mincio gebildeten Sumpfgebietes von dem mythischen Heros Ocno gegründet, dessen Legende mit der der Seherin Manto verschmolz. Vielleicht etruskischen Ursprungs, bemächtigten sich ihrer die Gallier, dann die Römer, ohne zu größerer Bedeutung zu gelangen, außer daß Virgil ihr entstammte. Beim Zusammenbruch des römischen Reiches geriet sie 401 unter die Herrschaft der Westgoten. 554 folgten die Byzantiner, um 570 die Langobarden, 774 die Franken. Gegen 1000 gehörte sie zur Feudalherrschaft der Attoni, Canossa genannt, deren letzte und historisch bekannteste Vertreterin die Gräfin Mathilde war (1046–1115). Als freie Stadt des 12. und 13. Jahrhunderts, die an den lombardischen Städtebünden gegen die Hohenstaufen teilnahm, regulierte sie das Sumpfgebiet zu einem großen See, der sie ganz umgab. Die Trockenlegung des südlichen Teils, wodurch Mantua diese Insellage verlor, erfolgte im 19. Jahrhundert. Die internen Geschlechterkämpfe führten 1273 dazu, daß der Capitano del Popolo, Pinamonte Bonacolsi, sich der Herrschaft bemächtigte, die die Familie 1328 an Luigi Gonzaga, ebenfalls Capitano del Popolo, abtreten mußte. Die direkte Linie der Gonzaga erlosch 1627, die jüngere wurde 1707 abgesetzt. Die Gonzaga sind neben den Este das einzige der spätmittelalterlichen Tyrannengeschlechter oder Signorien, dem die Gründung eines durch Jahrhunderte währenden Staates gelang. 1433 von Kaiser Sigismund zu Markgrafen und 1530 von Karl V. zu Herzögen ernannt, zählten sie zu den hervorragendsten Förderern der humanistischen Kultur und der Renaissancekunst. Isabella d'Este (1490–1539), Gemahlin von Francesco II., machte den Mantuaner Hof zu einem der vorbildlichsten von Europa. Zusammen mit dem von Urbino gab er für den Mantuaner Baldassarre Castiglione (1478–1529) das Vorbild für den ›Cortegiano‹

ab, die Schilderung einer idealen Gesellschaft der Renaissance. Dieses Buch vom vollendeten Hofmann gehörte neben der Bibel zur ständigen Lektüre Kaiser Karls V. Isabella war es auch, die wohl die größte und schönste Kunstsammlung dieser Zeit, noch vor den Medici in Florenz, zusammenbrachte, die dann ein Jahrhundert später, 1627, von dem letzten Herzog der direkten Linie aus Geldnot an Karl I. von England verkauft wurde. Noch aber blieben, ehe es so weit kam, die kulturellen Traditionen des Hofes bewahrt. 1600–1608 war der junge Rubens Hofmaler der Gonzaga, 1607 und 1608 fanden hier die Uraufführungen des ›Orfeo‹ und der ›Arianna‹ von Claudio Monteverdi statt. 1707 schließlich wurde der letzte Herzog aus der französischen Nebenlinie Nevers abgesetzt und das verarmte Herzogtum im Namen alter Reichsansprüche von Österreich eingezogen, bei dem es mit den Unterbrechungen der napoleonischen Zeit in gleichbleibender Armut und Verwahrlosung bis 1866 verblieb.

An der malerischen *Piazza delle Erbe* im Zentrum der mittelalterlichen Stadt, noch heute als täglicher Markt dienend, befinden sich die ältesten Monumente (Abb. 120). Gegen Ende des 11. Jahrhunderts ließ die Gräfin Mathilde von Canossa die *Rotonda di S. Lorenzo* erbauen, deren Inneres von einem Umgang mit Empore umgeben ist, eine schwere, aber eindrucksvolle Anlage von seltener Anordnung, kein Baptisterium darstellend, sondern in reduzierter und vergröberter Form auf frühchristliche Vorbilder von Zentralbauten zurückgehend, archaischer Beginn der romanischen Baukunst in Italien (vgl. die Rotonda in Brescia, Abb. 70). – Daneben wurde 1473 die mächtige *Torre dell'Orologio* errichtet. – Links vom Turm liegt der *Palazzo della Ragione* von 1250 mit seinem einzigen großen Saal im Obergeschoß. Der Portikus stammt aus dem 16. Jahrhundert. – Die Schmalseite des Platzes wird von der rückwärtigen Front des *Broletto* von 1227 geschlossen, des eigentlichen Regierungsgebäudes der freien Stadt. Die im 15. Jahrhundert verkleidete Fassade wendet sich zur benachbarten Piazza Broletto; an ihr befindet sich die Plastik ›Virgilio in Cattedra‹ aus dem 13. Jahrhundert, die den antiken Sohn der Stadt in der Gestalt mittelalterlicher Professoren darstellt, ein Beweis für das in der Zeit der freien Kommunen erwachende Bewußtsein einer glorreichen Vergangenheit, das allerdings zu keinerlei Nationalgefühl führte, wie es in gewissem Sinne später in der Renaissance entstand, ohne indessen auch dann imstande zu sein, zur Bildung einer Nation zu führen. – Wenige Schritte entfernt, an der Via Cavour, erhebt sich die *Torre della Gabbia,* nach dem Eisenkäfig in halber Höhe benannt, in dem unter den Gonzaga Übeltäter eingesperrt wurden. Ähnliche hohe Türme, meist des 13. Jahrhunderts, muß man sich in größerer Zahl überall in der Altstadt verstreut denken; sie dienten bei den ununterbrochenen Parteikämpfen den verfeindeten Geschlechtern zur Verteidigung.

Zur Piazza delle Erbe zurückgekehrt, wird man auf der benachbarten Piazza Andrea Mantegna mit der Kirche *S. Andrea* unmittelbar vom Mittelalter in die Hochrenaissance versetzt. Der Bau ist einer der Marksteine der neuen Architektur (Abb. 122, 123). Ludovico II. berief dafür den Florentiner Leon Battista Alberti, der 1470 den Entwurf lieferte. 1472 von Luca Fancelli begonnen, wurden bis 1494 die Fassade und der

Mantua,
S. Andrea:
Grundriß und
Langhaussystem

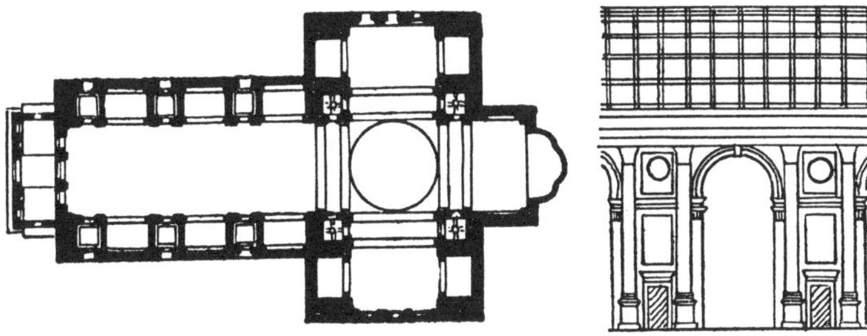

vordere Teil der Kirche errichtet. Der Weiterbau erfolgte 1597–1600 und 1697–1710; die Kuppel entstand nach Entwurf von Filippo Juvara zwischen 1732 und 1782. Der Campanile von 1413 gehörte zur vorhergehenden Kirche. Für die Fassade wurde der dreiteilige antike Triumphbogen zum Vorbild genommen, dessen System auch auf die Innengliederung übertragen wurde, so daß ein auf der gleichen Vorstellung und Proportionierung beruhender einheitlicher Baukörper entstand. Das einzige tonnengewölbte Schiff von 19 m Breite und 28 m Höhe (die Gesamtlänge beträgt 103 m) ist von je drei großen quadratischen Kapellen begleitet, während kleinere dazwischen geschlossen sind und nicht auf den Raum einwirken. Damit ist im Grunde die Form der antiken Maxentius-Basilika auf dem römischen Forum übernommen worden. Die Ostteile dagegen verwirklichen mit Querarmen und Chor von gleicher Länge die Idee eines Zentralbaus auf griechischem Kreuz, so daß eine Verbindung von Saal und Zentralbau erfolgt, die vorbildlich für die Kirche Il Gesù in Rom von 1568–75 wurde und damit für unzählige europäische Kirchenbauten bis zur Mitte des 18. Jahrhunderts. Um die majestätische, an der Antike geschulte Größe des Raumes auf sich wirken zu lassen, muß man von der späteren kleinteiligen Dekoration absehen. Eine großartige Außenansicht der Kirche bietet sich von der Piazza Alberti außerhalb des linken Querschiffarmes.

Der Weg zum Palazzo Ducale führt durch den bisher betrachteten Kern der Altstadt zurück zur Torre della Gabbia und durch den Voltone di S. Pietro, eines der mittelalterlichen Stadttore, zur Piazza Sordello, an deren linker Seite Häuser und Paläste des 13.–14. Jahrhunderts stehen. Die gegenüberliegende Seite wird vom *Palazzo Ducale* eingenommen. Ausgangspunkt der durch Jahrhunderte gewachsenen Anlage mit über 500 Zimmern und Sälen, 15 Gärten, Höfen und Innenplätzen waren die beiden am Platz liegenden Paläste der Bonacolsi vom Ende des 13. Jahrhunderts, die sich die Gonzaga bei ihrer Machtergreifung 1328 aneigneten. Eine Beschreibung der unübersichtlichen Folge von Hunderten von Räumen, die ohnehin nur mit Führer besichtigt werden können, ist hier unmöglich. Es sei nur auf zwei wichtige Bilder der Sammlungen hingewiesen, auf das Gemäldefragment ›Vincenzo Gonzaga und seine Familie in Anbetung der Dreifaltigkeit‹ von Rubens, dem Hofmaler der Gonzaga, und auf die ›Speisung der Fünftausend‹ um 1620 von Domenico Feti, von 1613–21 ebenfalls Hofmaler in Mantua, ferner auf die Teppiche mit Raffaels Darstellungen aus dem Leben der Apostel, die wahrscheinlich als zweite Serie nach der für den Vatikan bestimmten in Brüssel gewebt und noch von Isabella d'Este bestellt worden waren. Im *Castello di S. Giorgio* (Abb. 124) vom Ende des 14. Jahrhunderts, der Zwingburg der Gonzaga und vom Palast ursprünglich getrennt, befindet sich die *Camera degli Sposi* mit den 1465–74 ausgeführten Fresken von Andrea Mantegna, die in verschiedenen Szenen die Familie des Markgrafen Ludovico und seiner Gemahlin Barbara von Brandenburg darstellen (Farbt. XIII; Abb. 126). Der Raum ist als ein offener Pavillon gedacht, der sich am Gewölbe in einem Tondo mit herabschauenden Figuren zum Himmel öffnet, eine Art von Illusionsmalerei, die später von Correggio, der noch bei Mantegna gelernt haben soll, aufgegriffen und zum Ausgangspunkt einer bis zum 18. Jahrhundert währenden Tradition gemacht wurde. Die Darstellungen wirken durch die menschliche Schlichtheit und Aufrichtigkeit der Auffassung, die aber durch einen an der Antike geschulten Realismus von großer Strenge dem Anekdotischen entzogen wird. Von höfischer Glorifizierung späterer Zeiten ist noch nichts zu spüren. Die Fresken bedeuten nicht nur ein Meisterwerk Mantegnas, sondern sind auch ein Hauptwerk der italienischen Malerei insgesamt im Übergang von der Früh- zur Hochrenaissance. – Kürzlich wurden im alten Kern der Bonacolsi-Paläste bedeutende Reste von Fresken mit Darstellungen aus der Geschichte der Gonzaga entdeckt, die Pisanello, der größte ›Hofmaler‹ des 15. Jahrhunderts, wahrscheinlich 1446–47 gemalt hat.

Schließlich befindet sich an der Piazza Sordello der *Dom* (Abb. 121), der an der Stelle einer älteren Kirche, von der Reste im Neubau erhalten blieben, 1545 nach Entwurf von Giulio Romano begonnen wurde. Die Fassade wurde erst 1756 errichtet. Der schwere Campanile stammt aus dem 12.–13. Jahrhundert. Das Innere stellt den interessanten und einzigartigen Versuch dar, den Typus der frühchristlichen fünfschiffigen ungewölbten Basilika mit den Formmitteln der Renaissance zu erneuern. Zwischen der 1. und 2. Kapelle rechts ist ein frühchristlicher Sarkophag mit Reliefs aus dem 5. Jahrhundert zu beachten, in der aus dem Unterteil des Campanile gewonnenen gotischen Kapelle rechts der Freskenschmuck des 14. Jahrhunderts. Die Apsiswölbung enthält ein Fresko von Domenico Feti mit der ›Dreifaltigkeit‹. Die Cappella dell'Incoronata links von 1480 wird Alberti zugeschrieben.

Auf dem Wege zum Palazzo del Te am südlichen Ende der Stadt befindet sich in der Via Poma das 1544 vom Künstler selbst errichtete *Haus des Giulio Romano,* eher ein kleiner Palast, bezeichnender Ausdruck der neuen sozialen Stellung und des Selbstbewußtseins des Renaissancekünstlers. – Schräg gegenüber erhebt sich der schwere dreigeschossige *Palazzo di Giustizia,* Giulio Romano und seinem Nachfolger G. B. Bertani zugeschrieben, mit mächtigen Karyatiden an der Fassade und einer bemerkenswerten Treppenanlage. – Der Via Acerbi folgend, gelangt man zur völlig restaurierten *Casa di Andrea Mantegna* von 1476, deren Kubus im Innern ein kreisrundes Höfchen enthält. – Schräg gegenüber erhebt sich über einer hohen Krypta der zweite bedeutende Bau von L. B. Alberti, *S. Sebastiano,* 1459 entworfen und von 1460 bis zum Anfang des 16. Jahrhunderts errichtet. Die Kirche stellt den ersten Zentralbau der Renaissance in Form des griechischen Kreuzes dar. Die Raumwirkung ist von großer Harmonie, auf

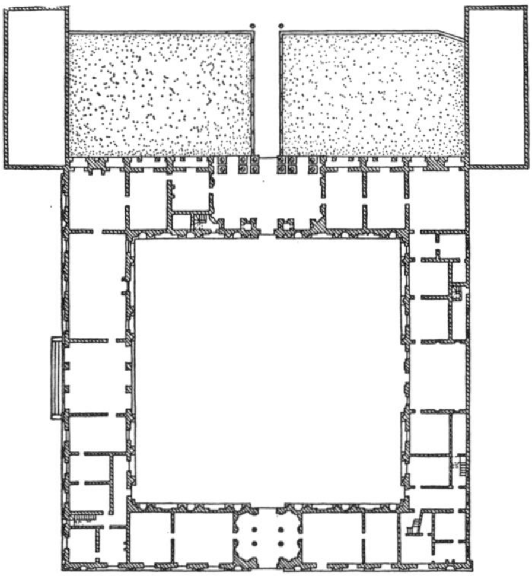

Mantua, Palazzo del Te von Giulio Romano: Grundriß und Detail der Fassade

schönen Maßen und edler Linienführung beruhend und nicht wie in S. Andrea von späterer Dekoration gestört.

Der *Palazzo del Te* schließlich, nach dem alten Namen einer ländlichen Siedlung an dieser Stelle so benannt, ist das architektonische Hauptwerk von Giulio Romano, das er 1525–35 als Gartenvilla für Federico II. Gonzaga erbaute und dekorierte. Die große quadratische einstöckige Anlage mit drei tonnengewölbten Eingängen umschließt einen weiten Hof, der sich zum Garten hin mit einem prächtigen Atrium öffnet, in dem 1530 Kaiser Karl V. empfangen wurde. Von den mit Fresken und Stukkaturen Giulio Romanos und seiner Gehilfen Primaticcio, Polidoro da Caravaggio, Giovanni da Udine u. a. geschmückten Sälen sei nur auf die folgenden hingewiesen: die Sala dei Cavalli mit lebensgroßen Darstellungen von Pferden, deren Zucht weitberühmt war; die Sala di Psiche mit der Geschichte des Mythos von Amor und Psyche; die Sala degli Stucchi mit schönen Stuckfriesen von Primaticcio, die den Einzug Kaiser Sigismunds in Mantua 1433 darstellen; die Sala dei Giganti mit dem alle Wände und das Gewölbe vom Fußboden an einheitlich bedeckenden Gigantensturz, der im 16. Jahrhundert die größte Bewunderung erregte, wie überhaupt der Palazzo del Te und seine Dekoration besonders für Deutschland und Frankreich von eminenter Bedeutung waren.

Ist genügend Zeit vorhanden, lohnt sich der Besuch der 1304 vollendeten Franziskanerkirche *S. Francesco*, im nordwestlichen Teil der Stadt nach dem Lago Superiore zu gelegen, deren dreischiffiges weiträumiges Innere viele Freskenreste des 14. und 15. Jahrhunderts enthält. 1944 von Bomben stark zerstört, wurde die Kirche im ursprünglichen Zustand wiederhergestellt, ein typisches Beispiel der vorzüglichen italienischen Restaurationen nach dem Kriege.

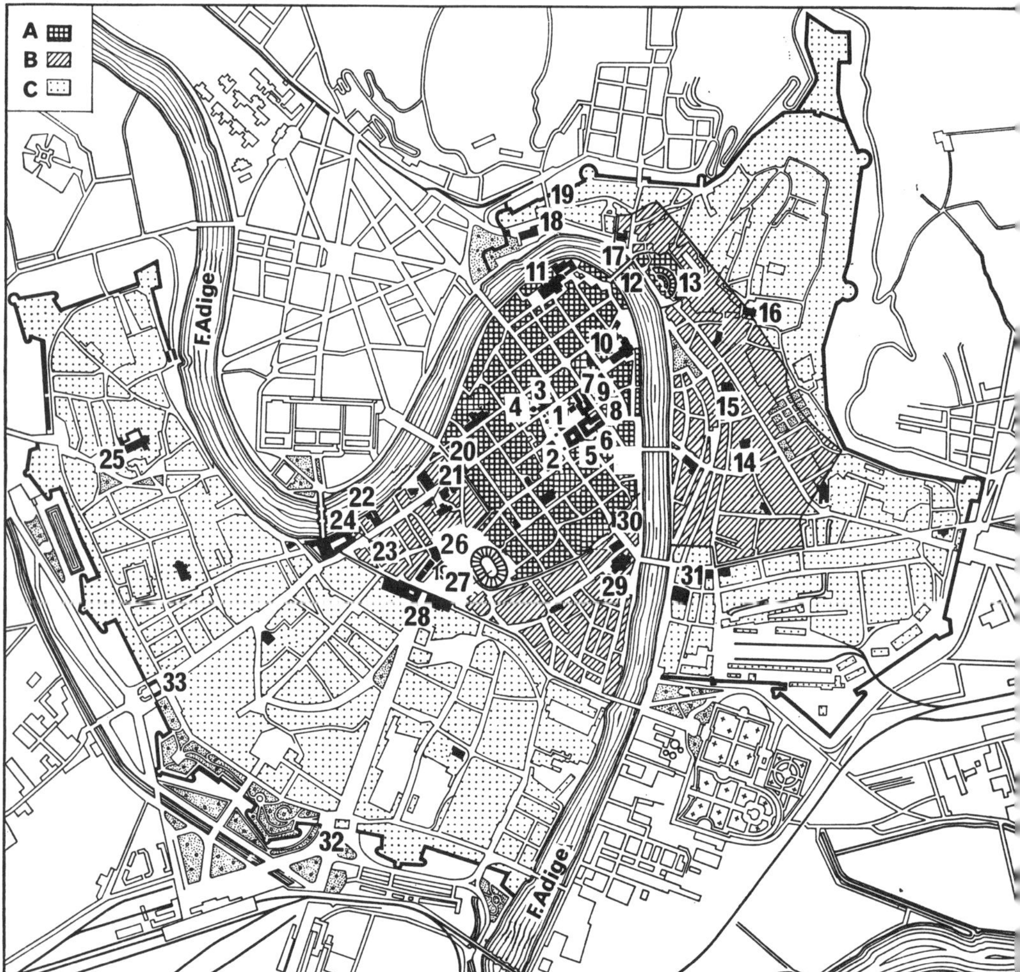

Verona, Übersichtsplan
A = Ausdehnung der römischen Stadt, B = Bezirk der mittelalterlichen Stadt bis zum Beginn des 13. J
C = Stadtbereich innerhalb der Mauern von Cangrande I. (1323–25).
1 Piazza delle Erbe 2 Casa dei Mercanti 3 Palazzo Maffei 4 Torre del Gardello 5 Palazzo del Comu (della Ragione) 6 Piazza dei Signori 7 Loggia del Consiglio 8 Palazzo del Governo 9 S. Maria Anti und Scaliger-Gräber 10 S. Anastasia 11 Dom 12 Ponte della Pietra 13 Römisches Theater 14 Seminario 15 S. Maria in Organo 16 S. Giovanni in Valle 17 S. Stefano 18 S. Giorgio in Brai 19 Porta S. Giorgio 20 Porta dei Borsari 21 Palazzo Bevilacqua 22 Palazzo Canossa 23 Arco dei Ga 24 Castelvecchio und Ponte Scaligero 25 S. Zeno Maggiore 26 Piazza Bra 27 Arena 28 Portoni del Bra 29 S. Fermo Maggiore 30 Porta dei Leoni 31 Palazzo Pompei 32 Porta Nuova 33 Porta Palio

Verona

Verona, wer dich sieht und nicht sogleich in heftiger Liebe zu dir entflammt, ist nicht fähig zu lieben, oder er haßt alles Schöne. (Giovanni Cotta, 16. Jh.)

Die wichtigsten Sehenswürdigkeiten:
Scaliger-Gräber · Dom · Castelvecchio · S. Zeno Maggiore · Arena

Allen vom Norden kommenden Reisenden ist das an der Etsch gelegene Verona vertraut. Hier trifft man auf die erste typische norditalienische Stadt mit Denkmälern aus Antike, Mittelalter und Renaissance, die noch heute ihren Charakter bestimmen, so daß sich lebendige Gegenwart im Rahmen glanzvoller Vergangenheit vollzieht, ein bezeichnendes Phänomen, dem man in Italien immer wieder begegnet. Erinnerungen an die Sagengestalt Dietrichs von Bern (Theoderich von Verona = Bern) und an Romeo und Julia verleihen der Stadt eine romantische Atmosphäre; die berühmten nächtlichen Opernaufführungen in der Arena (Abb. 127) erhöhen diesen Reiz.

Die Lage am Fluß zwischen Alpenvorland und weiter fruchtbarer Ebene begünstigte eine frühe Besiedlung durch Euganeer und Räter, ließ Etrusker und Gallier hier seßhaft werden, bis der Ort 89 v. Chr. römische Kolonie wurde und 49 v. Chr. Bürgerrecht er-

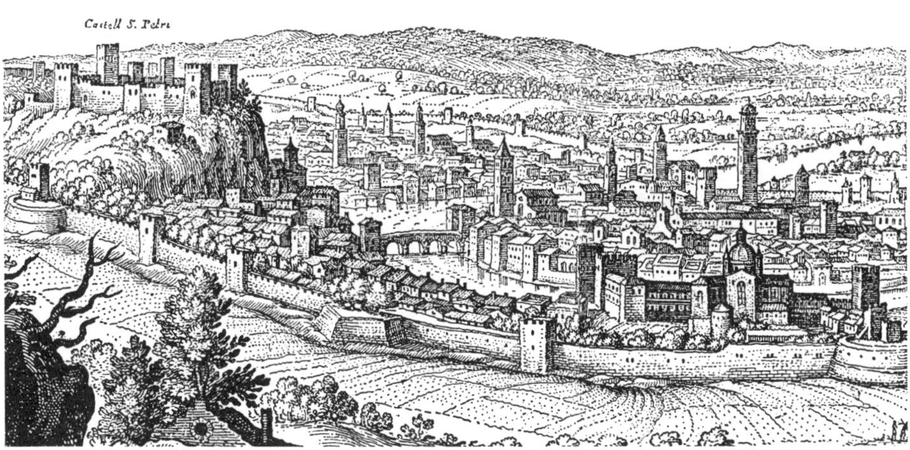

Verona, Kupferstich (Ausschnitt) von Matthaeus Merian, ›Raißbeschreibung durch Italien‹, 1640

hielt. Die verkehrsbedingte Bedeutung machte ihn zu einem wichtigen Zentrum, wofür die erhaltenen antiken Denkmäler Zeugnis ablegen. Diese Stellung verlor er auch nicht unter der Herrschaft der Ostgoten. Theoderich wählte ihn neben Ravenna zu seinem zweiten Hauptsitz, erbaute einen Palast und errichtete Mauern. Unter den Langobarden war er bevorzugte Residenz des Königs Alboin, unter den Karolingern von Pippin und Berengar I., der 924 hier ermordet wurde. Im 11. Jahrhundert wurde Verona mit der bayrischen Mark vereinigt. 1107 bezeugen Dokumente seine Selbständigkeit als freie Stadt, die mit Padua, Vicenza und Treviso die Lega Veronese, Vorläuferin der Lega Lombarda, gegen Barbarossa gründete. Nach der Tyrannenherrschaft des Ezzelino da Romano von 1227–59 wurde 1260 Mastino I. della Scala zum podestà und capitano del popolo gewählt. Mit ihm setzte die Signorie der Scaliger ein, die bis 1387 währte und in ihrer Verbindung von Grausamkeit und Mäzenatentum eine der typischsten Erscheinungen dieser Art im 13.–14. Jahrhundert war (vgl. Rimini). Dante fand nach seiner Verbannung aus Florenz bei den Scaligern die erste Zuflucht. 1387 bemächtigten

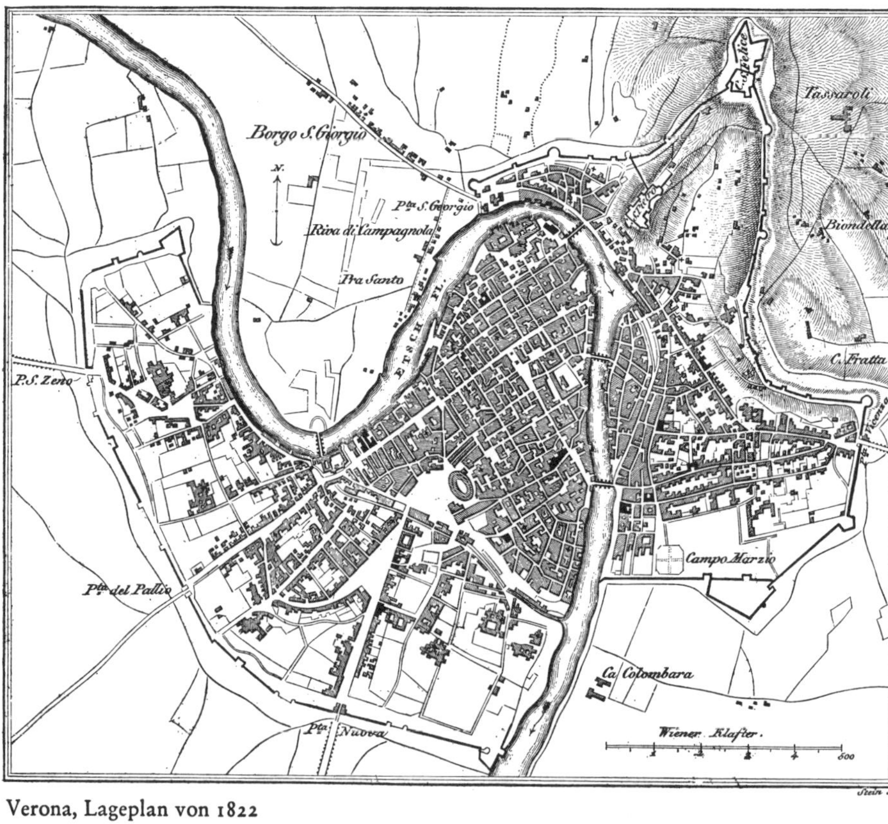

Verona, Lageplan von 1822

sich die Mailänder Visconti der Stadt, die sich dann 1405 freiwillig Venedig unterwarf, unter dessen Herrschaft sie bis 1796 verblieb. Von 1814–66 gehörte sie zu Österreich.

Ausgangspunkt der Besichtigung kann das mittelalterliche Zentrum, die *Piazza delle Erbe* [1], sein, die die Stelle des antiken Forums einnimmt und auch heute noch mit ihrem täglichen Markt ein überaus malerischer Mittelpunkt der Stadt ist (Abb. 129). Auf ihr erhebt sich der 1386 errichtete *Brunnen der Madonna Verona* mit einer antiken Marmorstatue, die als Personifikation der Stadt galt (Farbt. XII; Abb. 130). Von den umgrenzenden Gebäuden seien die *Casa dei Mercanti* von 1301–04 mit ihren offenen Arkaden [2] und der hochbarocke *Palazzo Maffei* von 1668 [3] an der nördlichen Schmalseite erwähnt, neben dem sich links die *Torre del Gardello* aus dem 14. Jahrhundert [4] erhebt, auf der 1370 ein Uhrwerk mit Glocke eingerichtet wurde. – An der Ostseite des Platzes befindet sich der mächtige Block des *Palazzo del Comune* [5], der von der Piazza dei Signori aus zugänglich ist, 1193 begonnen, vielfach verändert, aber in seinem Hof mit schöner Freitreppe von 1447 noch manches vom alten Zustand bewahrend. Die den Palast überragende *Torre dei Lamberti,* 1172 begonnen und 1448–63 mit Obergeschoß versehen (vgl. Abb. 132), gehörte ursprünglich zu einem Geschlechtersitz, der dem Bau des Kommunalpalastes weichen mußte, der in seiner fast quadratischen Anlage mit Innenhof von der üblichen Form der Regierungsgebäude mittelalterlicher freier Städte abweicht.

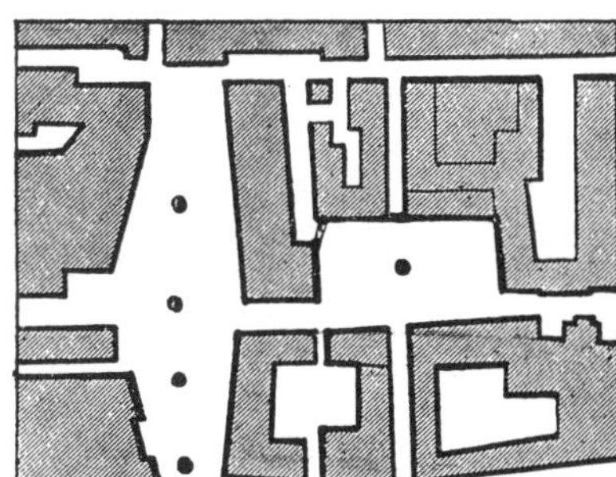

Verona, Anlage der Piazza delle Erbe und der Piazza dei Signori

An der Nordseite der *Piazza dei Signori* [6] erhebt sich die *Loggia del Consiglio* von 1476–93 [7], ein Meisterwerk lombardisch-venezianischer Frührenaissance mit offenem Portikus im Unter- und großem Saal im Obergeschoß, davor das Dante-Denkmal von 1865 (Abb. 136, 137). Es ist interessant, daß hiermit lange nach dem Ende der freien Stadt der normale mittelalterliche Typus des Kommunalpalastes von der venezianischen Regierung in moderner Form wiederaufgenommen worden ist. – Die östliche Schmalseite des Platzes wird vom *Palazzo del Governo* [8] geschlossen, der Reggia degli Scaligeri, die bald nach 1300 von Cangrande I., dem bedeutendsten und edelsten Vertreter des Geschlechts, als Stadtresidenz ausgebaut wurde (Abb. 133). In ihr weilten als Gäste

Dante und Giotto, von dessen Malereien im Festsaal jedoch nichts erhalten ist. Während der venezianischen Herrschaft war der Palast Sitz des podestà und erfuhr wiederholte Veränderungen, die vom ursprünglichen Zustand wenig bewahrt haben. Das prachtvolle Hauptportal an der Südseite ist 1533 von Michele Sanmicheli angelegt worden.

Gegenüber diesem Portal liegt die kleine dreischiffige Kirche *S. Maria Antica* [9] aus der zweiten Hälfte des 12. Jahrhunderts, die die Pfarrkirche der Scaliger wurde (Abb. 131). Über dem Eingang ist das *Grabmal des Cangrande I.* von etwa 1330 angebracht worden, dessen reliefgeschmückter Sarkophag unter einem Baldachin steht, der von einer Pyramide überhöht wird, auf deren abgestumpfter Spitze sich das ungemein eindrucksvolle, an die Gestalten von Rittersagen erinnernde Reiterstandbild des Herrschers erhebt (das Original im Museum). Auf diese Weise verbinden sich Grabmal und profanes Denkmal, was ein Jahrhundert später in neuer, von der Antike inspirierter Form mit Donatellos Gattamelata in Padua (Abb. 167) Fortsetzung fand. Die Bildhauer gehörten wahrscheinlich einer Gruppe campionesischer Meister an, die auch in Bergamo und anderen lombardischen Städten tätig war. – Diese Campionesen, aus Campione am Luganer See stammend, sind wie die Comasken aus der Gegend von Como eine jener Familien oder Gruppen von Bildhauern und Architekten, die seit dem 12. Jahrhundert tätig waren und bis zum 15. Jahrhundert zu verfolgen sind – zunächst anonym, dann auch namentlich bekannt – und einen derartigen Ruf genossen, daß sie nicht nur in Italien, sondern auch im Ausland gesucht wurden. Ihre Bedeutung zu umreißen, ist schwierig; sie liegt weniger in genialer Erfindungsgabe als in einer durch Generationen erworbenen Fähigkeit vorzüglichen Handwerks der Steinmetzarbeit. Es ist bezeichnend, daß aus derselben Gegend später berühmte Architekten der Renaissance und des Barock kamen, wie Domenico Fontana, Carlo Maderno, Francesco Borromini und zahlreiche andere, vor allem auch in Süddeutschland tätige Baumeister und Bildhauer. Das Phänomen eines der berühmtesten Skulpturenfälschers unserer Zeit, des Alceo Dossena, ist vielleicht nur mit seiner Herkunft aus derselben Gegend mit ihrer jahrhundertealten Steinmetz-Tradition zu erklären. – In dem 1345–50 errichteten *Grabmal des Mastino II.* links vom Eingang zu dem kleinen Friedhof ist der Schritt vollzogen, die Form des Baldachin-Triumph-Grabes von der Architektur zu lösen und zu einem freistehenden Monument zu machen. Der Skulpturenschmuck ist reicher geworden, die dekorative Gestaltung ausgesprochen gotischer. Als Urheber nimmt man lokale Künstler unter venezianischem Einfluß an. Mit Mastino II. erlebte die Macht der Scaliger ihre größte Ausdehnung, Brescia, Parma und Lucca in ihr Herrschaftsgebiet einbeziehend und damit die beiden mächtigsten Staatsgebilde Norditaliens, Mailand und Venedig, bedrohend, ja sogar über den Apennin in die Toskana greifend. Den Höhepunkt prunkvollster Ausstattung erreicht das 1375–76 entstandene sechseckige *Grabmal des Cansignorio* von Bonino da Campione, dem wahrscheinlich auch das die gleiche Idee verwirklichende mächtige Grabmal des Bernabò Visconti in Mailand (Castello Sforzesco) zu verdanken ist (Abb. 13), der mit einer Schwester des Cansignorio verheiratet war, was für die Visconti den Anlaß bot, sich Veronas zu bemächtigen, nachdem die Herrschaft der Scaliger unter Cansignorio sich in eine blutrünstige, sich selbstzerfleischende Tyrannei verwandelt hatte, die ohnehin ihrem Ende entgegenging.

Es empfiehlt sich, zunächst im Areal der antiken Stadt zu bleiben, die den großen Etsch-Bogen ausfüllte. Man gelangt schnell zu der Dominikanerkirche *S. Anastasia* [10], deren Ostteile 1290–1323 entstanden, während Langhaus und Campanile erst 1423–81 errichtet wurden. Der Bau mit seinen riesigen Wandflächen ist ein schönes Beispiel norditalienischer Backsteingotik. Das dreischiffige basilikale Innere mit starken Rundpfeilern, Querschiff und polygonal geschlossenen Ostkapellen und Chor vermittelt einen bedeutenden Raumeindruck, der weniger von steilem Anstieg als von breiter und fester Lagerung bestimmt wird. Die Raumgestaltung steht zwischen der noch ›wohnlicher‹ und irdischer wirkenden Form toskanischer und der entrückteren, ›immaterielleren‹ Form deutscher Gotik. Von der Innenausstattung sollen hier nur zwei Werke erwähnt werden: die gegen 1390 entstandenen Fresken von Altichieri (vgl. Padua) in der letzten Kapelle des rechten Querarms und Pisanellos berühmtes Fresko des ›Hl. Georg‹ von etwa 1435–38, das jetzt abgenommen ist und in der Sakristei aufbewahrt wird. Höfischer Prunk, verbunden mit intensiven Naturbeobachtungen (vgl. die Tiere, den Tartarenkopf und die Gehenkten), und die Fata Morgana der Hügelstadt verleihen der Szene einen märchenhaften Charakter.

Von S. Anastasia aus führt die Via Duomo zum *Dom S. Maria Matricolare* [11], einer dreischiffigen Basilika des 12. und 15. Jahrhunderts. Die Vorgängerbauten des 8. und 10. Jahrhunderts wurden in dem Erdbeben von 1117 zerstört. Die romanische Kathedrale entstand 1139–87, die Erhöhung des Langhauses mit gotischen Kreuzrippengewölben begann 1444 und wurde 1520 abgeschlossen. Der im 16. Jahrhundert nach Entwurf von Sammicheli angelegte *Campanile* fand erst 1926 seine Vollendung. An der dem basilikalen Querschnitt folgenden Fassade stammt das romanische Portal mit dem zweigeschossigen Vorbau von Meister Nicolò, der kurz zuvor am Neubau der Kathedrale von Ferrara (Abb. 180) tätig gewesen war. Wie dort sind auch hier die Gewändestatuen der Propheten besonders bemerkenswert, daneben aber noch zwei Gestalten an den Seitenpfeilern, die die beiden Paladine Karls d. Gr., Roland mit seinem Schwert ›Durendal‹ und Olivier, darstellen. So ist durch die Helden des Rolandliedes, das in der Lombardei allerorten bekannt war und mit Ariosts ›Rasendem Roland‹ im 16. Jahrhundert eine letzte Verklärung gefunden hat, in Verona auch des Frankenkaisers gedacht worden, wie gleichzeitig des Theoderich an der Fassade von S. Zeno. Ein zweites Vorhallenportal des 12. Jahrhunderts befindet sich an der Südseite der Kirche. Den großartigsten Eindruck romanischer Architektur empfängt man von dem Aufbau der Ostteile mit der mächtigen lisenengeschmückten Apsis, die mit ihrem Sockel und Gebälk etwas von klassischem Charakter hat. – Das Innere zeichnet sich durch eine ungemein ›wohlige‹ Weiträumigkeit aus, die durch die sehr hochgezogenen Seitenschiffe fast hallenartig wirkt. Es ist dasselbe Raumgefühl wirksam, das in S. Anastasia zu erleben war. Von der Innenausstattung sei auf Tizians ›Himmelfahrt Marias‹ von etwa 1535–40 am ersten linken Altar hingewiesen und auf die schönen

Chorschranken des Sammicheli von 1534. – Vom linken Seitenschiff aus gelangt man durch den Cortile di S. Elena mit kleiner romanischer Kirche zum *Kreuzgang* von 1123 mit Resten des Fußbodenmosaiks einer um 1,50 m tiefer gelegenen Kirche des frühen 5. Jahrhunderts. Auf eine dreischiffige Halle, vielleicht Rest des Doms aus dem 8. Jahrhundert, folgt das Baptisterium *S. Giovanni in Fonte* von 1122–35, das ungewöhnlicher Weise kein Zentralbau, sondern eine kleine dreischiffige Kirche ist. In ihr befindet sich das achteckige Taufbecken aus einem rosafarbenen Marmormonolith von etwa 1200 mit Reliefs, die zu den bedeutendsten mittelalterlichen Skulpturen Veronas gehören. Sie stellen das Leben Christi von der Verkündigung bis zur Taufe dar und zeigen Einflüsse spätantiker Sarkophage und frühchristlicher Elfenbeine. – Die Apsiden des Baptisteriums sind vom Hof des *Vescovado,* des bischöflichen Palastes, aus sichtbar, den man hinter den Ostteilen des Doms erreicht. Ein repräsentatives Renaissanceportal in der langen Fassade von 1502 führt in die weite Hofloggia mit romanischen Säulen und Kapitellen, die aus dem Dom stammen; zwischen den gegenüberliegenden spätgotischen Gebäuden erhebt sich der Torrione del vescovo Ognibene von 1162, Rest des romanischen Bischofspalastes, vor dem eine riesige Davidstatue von Alessandro Vittoria (1555) steht.

Man befindet sich hier an der Spitze des großen Etschbogens, in deren Nähe der *Ponte Pietra* [12] den Fluß überspannt, die einzige der drei römischen Brücken, von der bis zum letzten Krieg zwei Bögen aus Veroneser Marmor erhalten waren. Der alte Zustand ist wiederhergestellt worden. – Dicht bei dieser Brücke befindet sich am linken Flußufer in einzigartig schöner Lage das *Römische Theater* aus dem 1. Jahrhundert n. Chr. [13]. In dem darüber liegenden Kloster S. Girolamo mit sehr reizvollem kleinen Kreuzgang ist das *Archäologische Museum* [14] eingerichtet, das u. a. eine Reihe beachtlicher Kleinbronzen enthält, und von dem aus ein umfassendes Panorama der Stadt zu genießen ist. – In der Nähe des Theaters an diesem einzigen an die Etsch reichenden Hügel unmittelbar gegenüber der Stadt soll der Legende nach der Palast Theoderichs gestanden haben, vielleicht eher eine Art Kastell, das auch dem Schutz der römischen Brücke an dieser Stelle dienen konnte.

Einige Kirchen auf dieser Flußseite müssen wenigstens kurz erwähnt werden. Südlich des Theaters befindet sich die im heutigen Zustand aus dem 15.–16. Jahrhundert stammende *S. Maria in Organo* [15], die ein mit prachtvollen Intarsien versehenes Chorgestühl des Fra Giovanni da Verona von 1491–99 enthält. – Östlich des Theaters liegt die dreischiffige romanische Basilika *S. Giovanni in Valle* [16] aus dem 12. Jahrhundert, in deren Krypta ein hervorragender reliefierter frühchristlicher Sarkophag des 4. Jahrhunderts aus parischem Marmor steht, in dem 1395 die Gebeine der Apostel Simon und Judas Thaddäus gefunden wurden, jedenfalls glaubte man es, daher als Arca dei SS. Simone e Giuda bezeichnet. – Flußaufwärts liegt dicht hinter dem Ponte Pietra *S. Stefano* [17], eine Gründung des 5. Jahrhunderts, vielfach verändert, im Umfang aber noch den ursprünglichen Bau wiedergebend. – Etwas westlich sieht man schon von weitem die mächtige Kuppel von *S. Giorgio Maggiore* oder in Braida [18], einer Saalkirche aus dem Anfang des 16. Jahrhunderts. Unter den zahlreichen zeitgenössischen Gemälden ragt das wahrscheinlich 1566 entstandene ›Martyrium des hl. Georg‹ von Paolo Veronese auf dem Hochaltar hervor, eines der größten Meisterwerke des Malers in dem barocken Reichtum der Komposition und der lichterfüllten strahlenden Farbigkeit. – Durch die anschließende 1525 von Sammicheli errichtete *Porta S. Giorgio* [19] und über den Ponte Garibaldi kehrt man in die Innenstadt am rechten Flußufer zurück.

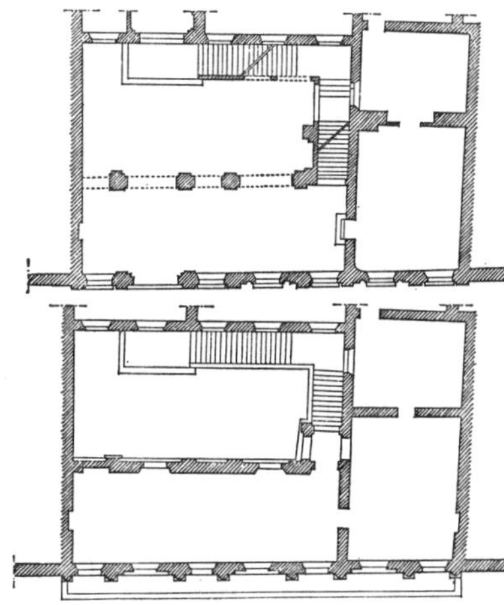

Verona, Palazzo Bevilacqua von Sammicheli: Erdgeschoß und 1. Stock

Auf dem Wege südwärts zum Castelvecchio stößt man auf die *Porta dei Borsari* [20], ein römisches Stadttor von etwa 80 n. Chr., das zum decumanus maximus der antiken Stadt führte. Die erhaltene dreigeschossige Außenwand mit ihren Gliederungen hat stark auf die Renaissance-Architektur Veronas gewirkt, was am schönsten durch den *Palazzo Bevilacqua* von Sammicheli (um 1530) bezeugt wird [21], der in dem unmittelbar nach Süden anschließenden Corso Cavour liegt. An dem Corso (nr. 44) befindet sich ein weiterer repräsentativer Bau dieses bedeutenden Architekten, der zurückhaltender gegliederte elegante *Palazzo Canossa* (um 1530) [22]. Michele Sammicheli (1484–1559) bedeutet für Verona, was der um eine Generation jüngere Andrea Palladio für Vincenza darstellte. Am Ende des Corso, den noch andere monumentale Paläste säumen, steht rechts der rekonstruierte *Arco dei Gavi* [23], ein antikes Ehrenmal des letzten vorchristlichen Jahrhunderts, dessen architektonische Ordnung sowohl auf die Baukunst als auch besonders auf Grabmäler und Altäre des 16. Jahrhunderts von bedeutendem Einfluß war.

Anschließend erhebt sich der mächtige und komplexe Backsteinbau des *Castelvecchio* [24], 1354–56 als Festung gegen äußere und innere Feinde am Stadtrand errichtet (Abb. 134). Den Hauptteil macht die eigentliche Burg aus, rechteckig um einen großen Innenhof angelegt und mit gewaltigen Ecktürmen versehen, während die unregelmäßige malerische Anlage links Wohnzwecken diente. Gleichzeitig wurde als Fluchtweg die stark befestigte Brücke über die Etsch gebaut, die mit der gewaltigen Spannweite des ersten Bogens eine überaus kühne Konstruktion des späten Mittelalters darstellte. Der heutige Zustand ist eine getreue Nachbildung des 1945 gesprengten Originals. – Im Castelvecchio ist das *Civico Museo d'Arte* untergebracht, das eine große Zahl von Werken der veronesischen und venezianischen Malerei enthält, deren bloße Aufzählung wenig ergiebig wäre. Herauszuheben sind wegen ihrer Einzigartigkeit das ›Paradiesgärtlein‹ von Stefano da Verona oder da Zevio, ein köstliches Werk der höfischen Gotik vom Anfang des 15. Jahrhunderts, das nur mit der gleichen Darstellung in Frankfurt a. M. aus derselben Zeit zu vergleichen ist, und die ›Madonna mit dem Rebhuhn‹ von Pisanello, wohl das früheste Gemälde dieses Meisters, das oft auch Stefano zugeschrieben wird, was auf jeden Fall anzeigt, in welch engem Zusammenhang Pisanello mit der internationalen Gotik in den ersten Jahrzehnten nach 1400 steht. Daß sich das Original der Reiterstatue des Cangrande I. von seinem Grabmal hier befindet, sei wiederholt.

Von Castelvecchio führt der Weg nach Nordwesten, zunächst an der Etsch entlang, zu *S. Zeno Maggiore* [25], einem der bedeutendsten und berühmtesten Monumente Veronas (Farbt. IX; Abb. 135). Der heutige Bau der dreischiffigen Basilika stammt von 1118–35, der Campanile wurde 1178 vollendet. Ende des 14. Jahrhunderts erfolgte der gotische Umbau des Chorendes und die Konstruktion der kielförmigen Holzdecke. Die sehr klar und zart gegliederte Fassade mit ihrem basilikal gestaffelten Aufbau enthält ein großes Mittelportal mit Baldachinvorhalle von Meister Nicolò (vgl. die Kathedralen von Ferrara und Verona) und seitliche Reliefplatten mit der Schöpfungsgeschichte

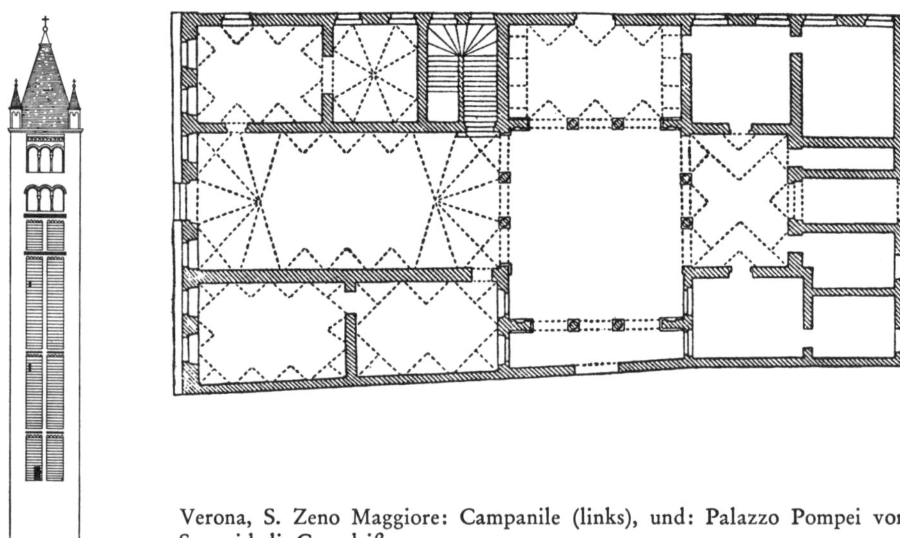

Verona, S. Zeno Maggiore: Campanile (links), und: Palazzo Pompei von Sammicheli: Grundriß

und dem Leben Christi und einer ›Jagd des Theoderich‹ aus der Werkstatt Nicolòs, der einzigen Erinnerung, die Verona an den Gotenkönig bewahrt hat, der auf diesem Relief als von der Kirche verdammter Arianer dem Teufel entgegenreitet, trotzdem aber etwas von der Heldengestalt des Dietrich von Bern hat. Einzigartig ist die Bronzetür mit Darstellungen des Alten und Neuen Testamentes und anderen Figurationen, alle Platten einzeln gegossen (Umschlagrückseite; Farbt. XI; Abb. 138). Ein Teil, hauptsächlich auf dem linken Flügel, stammt von etwa 1100, der andere von etwa 1200. Der Unterschied ist beträchtlich und leicht zu erkennen. Die älteren Darstellungen zeichnen sich durch eine urtümliche archaische Kraft aus, die die Gestalten mit dramatischer Eindringlichkeit aus dem leeren Grund treibt. Man wird unmittelbar von dem unbändigen Willen zur plastischen Form und zur stärksten Charakterisierung der Erzählung gepackt. Die Beobachtung jeder einzelnen Szene, es sei als Beispiel nur auf den ›Tanz der Salome‹ links unten hingewiesen, vermittelt Erlebnisse, die über einen rein ästhetischen Genuß weit hinausgehen. – Die gewaltige Fensterrose, das Glücksrad der Fortuna symbolisierend, wurde um 1200 von Brioloto da Balneo geschaffen. – Der Raumeindruck des Innern ist von großartiger strenger Einfachheit, die durch rhythmische Gliederung des Stützenwechsels und durch die drei Arkaden zur offenen Krypta ein verhaltenes Leben gewinnt. Von der Innenausstattung sei allein das ›Triptychon der Madonna mit Heiligen‹ auf dem Hochaltar hervorgehoben, das Andrea Mantegna 1456–59 im Auftrag des Abtes Gregorio Correr von S. Zeno geschaffen hat. Der Originalrahmen mit seinen plastischen Halbsäulen bezieht sich auf die gemalte Architektur, so daß eine einheitliche, den Illusionismus der Darstellung verstärkende Raumwirkung entsteht. Es ist möglich, daß Mantegna hiermit in etwa dem nicht mehr erhaltenen Aufbau von Donatellos Hochaltar in Padua gefolgt ist, zumal auch die kräftige plastische Formulierung der Figuren Donatellos Einfluß zeigt. Das Gemälde ist ein Hauptwerk des Künstlers, mitten zwischen den Fresken in Padua und Mantua stehend. Die Predellenbilder sind Kopien der in Paris und Tours befindlichen Originale.

Auf dem Rückweg zur Innenstadt gelangt man zur *Piazza Bra* [26], dem neben der Piazza delle Erbe hauptsächlichen Mittelpunkt Veronas, an dem die *Arena* [27], das römische Amphitheater aus dem 1. Jahrhundert n. Chr., liegt (Farbt. X; Abb. 127, 128). Von dem äußeren Mauerring, der bei einem Erdbeben von 1183 einstürzte, sind nur vier dreigeschossige Arkaden erhalten. Was jetzt als Außenseite gesehen wird, war innerer Stützring. Der Bau war für Gladiatorenspiele und Tierhetzen errichtet; im frühen Mittelalter diente er den Bischöfen als Festung, dann der Bevölkerung als Steinbruch. Die ursprünglichen Achsen betrugen 152 : 123 m (das Colosseum in Rom 188 : 156 m), die heutigen 138 : 109 m. Gegenüber mehr als 25 000 Zuschauern einst haben heute etwa 22 000 Platz. 74 Zugänge zu inneren Treppen und Korridoren sorgten für die Bewältigung des Massenverkehrs. – Nach der Außenstadt hin wird der Platz durch die 1610 begonnene *Gran Guardia* und das *Museo Lapidario Maffeiano* von 1744–49 begrenzt, zwischen denen sich die *Portoni della Bra* [28] befinden, ein 1389 angelegtes Stadttor in der von den Scaligern errichteten Mauer.

Ostwärts der Arena liegt an der Etsch die Doppelkirche *S. Fermo Maggiore* [29], die an Stelle einer frühchristlichen Anlage des 5. Jahrhunderts mit den Reliquien der hll. Firmus und Rusticus zwischen 1065 und 1143 entstand. Die Unterkirche wurde für nötig gehalten, weil man die Reliquien an ihrem ursprünglichen, tiefergelegenen Platz belassen wollte. Die ungewöhnliche vierschiffige Form mit fünf Apsiden an Querarmen und Chor ist im wesentlichen aus der Erbauungszeit bewahrt. Die Oberkirche wurde dagegen nach der Übergabe an die Franziskaner im Jahre 1260 in einen Saal verwandelt und um die Mitte des 14. Jahrhunderts mit der kielförmigen Holzdecke versehen, die das früheste erhaltene Beispiel dieser im Veneto sehr beliebten Form von Einwölbung darstellt. Im Innern befindet sich links das Grabmal des Niccolò Rangoni di Brenzoni von 1425–26, das von dem Florentiner Bildhauer Nanni di Bartolo erstellt und von Pisanello mit den Fresken der Verkündigung versehen wurde, die wie das Bild im Castelvecchio am schönsten den Zusammenhang dieser erlesenen Kunst mit dem höfischen Stil der internationalen Gotik zeigen. Die darüber befindlichen hll. Michael und Georg sind stark zerstört.

Dicht bei S. Fermo steht das zweite, in Teilen der Innenfront erhaltene römische Stadttor am Ende des cardo maximus, die *Porta dei Leoni* aus dem 1. Jahrhundert n. Chr. [30]. – Unmittelbar jenseits der Etsch, S. Fermo schräg gegenüber, liegt der um 1530 von Sammicheli errichtete *Palazzo Pompei* [31], der am deutlichsten von allen seinen Werken den Anschluß an die römische Hochrenaissance zeigt. – Ebenfalls von Sammicheli stammt die mächtige *Porta Nuova* von 1533–40 [32], die als erstes alle vom Bahnhof oder der Autobahn kommenden Besucher begrüßt. Sie gehört zu den starken Befestigungsanlagen, die die Venezianer seit dem Anfang des 16. Jahrhunderts errichteten, und an denen Sammicheli führend beteiligt war. Gerade gegenüber dem Bahnhof sind einige Bastionen wohl erhalten, ebenso wie nordwestlich von ihnen die *Porta Palio* von 1542–47 [33], das großartigste Meisterwerk des Architekten als Festungsbaumeister.

Vicenza – Stadt des Palladio

Die wichtigsten Sehenswürdigkeiten:
Basilika · Palazzo Chiericati · Teatro Olimpico · Villa Valmarana · Villa Rotonda

Vicenza, das römische *Vicetia,* hat unter allen norditalienischen Städten wohl die schönste landschaftliche Lage. Unmittelbar südlich erheben sich die Monti Bérici, eine sanfte, menschenfreundliche, von Villen belebte Hügelkette, nach Norden trifft der Blick über eine fruchtbare weite Ebene hinweg auf die Alpen, deren Vorgebiet ebenfalls mit Villen des 16.–18. Jahrhunderts übersät ist.

Diese Lage ließ die Stadt, nachdem sie vielleicht von Ligurern und dann von Etruskern und Galliern bewohnt worden war, in römischer Zeit seit 177 n. Chr. schnell zu einem bedeutenden Zentrum mit Tempeln, Thermen, Theater und Aquädukten werden, von denen durch gründliche Zerstörung während der Völkerwanderungszeit und vor allem durch Attila (452) fast nicht erhalten ist. Unter den Langobarden wurde sie Sitz eines Herzogs, unter den Franken eines Grafen. Kaiser Otto III. unterstellte sie den Bischöfen, gegen deren tyrannische Regierung die Bevölkerung rebellierte, bis sie allmählich die Autonomie einer freien Stadt gewann. Als solche nahm sie an dem Lombardischen Bund gegen Barbarossa teil. Ihre zwischenstädtischen Kämpfe führte sie hauptsächlich gegen Verona und Padua. 1236 von Friedrich II. erobert und verwüstet, verlor sie ihre Selbständigkeit und kam nach wechselnden Herrschaften 1314 an die Scaliger von Verona, 1387 an die Visconti von Mailand und 1404 an Venedig, bei dem sie bis zum Untergang der venezianischen Republik 1796 blieb. Von 1813–66 gehörte Vicenza zu Österreich.

So wie aus römischer Zeit nichts erhalten ist, hat die Stadt auch aus dem hohen Mittelalter, als sie libero comune war, nur sehr wenig bewahrt. Ihr Gesicht wurde während der Zugehörigkeit zu Venedig geprägt, zunächst durch die venezianische Spätgotik des 15. Jahrhunderts, dann durch *Andrea Palladio* (1508–80), der ihr einen derartigen Ruhm verlieh, daß sie die ›Stadt des Palladio‹ genannt wurde. Die Wirkung dieses Architekten durch seine Bauten und Schriften war unermeßlich, vor allem auf den Norden und insbesondere auf England, das ihn bis zum Ende des 18. Jahrhunderts als den größten Baumeister der Renaissance verehrte, der er insofern tatsächlich war, als er als ihr klassischer Vertreter betrachtet werden kann.

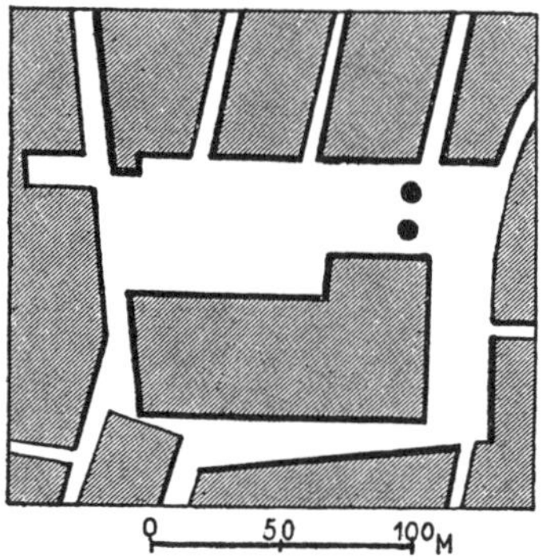

Vicenza, Anlage der Piazza dei Signori. Die Schmalseite des Platzes wird durch freistehende Säulen optisch geschlossen

Hohes Mittelalter, Spätgotik und Hochrenaissance bestimmen das Zentrum der Stadt, die an der Stelle des antiken Forums entstandene harmonische *Piazza dei Signori* (Abb. 143), an der sich die 82 m hohe *Torre di Piazza* erhebt, ursprünglich ein Geschlechterturm des 12. Jahrhunderts, 1226 von der Kommune erworben und 1311 erhöht. – Neben ihm befindet sich die *Basilika* (oder Palazzo della Ragione), die 1449–77 an Stelle eines Palazzo Comunale aus dem 13. Jahrhundert mit zweigeschossigen Arkaden nach dem Vorbild des Salone von Padua errichtet wurde und ab 1549 durch Palladio ihre neue Verkleidung mit dem toskanisch-dorischen Portikus und der jonischen Loggia erhielt (Abb. 141). Die rhythmische Gruppierung der Säulenpaare und ihrer reichen Verbindungen, der Kontrast der dunklen Öffnungen und der architektonischen Gliederung verleihen dieser Umhüllung eine überaus lebendige Wirkung, die um so stärker in Erscheinung tritt, wenn man im Obergeschoß den eindrucksvollen, von 24 gotischen Fenstern erleuchteten Salone betritt (52 : 21 m), einen der schönsten spätgotischen Räume Italiens mit seinem hohen kielbogenförmigen Holzgewölbe, das nach dem Kriege erneuert worden ist.

An der gegenüberliegenden Seite des Platzes erhebt sich die *Loggia*, die 1571 von Palladio an Stelle der mittelalterlichen Loggia del Capitanio begonnen wurde (Abb. 144). Von den geplanten sieben Achsen sind nur drei ausgeführt worden, die indes die Großartigkeit der Gesamtkonzeption ahnen lassen. Vier riesige Säulen fassen die Fassade vom Boden bis zum Gebälk zusammen und verleihen ihr starke plastische Gliederung und Monumentalität. Michelangelo hatte dieses Kolossalsystem an St. Peter und den Kapitolinischen Palästen in Rom eingeführt. Die Schmalseite ist nach der Art eines Triumphbogen gegliedert. – Es folgt die langgestreckte Fassade des 1499–1500 in lombardisch-spätgotischen Formen begonnenen *Monte di Pietà* (Abb. 145). – Über die Piazza delle Biade im Osten, die von zwei Säulen, Herrschaftszeichen Venedigs, abgegrenzt wird, gelangt man zur anderen Seite der Basilica an der Piazza delle Erbe, von wo aus in wenigen Schritten die *Casa Pigafetta* in der Via A. Pigafetta zu erreichen ist, das malerische Beispiel eines spätgotischen Hauses, um 1481 vollendet.

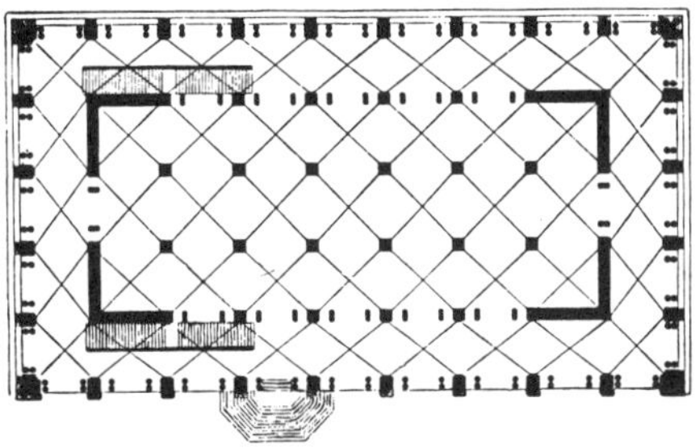

Vicenza, Basilika des Palladio (Palazzo della Ragione): Grundriß und Ansicht

Auf dem Wege zu zwei weiteren Hauptwerken Palladios durch den die Stadt geradlinig durchquerenden Corso A. Palladio, der dem decumanus maximus des antiken castrum folgt, berührt man links den *Palazzo da Schio* (Abb. 147), wiederum einen spätgotischen Bau des 15. Jahrhunderts, der in seinen Formen an die berühmte Ca d'Oro in Venedig erinnert. – An derselben Seite liegt am Ende des Corso die *Casa del Palladio* von 1566 mit einer nach dem Triumphbogenmotiv gegliederten Fassade von großer Eleganz, die Goethe sehr bewunderte. – Gegenüber, nach der Piazza Matteotti gerichtet, erhebt sich der *Palazzo Chiericati* (Abb. 148), das phantasievollste Werk Palladios, 1551 begonnen, 1557 unterbrochen und erst in der zweiten Hälfte des 17. Jahrhunderts nach den Plänen des Urhebers vollendet. Er unterscheidet sich in seiner locker gegliederten Form mit vortretendem Mittelteil und zurückgesetzten Seiten im Obergeschoß vollständig vom sonst üblichen Stadtpalast der italienischen Renaissance mit geschlossenen Fassaden und Arkadenhof in Innern und nimmt eine Mittelstellung ein zwischen repräsentativem städtischen Bau und beweglicherer ländlicher Villa. Gleichzeitig weist er auf Prinzipien barocker Architektur der kommenden Jahrhunderte voraus.

Nahebei befindet sich das *Teatro Olimpico* (Abb. 140), das Palladio 1580 kurz vor seinem Tode für die Accademia Olimpica begonnen hat und das 1583 von seinem Sohn Silla vollendet wurde. Es ist das erste geschlossene Theater, ganz in Holz und Stuck erbaut und streng nach den Regeln Vitruvs für antike Theater konzipiert. Eröffnet wurde es 1585 mit einer Aufführung des ›König Ödipus‹ von Sophokles. Der feststehende zweistöckige Bühnenprospekt von Vincenzo Scamozzi, ebenfalls nach antikem Vorbild geformt, öffnet sich in drei Türen, durch die man in illusionistischer Perspektive

Vicenza, Palazzo Chiericati, das phantasievollste Werk Palladios

die fünf Straßen Thebens erblickt. Bewunderswert ist die Kunst des Architekten, mit dem geringen zur Verfügung stehenden Platz eine derartige Raumwirkung zu erzielen.

Auf dem Rückweg durch den Corso Palladio trifft man beim Abbiegen in die Contrada S. Corona auf die ab 1261 errichtete Dominikanerkirche *S. Corona,* eine großräumige dreischiffige Basilika, in der sich auf dem 5. linken Seitenaltar eines der schönsten Spätwerke von Giovanni Bellini befindet, die ›Taufe Christi‹ von etwa 1500–02, an der, wie gelegentlich angenommen wird, Giorgione mitgearbeitet haben könnte. Ein anderes Hauptwerk der venezianischen Malerei, die farbenprächtige festliche ›Anbetung der Könige‹ (1573) von Paolo Veronese, ist links vom Presbyterium untergebracht. – Durch die gegenüberliegende Contrada S. Stefano gelangt man zu der gotischen *Casa Longhi* aus der ersten Hälfte des 15. Jahrhunderts und von hier aus zur rückseitigen Fassade des *Palazzo Thiene,* die 1552–56 von Palladio erbaut wurde und in ihrer schweren Quadrierung wieder eine von den bisher betrachteten Bauten ganz verschiedene Lösung zeigt. Nach dem Plan des Architekten sollte der ganze Palast in dieser Form umgebaut werden. – Etwas weiter westlich, am Corso A. Fogazzaro, befindet sich schließlich der *Palazzo Valmarana,* 1566 von Palladio begonnen und erneut den Formenreichtum seiner Phantasie bei immer gleichbleibender monumentaler Ge-

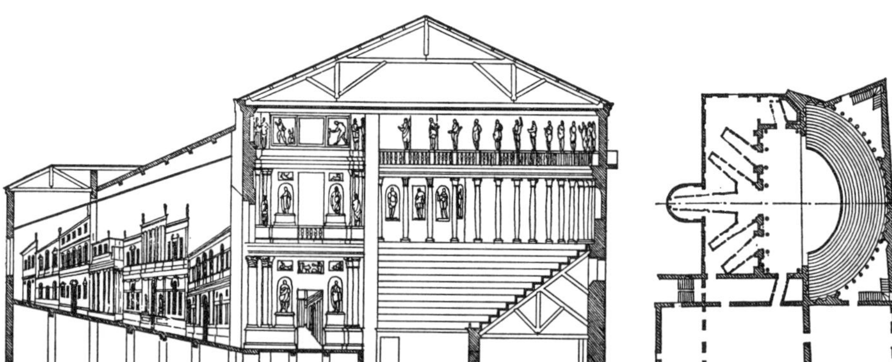

Vicenza, Teatro Olimpico (Palladio, Scamozzi): Schnitt und Grundriß

Vicenza, Palazzo Valmarana (Palladio): Ansicht. Erd- und Obergeschoß sind einheitlich durch Kolossalpilaster zusammengefaßt

sinnung erweisend. Wer die hier angeführten Bauten des Architekten aufmerksam betrachtet, gewinnt einen eindrucksvollen Überblick seines Schaffens, allerdings ohne die großartigen Kirchen, wie er sie in Venedig errichtete.

Der schönste gotische Sakralbau Vicenzas liegt etwas stadtauswärts an demselben Corso A. Fogazzaro, die von Franziskanern 1280–1344 errichtete dreischiffige Basilika *S. Lorenzo* mit einem aufwendigen Marmorportal von 1344. Das einfache langgestreckte und lichterfüllte Innere mit Querschiff und drei polygonal schließenden Apsiden enthält eine Reihe reicher Altäre des 15. und 16. Jahrhunderts.

Unter den zahlreichen Villen Palladios und seiner Nachfolger in der Umgebung Vicenzas sei nur die der Stadt zunächst liegende und zugleich berühmteste erwähnt, die Villa Rotonda in den Monti Bérici. Auf dem Wege dorthin trifft man zuerst auf die spätbarocke *Basilica di Monte Bérico* (Abb. 152) in einer die Landschaft beherrschenden Lage, wie sie des öfteren Kirchen- und Klosterbauten des 18. Jahrhunderts auszeichnet. Was ihren Besuch geradezu notwendig macht, ist das 1572 entstandene ›Gastmahl des hl. Gregorius Magnus‹ von *Paolo Veronese* im Refektorium des Klosters (477 : 862 cm), das großartigste Beispiel unter den verschiedenen Gastmahl-Darstellungen des Malers. Der architektonische Aufbau der Szene bringt die der Baukunst Palladios innewohnende Festlichkeit zu einer von allen praktischen Rücksichten unbehinderten Entfaltung und weist zugleich auf Tiepolo voraus, dem man auf dem weiteren Wege zur Rotonda in der 1669 erbauten *Villa Valmarana* (Abb. 151) begegnet. Im Herrenhaus führten 1757 Giambattista Tiepolo und sein Sohn Giandomenico Fresken aus (Abb. 149, 150) die nicht nur zu deren wichtigsten und schönsten Werken gehören, sondern in ihrem gesamten dekorativen Zusammenhang eines der bedeutendsten Beispiele festlichen Schmuckes des 18. Jahrhunderts darstellen, ein glorioser Abgesang des von Paolo Veronese Begonnenen und der alten abendländischen Kultur überhaupt. Allein der Inhalt der Zyklen stellt schon eine Zusammenfassung der aus

Vicenza, Villa Rotonda (Palladio, Scamozzi): Ansicht und Grundriß

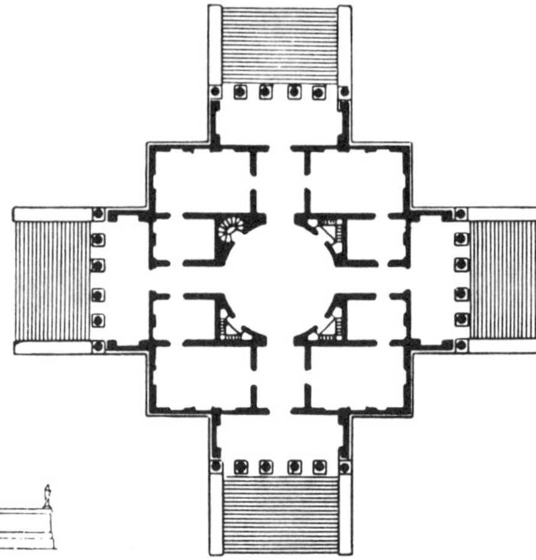

der Renaissance ererbten Vorstellungswelt dar: Iphigenie auf Aulis, die Ilias des Homer, die Änesis des Virgil, der Orlando Furioso von Ariost und die Gerusalemme Liberata von Torquato Tasso. Das Gästehaus, die Foresteria, ist dagegen mit Fresken gänzlich anderen Geistes von Giandomenico Tiepolo geschmückt, mit Chinoiserien, Bauerndarstellungen, Karnevalsszenen u. a. Allein in der Stanza degli Dei dell'Olimpo begegnet man wieder einem Hauptwerk des Vaters Giambattista.

Schließlich kommt man zur *Villa Rotonda* (Abb. 146), die 1550 von Palladio begonnen und nach 1580 von Scamozzi vollendet wurde. Einem Quadrat ist ein kreisrunder überkuppelter Saal einbeschrieben, jeder Seite eine jonische Säulenvorhalle auf hohem Treppenpodest vorgesetzt, so daß das Ganze sich als ein vollkommen gleichmäßiges harmonisches Monument präsentiert, würdevoll und doch dem Zweck entsprechend nicht aufdringlich. Daß die Bewohnbarkeit dabei durchaus bewahrt bleibt, beweisen die in den vier Ecken eingerichteten bequemen Appartements, denen der Saal in der Mitte als gemeinsamer Fest- und Repräsentationsraum dient. Das Renaissanceideal eines am klassischen Humanismus ausgerichteten menschlichen Daseins hat hier wohl die vollkommenste Verwirklichung erfahren, die zahlreichen Villen des 17. und 18. Jahrhunderts in ganz Europa als Vorbild diente.

Im Palazzo Chiericati sind die Sammlungen des *Museo Civico* untergebracht, deren Besuch sich wegen der *Pinacoteca* lohnt, die einige bemerkenswerte Gemälde enthält. Für die Vicentiner Malerei sind wichtig die Werke von Bartolomeo Montagna (um 1438–1523) und Giovanni Buonconsiglio (um 1470–1535/37) in Saal III und IV. Erwähnt werden muß vor allem aber die ›Kreuzigung Christi‹ von Hans Memling (um 1435/40–94) in Saal II, Mitteltafel eines Triptychons, dessen Flügel sich in New York und Brügge befinden; ferner Gemälde von Paolo Veronese in Saal V und von Tiepolo (›Unbefleckte Empfängnis‹) und Piazzetta (›Wundmale des hl. Franziskus‹) in Saal XIII, wobei vor allem auf letzteren (1682–1754) hinzuweisen ist, der nach dem Verfall der venezianischen Malerei im 17. Jahrhundert als einer der bedeutendsten Stadtvenezianer den Wiederaufschwung zum glanzvollen Ende einleitete.

Castelfranco Veneto und Cittadella

Die wichtigsten Sehenswürdigkeiten:
Dom; Torre di Malta

Der Besuch dieser beiden kleinen Landstädte an der Straße von Vicenza nach Treviso ist aus verschiedenen Gründen reizvoll: einmal als Überbleibsel mittelalterlicher Städtepolitik und der durch sie bedingten Befestigungsanlagen, zum anderen wegen eines einzigen Gemäldes. – *Castelfranco* (Castrum Francum) wurde von den Einwohnern Trevisos gegründet und bevölkert, die 1199 das teilweise gut erhaltene *Castello* errichteten, das noch heute das malerische Zentrum der Stadt bildet. Friedrich II. gab es 1240 den Paduanern. Nach mehreren wechselnden Herrschaften kam es 1339 zu Venedig, bei dem es bis zum Untergang der Republik 1796 verblieb. Im Mittelpunkt des Kastells erhebt sich der *Dom* des 18. Jahrhunderts, der in einer Kapelle rechts vom Chor ein Meisterwerk der italienischen Malerei enthält: die ›Thronende Madonna mit den hl. Liberalis und Franziskus‹ des aus Castelfranco stammenden *Giorgione* (ca. 1478 bis 1510), wahrscheinlich 1504 entstanden (Abb. 153). Von verhältnismäßig geringem Umfang (200 : 152 cm), erweckt es durch die strenge Dreieckskomposition der beiden seitlich stehenden Heiligen und der auf hohem Thron sitzenden Madonna und durch die stark betonte Mittelachse doch den Eindruck einer erhabenen Größe, die indes durch den unbeschreiblichen Schmelz der Farben, den Kontrast des figürlichen Vordergrundes zur weiten zarten Landschaft und den mildverträumten Ausdruck der Gestalten mit tiefer Menschlichkeit erfüllt wird. Neben den gleichzeitigen Spätwerken von Giovanni Bellini hat die venezianische Hochrenaissance hier ihren ersten Höhepunkt erreicht. Sich lange in den Anblick dieses Bildes zu vertiefen, was bei dem wenig besuchten Ort in Ruhe möglich ist, gewährt eines der schönsten künstlerischen Erlebnisse.

Nur 11 km in Richtung Vicenza entfernt liegt das Städtchen *Cittadella,* das 1220 von den Paduanern gegen das von Treviso angelegte Castelfranco gebaut wurde und seinen eindrucksvollen Mauerring von 1350 m Länge und 12 m Höhe mit den vier Toren und 32 rechteckigen Türmen fast vollständig bewahrt hat, ein einzigartiges Beispiel mittelalterlicher Stadtbefestigung. Möglicherweise ist die von dem Tyrannen Ezzelino 1251 errichtete mächtige *Torre di Malta* neben dem südlichen Stadttor (Porta di Padova) der von Dante im Paradiso IX, v. 54 erwähnte Turm, in dem Ezzelino seine Opfer martern ließ. Die Stadt kam dann an die Scaliger von Verona, an die Visconti von Mailand und schließlich an Venedig.

CREMONA Der Dom mit dem höchsten Campanile Italiens

79

80

81

79–84 CREMONA

79 Piazza del Commune mit Palazzo Comunale und ›Lo gia dei Militi‹

80 Abtei S. Sigismondo, Innenraum

81 Palazzo Fodri

82 Geige des aus Cremona gebürtigen Antonio Stradiva im Rathaus

83 ›Beweinung Christi‹ von Pordenone im Dom

84 Detail vom Domportal

85 PROVINZ CREMONA Landschaft zwischen Cremona u Crema ▷

82

83

84

86 PIACENZA Palazzo Comunale
87 PIACENZA Reiterbild des Alessa
dro Farnese von Francesco Mocchi

89

90

91

88–92 PIACENZA
88 Der Dom, Innenraum
89, 90 Mosaiken aus S. Savino: ›April‹ und ›Juli‹
91 Die Kirche Madonna di Campagna
92 Die etruskische Bronzeleber im Museo Civico

92

93, 94 FONTANELLATO Malereien des Parmigianino im Kastell der Familie Sanvitale; oben: ›Aktäon wird von Diana in ein Hirsch verwandelt‹, unten: ›Die Hunde fallen den in den Hirsch verwandelten Aktäon an‹

95 FIDENZA Portalskulpturen vom Dom

96 PARMA Dom mit Campanile und Baptisterium

97 PARMA Dom, Hochschiffwand

98 PARMA Baptisterium, Blick in die Kuppel

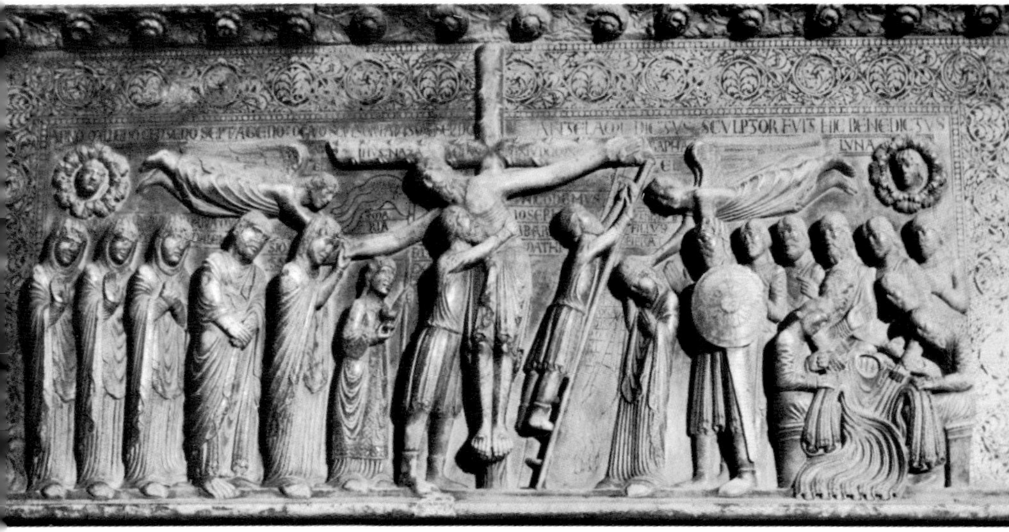

PARMA Die ›Kreuzabnahme‹ von Benedetto Antelami im südlichen Seitenschiff des Doms

101–107 PARMA 101 ›Der Frühling‹ von Antelami im Baptisterium 102 Bischofsthron im Dom 103 S. Giovanni, der Campanile 104 Das Teatro Farnese 105 Detail der Fresken des Correggio in der Camera del Correggio 106 Die Kirche Madonna della Steccata 107 Porträtzeichnung von Leonardo in der Galleria Nazionale ▷

PARMA Nischenskulpturen von Benedetto Antelami am Baptisterium, Lünette des Erlösers

101

102

103

104

105

106

107

8 Landschaft in der PO-NIEDERUNG

109

110

109, 110 REGGIO EMILIA
Fresken in der Kirche
Madonna della Ghiara ur
Blick in die Kuppel

1

112

113

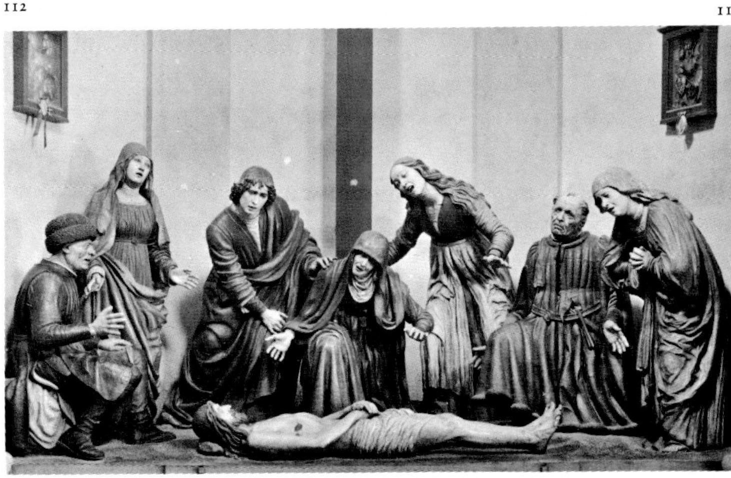

1–113 MODENA
1 Blick auf den Dom
2 Skulpturenfries vom Hauptportal des Doms
3 ›Beweinung Christi‹, Terrakottagruppe von Guido Mazzoni in der Kirche S. Giovanni Battista

114, 115 MODENA Der Dom, Fassade und Innenraum

116 SABBIONETA Residenzstadt des 16. Jh.

118 SABBIONETA Teatro Olimpico (1589) und Chiesa dell'Incoronata mit Grabmal des Vespasiano Gonzaga

Stadtansicht von MANTUA, bei der die einstige Insellage noch erkennbar ist. Stich um 1700

118

120 MANTUA Die Piazza delle Erbe mit der Rotonda di S. Lorenzo (rechts), der Torre dell' Orologio und dem Palazzo del
Ragione

121 MANTUA Der Dom an der Piazza Sordello

122 MANTUA Der Campanile und die Fassade der Kirc
S. Andrea an der Piazza Andrea Mantegna

Treviso

Die wichtigsten Sehenswürdigkeiten:
Palazzo dei Trecento · Cappella dei Rettori · S. Nicolò

Eine der malerischsten und nur sehr wenig aufgesuchten Städte des Veneto ist Treviso, das viele mittelalterliche Monumente, vor allem auch Malereien des bedeutenden Tommaso da Modena (1325–79), bewahrt hat. Trotz der Zerstörungen des Zweiten Weltkrieges, die die Stadt besonders schwer trafen, bieten viele Viertel noch das alte Bild mit Bogengängen und bunten Fassadenmalereien.

Das römische *Tarvisium*, ausnahmsweise nicht von Attila zerstört, behielt auch unter den Goten und Langobarden, die es zu einem Herzogtum machten, seine städtische Bedeutung. Unter den Karolingern wurde es Hauptstadt einer Mark und erhielt eine im 9. Jahrhundert blühende Münze. Nach der Verwüstung durch die Ungarn gegen 911 entwickelte es sich allmählich zur selbständigen Kommune, die 1164 von Barbarossa anerkannt wurde. Es erlebte jetzt seine schönste Blütezeit, die ihm den Beinamen ›Marca gioiosa ed amorosa‹ eintrug. Nach der vorübergehenden Tyrannenherrschaft des Ezzelino und Alberico da Romano von 1237–61 war es wieder freie Stadt, nunmehr allerdings durch die üblichen Parteienkämpfe der Ghibellinen und Guelfen bald so geschwächt, daß es zum Spielball der verschiedensten Machthaber wurde, bis es sich 1344 Venedig anschloß, dessen Schicksal es bis 1797 teilte. Von 1813–66 gehörte es zu Österreich.

Den genauen Mittelpunkt der von verschiedenen Kanälen durchzogenen Stadt bildet die *Piazza dei Signori*, an der sich der um 1217 errichtete *Palazzo dei Trecento* erhebt (Abb. 154). Er hat seinen Namen von den 300 unter Adel und Volk gewählten Mitgliedern des Großen Rates der Kommune erhalten, die sich in dem schönen geräumigen Saal des Obergeschosses versammelten (46,50 m lang, 20,10 m breit und 12 m hoch). Das Erdgeschoß war ein offener Portikus, der 1553 zum Teil geschlossen wurde. Das Gebäude gehört zu den großartigsten Beispielen oberitalienischer Rathäuser des Mittelalters, im Typus durchaus lombardischen Vorbildern folgend, Zeichen für die Ausstrahlungskraft des lombardischen Städtewesens, die bis tief in das Veneto hinein reichte. – Der benachbarte *Palazzo del Podestà*, jetzt Palazzo del Governo, wahrscheinlich etwas früher entstanden, ist ebenso wie die Torre del Comune ein völliger Neubau des 19. Jahrhunderts. – Die rückwärtigen Fassaden der beiden Paläste gehen auf einen kleinen Platz, an dem sich der Monte di Pietà mit der reichgeschmückten *Cappella dei*

Rettori aus dem 16. Jahrhundert befindet, deren Wände mit venezianischen vergoldeten Ledertapeten des 17. Jahrhunderts verkleidet sind, eines der seltenen guterhaltenen Beispiele dieser kostbaren Art von Dekoration, die von der islamischen Kultur übernommen worden ist. – Nahebei, an der Piazza Francesco Crispi, liegt die *Loggia dei Cavalieri,* eine charakteristische Anlage von 1276–77, die als Versammlungs- und Vergnügungsort des Adels diente, gleichsam die Rolle eines Cafés des 19. Jahrhunderts spielend. Sie war ganz mit Darstellungen aus dem ritterlichen Leben geschmückt, die völlig zerstört sind. Trotzdem vermittelt diese offene Halle, wie überhaupt der Gang durch die Gassen des Zentrums mit den vielen alten Häusern, einen lebendigen Eindruck der mittelalterlichen Stadt.

Von den zahlreichen Kirchen Trevisos sei besonders die in Backstein errichtete dreischiffige Basilika *S. Nicolò* aus dem 13.–14. Jahrhundert im Südwesten genannt (Abb. 157). Sie ist nicht nur der größte gotische Sakralbau der Stadt (Länge 88 m, Breite 27,50 m, Höhe 33,35 m), sondern in der einfachen und steilen Raumwirkung auch der großartigste. Bezeichnend ist das kielförmige Holzgewölbe, wie es sich in vielen Bettelordenskirchen und Profanbauten des venezianischen Gebietes findet. Besonders eindrucksvoll ist die Außenansicht der Ostteile mit dem Campanile. Am zweiten Rundpfeiler links befinden sich Fresken von Tommaso da Modena. – Dessen Hauptwerk indes stellt die 1352 entstandene Serie berühmter Dominikaner in der Sala del Capitolo dei Dominicani im benachbarten *Seminario Vescovile* dar. Selbstverständlich handelt es sich bei diesen 40 Bildnissen noch nicht um wirklichkeitsgetreue Porträts, wohl aber um Darstellungen, die in der Charakterisierung der verschiedenen Personen und ihrer Tätigkeiten von einem starken Realismus durchdrungen sind, der sich in eigentümlicher Weise mit dem byzantinischen Erbe Venedigs verbindet. Es ist aufschlußreich zu beobachten, wie die durch Giotto am Anfang des 14. Jahrhunderts bewirkte Revolution der italienischen Malerei sich schnell außerhalb der Toskana ausbreitete und dabei zu den vielfältigsten Ausdrucksmöglichkeiten führte, die im Falle des Tommaso durch seine Tätigkeit in der Burg Karlstein bei Prag von großer Bedeutung für die Entwicklung der böhmischen Malerei wurden. – Ein weiteres Hauptwerk dieses Malers, das Fresko einer ›Madonna mit Heiligen‹, befindet sich in der aus dem 13. Jahrhundert stammenden Kirche *S. Francesco* im Nordosten der Stadt (2. Kapelle links vom Chor). – Fresken von Tommaso sind ferner in der Pinacoteca des *Museo Civico* (Saal IV und V) im Nordwesten der Stadt aufbewahrt. Von den anderen Werken dieser Sammlung seien nur noch das 1526 datierte ›Bildnis eines Dominikaners‹ von dem immer interessanten Venezianer *Lorenzo Lotto* hervorgehoben (vgl. vor allem Bergamo, Abb. 47) und das ›Bildnis des Sperone Speroni‹ um 1544 von *Tizian,* von dem sich ein zweites bedeutendes Werk, eine ›Verkündigung‹ von etwa 1520, in der Cappella dell'Annunziata des *Doms* (Abb. 156) befindet, die außerdem eindrucksvolle Fresken des Friaulaners *Pordenone* von 1520–22 enthält (vgl. Piacenza und Cremona, Abb. 83).

Padua – Die Stadt des hl. Antonius

Der Audienzsaal des Rathauses, mit Recht durch das Augmentativum Salone betitelt, das ungeheuerste abgeschlossene Gefäß, das man sich nicht vorstellen, auch nicht einmal in der nächsten Erinnerung zurückrufen kann. ... und es ist keine Frage, daß der ungeheure überwölbte Raum eine eigene Empfindung gibt. Es ist ein abgeschlossenes Unendliches, dem Menschen analoger als der Sternhimmel.

(Goethe, Italienische Reise, Hamburg 1951, S. 62–63)

Die wichtigsten Sehenswürdigkeiten:
Cappella Scrovegni · Palazzo della Ragione · Loggia del Consiglio · Reiterdenkmal des Gattamelata · S. Antonio · S. Giustina

Padua ist vorzüglich mit den Namen *Giottos* und *Donatellos* verbunden, die leicht den Reichtum der Stadt an historisch und künstlerisch bedeutenden Monumenten verdunkeln, die noch im charakteristischen Rahmen alter Plätze und Straßen zu erleben sind. Zwar hat sich die gewaltige industrielle Entwicklung auf die Umgebung verheerend ausgewirkt, den Kern der Stadt aber hat sie nur wenig berührt, so daß sich ihr durch Jahrhunderte gewachsener Organismus, der im wesentlichen durch das Mittelalter geprägt worden ist, verhältnismäßig gut erhalten hat.

Wegen des ungeregelten Wasserreichtums war die Paduaner Ebene ursprünglich kaum bewohnbar, weswegen sich die Urbevölkerung auf den nahen Colli Eugánei (Farbt. XVI) niederließ, an deren Südrand sich die Stadt Ateste (Este) zum beherrschenden Zentrum erhob (vgl. Abb. 179). Diese Vormachtstellung wurde erst gebrochen, als durch allmähliche Wasserregulierung eine neue Siedlung entstand, die als *Patavium* in römischer Zeit zum bedeutendsten städtischen Mittelpunkt der Gegend wurde, Heimat des Historikers Titus Livius, und die zugleich wegen ihrer Thermalquellen großen Ruf als Heilbad genoß, Vorläufer der heutigen Thermalbäder an den Euganeischen Hügeln (Abano Terme usw.). Der Untergang des weströmischen Reiches führte zu einem schnellen Verfall der Stadt, zumal ein Teil der Einwohner, wie auch die Bevölkerung anderer Städte, 452 vor Attila auf die unzugänglichen Laguneninseln floh, auf denen dann Venedig entstand. Ein vorübergehendes Wiederaufblühen erfolgte 541–568 unter byzantinischer Herrschaft, dann nach neuerlicher Zerstörung durch die Langobarden 601 mit größerer Beständigkeit unter den Karolingern (774–888), die die Entstehung einer neuen Stadt begünstigten. Die ottonischen Kaiser bestätigten viele der inzwischen erworbenen Privilegien. Überragende Bedeutung erhielt die Stadt aber erst als freie Kommune seit dem Anfang des 12. Jahrhunderts; 1175 wählte sie ihren ersten podestà. 1222 wurde die Universität gegründet, die bald einen hohen Ruf genoß und besonders zahlreich Studenten aus den Ländern nördlich der Alpen anzog. Anfang des 14. Jahrhunderts arbeitete Giotto in Padua, und Dante hielt sich hier auf. Ihr Herrschaftsgebiet erstreckte sich bis nach Vicenza, Bassano und Rovigo. Dann erlitt sie das Schicksal fast aller freien Städte, sie erlag der Signorie der Carraresi, die sie 1318–1405 regierten. 1405 wurde sie von Venedig erobert, bei dem sie bis 1797 verblieb. Von 1813–66 gehörte sie zu Österreich.

Es ist ratsam, die Besichtigung der Stadt, solange Augen und Geist noch frisch und am aufnahmefähigsten sind, mit ihrem bedeutendsten künstlerischen Monument zu beginnen, mit den Fresken der *Cappella Scrovegni* (Abb. 169–171). Die Kapelle wurde 1303 innerhalb der Arena, des römischen Amphitheaters, von Erminio Scrovegni zur Entsühnung seines wegen Wuchers berüchtigten und von Dante gegeißelten Vaters erbaut und anschließend 1304–06 von *Giotto* mit Fresken geschmückt, die zu einem der epochemachenden Werke der Kunstgeschichte gehören. In drei Reihen übereinander ist das Leben Mariens und Christi dargestellt, ergänzt durch das Jüngste Gericht an der Eingangswand und durch die Grisaillemalereien der sieben Tugenden rechts und der sieben Laster links am Sockel der Seitenwände. Es ist unmöglich, die Bedeutung dieser Fresken hier ausführlich zu beschreiben. Nur soviel sei angedeutet, daß sie einmal den entscheidenden Schritt zur Überwindung des byzantinischen Erbes und zur Begründung einer abendländisch-italienischen Malerei darstellen, zum andern darüber hinaus die Konzeption einer völlig neuen Bildeinheit verwirklichen, die zugleich monumental und menschlich beseelt ist. Was die Großartigkeit der figuralen Einzelgestaltung anbelangt, sind nur einige Kathedralskulpturen des mittleren 13. Jahrhunderts in Chartres, Reims, Bamberg und Naumburg damit zu vergleichen, hinsichtlich der formalen und innerlichen Verknüpfung der szenischen Komposition gibt es nichts Vergleichbares. Man möge sich, um nur wenige Beispiele herauszugreifen, in den Aufbau des ›Opfer Joachims‹ (rechts oben), des ›Traumes Joachims‹ (daneben), der ›Auferweckung des Lazarus‹ (linke mittlere Reihe) oder der ›Beweinung Christi‹ (linke untere Reihe) vertiefen, um das Zusammenwirken von Körpern und Linien, die Spannungsdynamik der Gesten, die Kontraste von Leere und Fülle zu erleben. Stilbegrifflich gehören diese Malereien in die Zeit der hohen Gotik, was aber gar nichts besagt, da sie in ihrer genialen Einzigartigkeit gleichsam jeder Zeitgebundenheit enthoben sind, so daß sie noch heute eine unmittelbare Wirkung ausstrahlen können. – Wirklich gotisch dagegen ist die in denselben Jahren entstandene ›Marmormadonna‹ des *Giovanni Pisano* auf dem Altar, eines der schönsten Werke dieses Pisaner Bildhauers.

Unmittelbar außerhalb der Arena-Kapelle liegt die *Chiesa degli Eremitani*, eine mächtige Saalkirche von 1276–1306, die in der Cappella Ovetari am rechten Querarm den zweitbedeutendsten Freskenzyklus Paduas enthielt, der indes durch Bomben fast völlig zerstört wurde: die Legenden der hl. Jakobus und Christophorus von *Andrea Mantegna*, zwischen 1448 und 1456 ausgeführt. Allein an der ›Himmelfahrt Mariens‹, dem ›Martyrium des hl. Christophorus‹ und dem ›Transport seines Leichnams‹, die wegen schlechter Erhaltung schon im 19. Jahrhundert abgenommen worden waren und geborgen werden konnten, ist noch etwas von der Kunst des Meisters zu erkennen, der scharfen Realismus mit antiker Würde verband und illusionistische Perspektiven konstruierte, die einer tiefen Raumerschließung dienten, wie sie bis dahin selbst in der toskanischen Malerei nicht erreicht worden war. Besonders diese Fresken machten den stärksten Eindruck auf Michael Pacher und andere deutsche Maler vom Ende des 15. und Anfang des 16. Jahrhunderts.

Von hier aus gelangt man durch den Corso Garibaldi auf geradem Wege ins Zentrum der Stadt, wo sich in unmittelbarer Nähe der Piazza Cavour das 1831 erbaute klassizistische *Café Pedrocchi* befindet, dessen Erwähnung wegen seiner politischen Bedeutung für die italienische Geschichte des 19. Jahrhunderts nicht unterbleiben darf. – Ganz in der Nähe liegt zwischen der Piazza delle Erbe und der Piazza delle Frutta, noch heute wie im Mittelalter die Hauptmarktplätze der Stadt, der *Palazzo della Ragione* (Abb. 164). Die ursprüngliche Anlage dieses Stadtpalastes entstand 1218–19. 1306 fand ein erweiternder Umbau statt, dem die zweigeschossigen Loggien entstammen, wobei das Obergeschoß von Giotto mit Fresken geschmückt wurde, die in einem Brande von 1420 untergingen. Die Erneuerung ließ den wohl grandiosesten mittelalterlichen Saal Italiens entstehen (etwa 79 m lang, 27 m breit und 26,72 m hoch), nach dem das Gebäude seinen Namen ›Il Salone‹ erhielt (Abb. 165). Das auf den Bau von 1306 zurückgehende und wiederholt erneuerte hölzerne Kielbogendach galt als ein Wunder der Zeit. Die nach 1420 entstandenen Fresken des Saales stellen in den oberen drei Bändern ein komplexes religiös-astrologisches System dar, das auf das giotteske Schema zurückgehen soll. Das ganze Gebäude inmitten des vormittäglichen Marktgewühls und insbesondere der Saal gehören zu den unvergeßlichsten Eindrücken italienischer Stadtkultur. – Auch die anderen Regierungsgebäude der freien Stadt, der Palazzo del Podestà und der Palazzo del Consiglio, von deren mittelalterlichen Konstruktionen nur wenig erhalten ist, erhoben sich hier.

An der nach Westen folgenden *Piazza dei Signori* liegt auf einer hohen Freitreppe die 1496–1533 erbaute schöne *Loggia del Gran Guardia* oder *del Consiglio* (Abb. 173) und an der Schmalseite der *Palazzo del Capitanio,* der 1599–1605 an Stelle des mittelalterlichen Palastes der Carraresi errichtet wurde. Der zugehörige *Arco dell'Orologio* ist 1532 unter Verwendung des Turmes des Carraresi-Palastes entstanden und enthält die erste, 1344 erfundene öffentliche Uhr Italiens, die 1427–37 erneuert und erweitert worden ist. Mit diesem Platz hat Venedig bewußt gegenüber dem mittelalterlichen Regierungszentrum der selbständigen Kommune einen eigenen Mittelpunkt seiner Herrschaft geschaffen (vgl. Brescia).

Das ganz in der Nähe liegende *Baptisterium,* 1171 bereits bestehend und 1260 als Kubus mit Kuppelzylinder erneuert, ist im Innern völlig mit Fresken bedeckt (1376 vollendet), die ein Hauptwerk des Florentiners *Giusto de'Menabuoi* darstellen und sehr eindrucksvoll die Entwicklung der toskanischen Malerei nach Giotto verdeutlichen, den Verlust von dessen Monumentalität, dafür Intensivierung des Erzählerisch-Illustrativen. Es bedurfte des Auftretens Masaccios einige Jahrzehnte später, um auf neuer Stufe wieder die Größe Giottos zu erreichen. – Der im 9. Jahrhundert gegründete, im 12. umgebaute und im 15. restaurierte *Dom* ist ab 1547 nach, wie man glaubt, einem sehr veränderten Entwurf Michelangelos vollständig neu errichtet worden. Das Innere hat in der Tat etwas von michelangelesker Gewalt. – An dieser Stelle sei wegen der Gleichaltrigkeit mit dem ursprünglichen Dom und wegen der sehr eindrucksvollen Außengliederung des Chores die abseits im Osten der Stadt an der Via Altinate liegende Kirche *S. Sofia* erwähnt. Das mit Blendarkaden versehene Untergeschoß stammt von dem Gründungsbau des späten 9. Jahrhunderts, der vermutlich ein Zentralbau war; das Mittelgeschoß mit tiefen Nischen und das Obergeschoß mit Galerie gehören einer Erneuerung des 12. Jahrhunderts an. Die Gesamtordnung ist eigentümlich verwandt mit dem Aufbau antiker Theater.

Zum Zentrum zurückgekehrt, lohnt der Blick in den überaus klassisch wirkenden Hof der *Universität* (Abb. 174) aus der Mitte des 16. Jahrhunderts und der Besuch des *Teatro Anatomico* von 1591, der ersten Anlage dieser Art in Europa, die noch bis 1872 Anatomievorlesungen diente. – Von hier führt der Weg durch die Via del Santo zur weiten *Piazza del Santo,* auf der das *Reiterdenkmal des Gattamelata* (Erasmo de' Narni) von *Donatello* steht (Abb. 167). Der Condottiere der venezianischen Republik war 1443 in Padua gestorben und im Santo bestattet worden. Witwe und Sohn beauftragten den seit demselben Jahr in Padua weilenden Bildhauer 1447 mit dieser Ehrenstatue, die beim Fortgang des Künstlers 1453 fertig war. Der Gattamelata ist der erste überlebensgroße und freistehende Reiter in Bronze seit der Antike. Der Marc Aurel auf dem römischen Kapitol und der im 18. Jahrhundert zerstörte ›Regisole‹ in Pavia waren die Vorbilder, ebenso die prachtvollen antiken Bronzepferde über der Fassade von S. Marco in Venedig. Noch aber hat sich das Denkmal trotz seiner Ablösung von der Architektur nicht von der inneren Verbundenheit mit der Kirche gelöst: der hohe Sockel stellt ein Mausoleum dar, so daß der Gedanke des Grabmals bewahrt bleibt, der bei dem späteren Colleoni des Verrocchio in Venedig dem des rein weltlichen Ehrenmals gewichen ist. Durch wohlbedachte Kunstmittel – Führung der Arme, des Feldherrnstabes und des Schwertes – hat Donatello Mensch und Tier zur Einheit gebracht und es verstanden, was bei Reiterstatuen immer schwer ist, den Condottiere gegenüber dem mächtigen Pferd voll zur Geltung kommen zu lassen.

Den großartigen Hintergrund des Denkmals bildet die *Basilica di S. Antonio* (Abb. 166), auch einfach *Il Santo* genannt, weil für die Paduaner dieser, ihr hl. Antonius von Padua der Heilige schlechthin ist. Ein Jahr nach seinem 1231 erfolgten Tode begann der Bau der dreischiffigen Emporenbasilika mit Chorumgang und rechteckigen Radialkapellen, deren größte Eigentümlichkeit die sechs halbkugelförmigen Kuppeln byzantinischen Typs sind, die unter dem Einfluß von S. Marco in Venedig als Überwölbung gewählt wurden. Der Eindruck sowohl des Äußeren als auch des Inneren unterscheidet sich dadurch von aller nordischen Gotik, die doch für den Grundriß bestimmend war, so tiefgreifend, daß hier besonders eindringlich zu erleben ist, wie wenig die Italiener im allgemeinen geneigt waren, den eigentlichen Geist der Gotik zu akzeptieren. Der Bau zog sich bis zur Mitte des 14. Jahrhunderts hin; die große Reliquienkapelle am Chorende mit der siebenten Kuppel ist ab 1690 zugefügt worden. Der schönste Anblick des vor allem in den Ostteilen überaus malerischen Ganzen bietet sich von der Via

Cesarotti im Nordosten aus. – Das 115 m lange und 35,20 m breite Innere ist reich ausgestattet. Es ist empfehlenswert, sich nach der Betrachtung des Gattamelata sogleich dem Hochaltar zuzuwenden, der 1446–50 von *Donatello* errichtet wurde. Der heutige Aufbau hat mit dem ursprünglichen, der schwer zu rekonstruieren ist, nichts zu tun (vgl. Mantegnas Hochaltar in S. Zeno zu Verona), enthält aber alle Skulpturen des Künstlers, die seinen ungemeinen Ausdrucksreichtum zeigen. Die hoheitsvolle thronende Maria, die das Kind in byzantinischer Tradition vor dem Leib hält, ist von den vielfältig charakterisierten und bewegten hll. Franziskus, Daniel, Ludwig, Antonius, Justina und Prosdocimus begleitet, darüber der expressive Gekreuzigte. An Vorder- und Rückseite der Predella sind die vier Bronzereliefs mit Wundertaten des hl. Antonius angebracht (Abb. 168), Erzählungen von großartiger Fülle der Erfindungen und trotzdem klarster Gliederung, an denen sich fraglos der junge Mantegna inspiriert hat. Außerdem befindet sich an der Rückseite das Steinrelief der Grablegung Christi, eines der an dramatischer Ausdruckskraft vollendetsten Werke des Bildhauers. – Das Schaffen Donatellos in Padua hat die Entstehung einer fruchtbaren einheimischen Schule von Bronzebildhauern bewirkt, wofür der 1507–15 entstandene *Kandelaber* des *Andrea Briosco* links vom Hochaltar Zeugnis ablegt. – Der rechte Querarm der Kirche ist 1372–77 zur *Cappella di S. Felice* oder S. Jacopo umgestaltet worden, die eines der schönsten und besterhaltenen gotischen Gesamtwerke darstellt, das besonderen Wert noch durch die Wandmalereien des Veronesers *Altichiero Altichieri* von 1377–79 erhält. Diese Fresken zeigen in anderer Weise als die des Baptisteriums, dekorativer und zugleich effektvoller, die Auswirkungen Giottos in Norditalien. – Der linke Querschiffarm wurde im 16. Jahrhundert zur *Cappella dell'Arca del Santo* gemacht, die den Silberbehälter mit dem Leichnam des hl. Antonius enthält und für die Gläubigen noch heute der stärkste Anziehungspunkt der Kirche ist. – Schließlich sei das *Grabmal des Kardinals Pietro Bembo* (1547 gest.) von Michele Sammicheli am zweiten Mittelschiffpfeiler rechts erwähnt, jener für den Humanismus der Hochrenaissance so bedeutenden und liebenswerten Persönlichkeit, der Castiglione im ›Cortegiano‹ (vgl. Ferrara) ein großartiges Denkmal gesetzt hat, und die sich selbst mit den ›Asolani‹, die das Leben am Hofe der Caterina Cornaro, letzter Königin von Zypern, in dem malerischen Voralpen-Bergnest Asolo schildern, einen ehrenden Platz in der Geschichte der italienischen Dichtkunst gesichert hat.

An dem Platz vor der Kirche befindet sich rechts das 1377–84 errichtete *Oratorio di S. Giorgio* mit den gleichzeitigen Fresken von *Altichieri,* dem als wichtigster Mitarbeiter *Jacopo Avanzo* zur Seite gestanden haben soll, dessen Tätigkeit aber nicht sicher festzustellen ist. Unter den Darstellungen sind besonders diejenigen der Legende der hl. Lucia wegen ihres erzählerischen Reichtums von höchstem Interesse. Mit den vier verhältnismäßig guterhaltenen Zyklen der Arena, des Baptisteriums, des Santo und dieses Oratoriums besitzt Padua einen der reichsten Schätze italienischer Wandmalereien des 14. Jahrhunderts. – Es folgt daneben die *Scuola di S. Antonio,* derem 1427 entstandenen Erdgeschoß Anfang des 16. Jahrhunderts ein oberer Saal zugefügt wurde, der Fresken mit Szenen aus dem Leben des hl. Antonius enthält. Drei von ihnen wurden 1511 von *Tizian* ausgeführt: ›Das Wunder des Neugeborenen‹ (2. von rechts), ›Die Heilung der erdolchten Frau‹ (12. von rechts) und ›Das Wunder des angeheilten Fußes‹ (13. von rechts), frühe Meisterwerke des Malers und seltene Beispiele seiner Tätigkeit als Freskant. – Es schließt sich das *Museo Civico* an, auf dessen reiche Sammlungen hier nur hingewiesen werden kann.

Vom Museum aus gelangt man zu dem riesigen *Prato della Valle,* der 1775 angelegt worden ist. In römischer Zeit befand sich hier eines der Zentren der Stadt mit Tempel, Theater und Zirkus; im Mittelalter fanden Turniere und Pferderennen statt. An der Südostecke des Platzes erhebt sich die 1518–87 neuerbaute Basilika *S. Giustina,* deren Ostteile mit acht Kuppeln eines der phantastischsten Bilder sakraler Architektur bieten. Das Innere nimmt mit 122,50 m Länge, 31,50 m Breite des Langhauses und 82 m Breite des Querhauses an Größe den 11. Platz unter allen christlichen Kirchen ein. Von dem Gründungsbau des 5.–6. Jahrhunderts ist das kleine kreuzförmige Sacello di S. Prosdecimo erhalten, das vom rechten Querarm aus zu erreichen ist und die einzige vollständig bewahrte Ikonostasis des 6. Jahrhunderts enthält. Ebenfalls von diesem Querarm aus gelangt man zum Corridoio Grande mit einem reliefgeschmückten Portalarchitrav des frühen 13. Jahrhunderts von der romanischen Kirche und zum Coro Vecchio mit einem prachtvollen Chorgestühl von 1467–77, dessen Intarsien u. a. Stadtansichten und Bauwerke Paduas zeigen. Im linken Querarm befindet sich die Arca di S. Luca, ein Werk der Pisaner Schule von 1316 mit Alabasterskulpturen. Schließlich sei noch auf das ›Martyrium der Justina‹ von Paolo Veronese (1575) in der Apsis des Chores hingewiesen, ein Werk von barocker Fülle, das viel von der Entwicklung der kommenden Jahrhunderte vorausnimmt. So stellt S. Giustina mit ihren Erinnerungen vom 5. Jahrhundert bis zum Ende der abendländischen Kultur einen würdigen Schlußstein des Besuchs von Padua dar.

Pomposa

Die wichtigsten Sehenswürdigkeiten:
Abtei von Pomposa

Wie die Abtei von Nonántola im Zusammenhang mit Modena erwähnt wurde, kann im Anschluß an Ferrara die etwa 50 km ostwärts dieser Stadt gelegene *Abtei von Pomposa* (Abb. 187) behandelt werden, die im frühen Mittelalter eine ebenso eminente politische und kulturelle Rolle spielte, wie sie anschließend den freien Städten zukam. Die Abtei wurde wahrscheinlich im 7. Jahrhundert von Benediktinern auf einer Insel in weitem Lagunengebiet gegründet. Im 9. Jahrhundert wird sie erstmals in einem Brief von Papst Johannes VIII. an Kaiser Ludwig II. bezeugt. 981 war sie vom Kloster S. Salvatore in Pavia abhängig, 999 vom Erzbischof von Ravenna, dem Kaiser Otto III. sie jedoch entzog, indem er ihr den Titel einer königlichen Abtei verlieh. Weitere kaiserliche und päpstliche Privilegien erhielten im 11. Jahrhundert ihre Unabhängigkeit; durch Schenkungen erwarb sie enormen Grundbesitz und Reichtum und wurde ein bedeutendes kulturelles Zentrum. *Guido von Arezzo* schuf hier die Grundlagen der heutigen Notenschrift. Auch im 12. Jahrhundert, als sie wieder unter die Jurisdiktion der Erzbischöfe von Ravenna gekommen war, behielt sie ihre frühere Bedeutung. Der allmähliche Rückgang begann im 13. Jahrhundert durch Änderung des Verlaufs des Po, womit eine erhebliche Klimaverschlechterung einsetzte. Die Zahl der Mönche verringerte sich mit der Zeit zunehmend, der Rest ließ sich 1496 in Ferrara nieder. Bis zum 17. Jahrhundert bewachten noch vier Mönche die Bauten, die dann verlassen blieben und verfielen. Nach der Säkularisierung von 1802 dienten die Räume landwirtschaftlichen Zwecken. – In ihrer Glanzzeit hielten sich Otto II., Benedikt VIII., Markgraf Bonifazius von Toskana, Vater der Gräfin Mathilde, und Barbarossa (1177) hier auf; Dante besuchte sie 1321.

Die Abteikirche *S. Maria* aus dem Anfang des 9. Jahrhunderts (Abb. 188) ist eine dreischiffige querschifflose Basilika mit außen polygonaler, innen halbrunder Apsis mit Blendbogengliederung nach dem Typus der ravennatischen Kirchen des 6. Jahrhunderts. Anfang des 11. Jahrhunderts wurde sie um zwei Joche verlängert, mit dem Atrium versehen und 1026 neu geweiht. Anschließend, 1036, entstand der 48 m hohe Campanile des Deusdedit. Das Innere (Abb. 189) enthält bedeutende Freskendekorationen des 14. Jahrhunderts: Die ›Majestas Domini‹ in der Apsiswölbung mit der ›Eustachius-

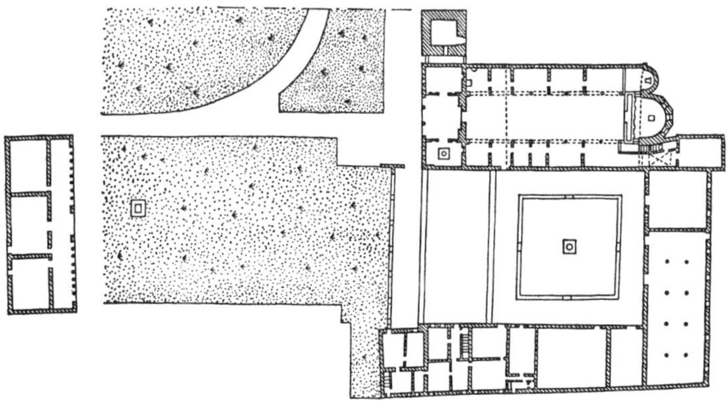

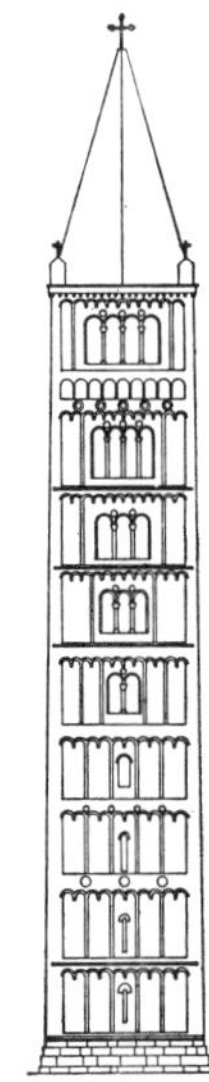

Pomposa, Grundriß der Klosteranlage und Campanile der Badia S. Maria (1036)

Legende‹ darunter von Vitale da Bologna und Gehilfen (1351), das ›Jüngste Gericht‹ an der Westwand und die Zyklen des Alten und Neuen Testamentes und der Apokalypse an den Mittelschiffswänden von bolognesischen Malern der Vitale-Nachfolge. – Im Kapitelsaal des anschließenden Klosters befinden sich Wandmalereien aus dem Anfang des 14. Jahrhunders, darunter eine eindrucksvolle giotteske ›Kreuzigung‹, und im Refektorium zwischen 1316 und 1320 entstandene Fresken, die Pietro da Rimini zugeschrieben werden, einem von Giotto beeinflußten Meister, die neben Christus zwischen Maria, Johannes d. T., den hll. Benedikt und Guido von Ravenna links das Abendmahl und rechts das Wunder des hl. Guido darstellen, der für einen Gast Wasser in Wein verwandelte.

Der der Abtei gegenüberliegende *Palazzo della Ragione* mit Portikus und Loggia, in dem der Abt Gericht hielt, wurde im 11. Jahrhundert errichtet, Zeugnis für die damalige völlige Unabhängigkeit des Klosters.

Ravenna

> Die Vereinigung dreier weltberühmter Mausoleen in Ravenna, welche so große Abschnitte geschichtlichen Lebens bezeichnen, ist ganz wunderbar: Galla Placidia, Theoderich und Dante! Der Gang von dem einen zum andern ist wahrlich eine Wanderung durch weite, von großen Gestalten erfüllte Räume der Weltgeschichte. (1863)
>
> (Ferdinand Gregorovius, Wanderjahre in Italien, Dresden 1925, S. 53)

Die wichtigsten Sehenswürdigkeiten:
Mausoleum der Galla Placidia · S. Vitale · S. Apollinare Nuovo · Baptisterium der Orthodoxen · S. Apollinare in Classe

Mit Ravenna verbinden sich Vorstellungen frühchristlicher Bauten und Mosaiken, einmaliger Zeugnisse einer zwischen Antike, Byzanz und Abendland blühenden Kultur; Erinnerungen an Dietrich von Bern (Theoderich) und die Rabenschlacht der deutschen Sage, an Karl d. Gr. und an eine stille Einsamkeit, in die die Stadt und ihre Monumente für Jahrhunderte versunken waren. Moderne industrielle Entwicklung und Reiseverkehr haben die Verlassenheit, wie sie noch vor wenigen Jahrzehnten bestand, allerdings aufgehoben, ohne indes den Charakter des Ortes völlig zu zerstören.

Die Siedlung entstand wahrscheinlich während der gallischen Invasionen seit dem 6. Jahrhundert v. Chr., als Angehörige der besiegten Stämme auf den vielen kleinen Laguneninseln am damaligen Südrand des Po-Deltas Zuflucht suchten. 88 v. Chr. erhielt die Stadt römisches Bürgerrecht, 49 v. Chr. zog Cäsar von hier zur Überschreitung des Rubikon aus (»alea iacta est«). Augustus machte den Porto di Classe vor der Stadt zum zweitwichtigsten römischen Kriegshafen. Gegen Ende des weströmischen Reiches wählte Kaiser Honorius 404 Ravenna als Hauptstadt, in der von 425–445 seine Schwester Galla Placidia (450 gestorben) regierte. Die folgenden germanischen Könige übernahmen römische Kultur und Tradition und Ravenna als Hauptstadt: Odoaker, Heerführer der Heruler oder Skiren, von 476–493, der den letzten weströmischen Kaiser Romulus Augustulus 476 absetzte, und Theoderich, König der Ostgoten, von 493–526, der sich mit unwahrscheinlicher Schnelle fast ganz Italien unterwarf und außer in Ravenna Paläste in Pavia und Verona errichtete, die mit römischen Kaiserpalästen wetteiferten. 455 geboren und bis 470 als Geisel am kaiserlichen Hof in Byzanz fürstlich erzogen, kämpfte er ab 488 im Auftrag Kaiser Zenos gegen Odoaker, den er 493 in der Schlacht bei Ravenna (›Rabenschlacht‹) endgültig besiegte und vertragsbrüchig ermordete. So kometenhaft sein Aufstieg war, war es auch der Untergang seines Volkes, das als Arianer und reine Krieger den Unterworfenen fremd und verhaßt blieb im Gegensatz zu den folgenden, ursprünglich ebenfalls arianischen Langobarden, die aber bald katholisch wurden und sich mit der Bevölkerung mischten. 553 wurde der Rest der Ostgoten unter Teja in der Schlacht am Vesuv vernichtet; von ihrer jahrzehntelangen Herrschaft in Italien blieb außer in Ravenna keine Spur. Dieses war inzwischen 540 von Byzanz erobert worden und blieb bis 751, als es an die Langobarden fiel, Hauptstadt des byzantinischen Exarchats, der ungefähr die heutige Romagna und die nördlichen Marken umfaßte. Dadurch erlosch niemals das städtische Leben, auch nicht, als es bei der Neuteilung des Exarchats durch den Franken Pippin 756 an den Papst fiel, dem es nominell, mit Ausnahme der venezianischen Herrschaft von 1441–1509 und der napoleonischen Zeit von 1797–1815, bis 1860 unterstand. Trotzdem gehörte Ravenna zu den frühesten, nach Selbständigkeit strebenden Kommunen. Um sich der päpstlichen Herrschaft zu entziehen, stand es bis zum 12. Jahrhundert auf kaiserlicher Seite, was schon früh die Entstehung einer berühmten Rechtsschule bedingte, deren Erbschaft dann Bologna antrat. Im 13. Jahrhundert wechselten kaiserliche und kirchliche Gewalt, bis sich auch hier aus den Geschlechterkämpfen die kleine Signorie der Polenta entwickelte, die sich im wesentlichen bis zum Anfang des 15. Jahrhunderts hielt. Unter den Polenta

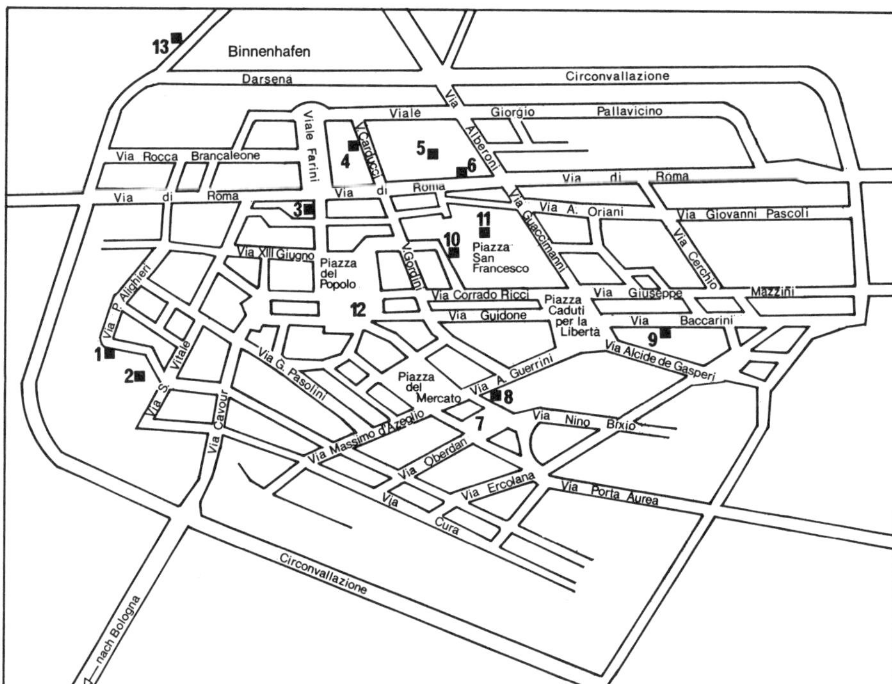

Ravenna, Übersichtsplan
1 Mausoleum der Galla Placidia 2 S. Vitale 3 Baptisterium der Arianer 4 S. Giovanni Evangelista 5 S. Apollinare Nuovo 6 Palazzo di Calchi 7 Piazza del Duomo 8 Baptisterium der Orthodoxen und Dom 9 Accademia di Belle Arte 10 Grabmal Dantes 11 S. Francesco 12 Piazza del Popolo 13 Grabmal des Theoderich (S. Apollinare in Classe außerhalb des Plans im Südosten von Ravenna)

fand der aus Florenz vertriebene Ghibelline Dante 1317 Zuflucht in der Stadt, in der er einen großen Teil der ›Göttlichen Komödie‹ schrieb und 1321 starb. Die dunkelste und ereignisloseste Periode seiner Geschichte erlebte Ravenna unter dem Kirchenstaat seit dem 16. Jahrhundert.

Um bei der Besichtigung der Stadt einigermaßen dem historischen Verlauf zu folgen, sollte man mit dem *Mausoleum der Galla Placidia* [1] beginnen, das, gegen 450 vollendet, ursprünglich wahrscheinlich zum Narthex der benachbarten kaiserlichen Palastkirche S. Lorenzo gehörte, von der wenig erhalten ist. Das einfache Äußere (Abb. 193) ist mit Blendbögen und Lisenen versehen, ältestes Beispiel dieser Gliederung, die Jahrhunderte später anregend für die proto-romanische und romanische lombardische Architektur wurde. Es unterscheidet sich gewiß mit Absicht von dem überaus feierlichen Innern, dessen kleine Räume über und über mit guterhaltenen Mosaiken geschmückt sind, die der römischen Spätantike sehr nahe stehen, ja im Grunde zu ihr gehören (Abb. 192). Im ›Guten Hirten‹ (Abb. 194) ist noch lebendige Natur spürbar, der ›Hl. Laurentius‹ gegenüber schreitet weit aus, unter dem Gewand den Körper fühlen lassend, wie es ebenso bei den Aposteln an den Tambourwänden der Fall ist. Von den drei hier befindlichen Sarkophagen stammen die beiden seitlichen aus frühchristlicher Zeit (5. bis 6. Jh.), der größere mittlere aus romanischer. In keinem von ihnen war Galla Placidia beigesetzt, eine der ungewöhnlichsten Frauen der Geschichte mit einem romanhaft abenteuerlichen Leben. 410 wurde sie bei der Eroberung Roms durch Alarich, König der Westgoten, geraubt und 414 in Gallien mit Athaulf, dem Nachfolger Alarichs, verheiratet. Nach dessen Tode kehrte sie nach Ravenna zurück und wurde 417 von Honorius gezwungen, seinen General und Mitkaiser Konstantius zu heiraten, von dem sie zwei Kinder bekam, Valentinian III. und Honoria (vgl. Brescia). 423 verbannte ihr Bruder sie nach Konstantinopel, von wo sie nach seinem Tode 424 mit einer Flotte nach Ravenna zurückkehrte, um die Regentschaft des weströmischen Reiches für ihren un-

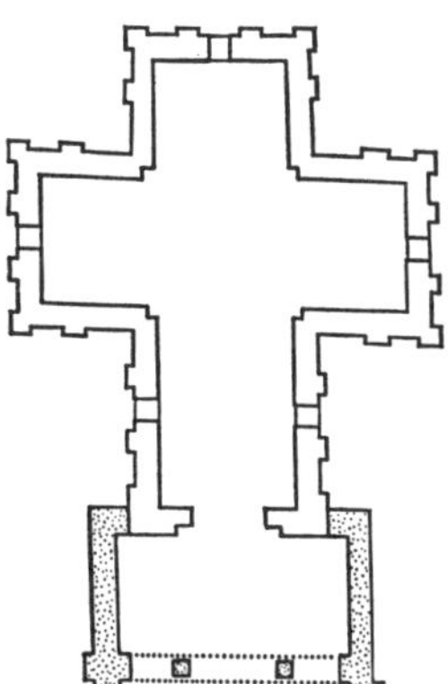

Ravenna, Mausoleum der Galla Placidia: Grundriß und Ansicht

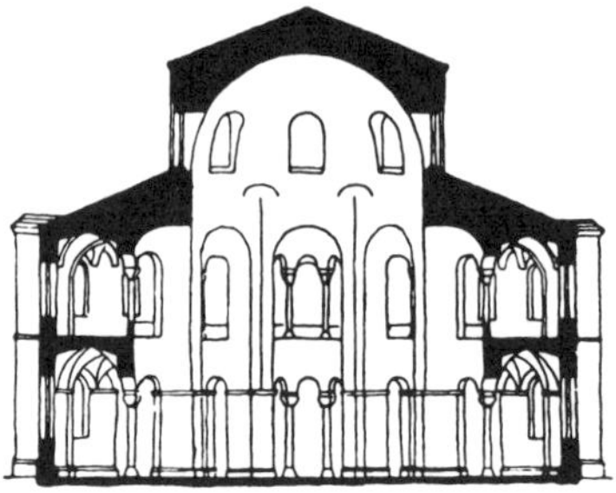

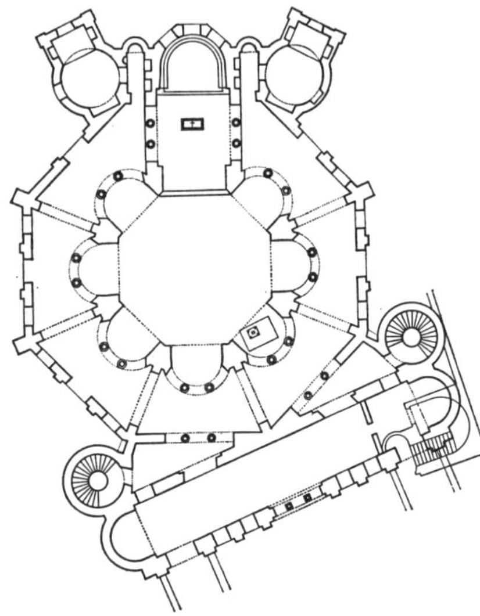

Ravenna, S. Vitale: Schnitt und Grundriß

mündigen Sohn zu übernehmen, die sie bis 445 erfolgreich ausübte. Valentinian III. ist durch seinen Sieg von 451 über die Hunnen unter Attila auf den Katalaunischen Feldern (bei Châlons-sur-Marne) bekannt.

In unmittelbarer Nachbarschaft des Mausoleums liegt der oktogonale Zentralbau von *S. Vitale* [2], um 525 noch unter Theoderich begonnen, 547 von Erzbischof Maximian geweiht (Abb. 195). Wieder steht das einfache Äußere im überraschendsten Gegensatz zum Innern (Abb. 198), dessen überkuppelter Mittelraum von einem Umgang mit Emporen umgeben ist, wobei sieben der Oktogonseiten nischenförmig in den Umgang hinein ausschwingen, dem Raum eine reiche Bewegung verleihend. Dieses Bauwerk, zumeist als frühes Beispiel vollendeter byzantinischer Architektur betrachtet, steht indes völlig in spätrömisch-frühchristlicher Tradition (vgl. S. Lorenzo in Mailand), nur daß die schwere Massigkeit und Erdverbundenheit römischer Bauten, die im Mausoleum der Galla Placidia noch spürbar war, aufgehoben und in eine unvergleichliche, fast heitere Leichtigkeit und Transparenz verwandelt worden ist, aus dem irdischen Raum einen himmlischen Palast machend. Denkt man dann an die kräftige Standfestigkeit der Aachener Pfalzkapelle Karls d. Gr., die S. Vitale als Vorbild hatte, wird die einzigartige Stellung der ravennatischen Kirche zwischen Antike und Abendland deutlich. Die von der Empore ausgesparte östliche Oktogonseite ist durch Apsis und Mosaikenschmuck als das Allerheiligste des Chores gekennzeichnet (Farbt. XVII; Abb. 197, 198). Die Mosaiken zeigen trotz zahlreicher Verknüpfungen mit der Antike ausgeprägter einen neuen hieratischen Stil, vor allem in den unter Kaiser Justinian nach 546 zugefügten überaus feierlichen Darstellungen von ›Justinian mit Gefolge‹ (Abb. 196) und ›Theodora mit Gefolge‹, die gleichsam als Stifter der Kirche auftreten, womit jede Erinnerung an den wirklichen Gründer Theoderich ausgelöscht werden sollte. Wenn

Ravenna, S. Vitale: Innenansicht

Karl d. Gr. für seine Aachener Pfalzkapelle auf S. Vitale zurückgreifen ließ, dann wird ihm dabei nicht Justinian, sondern Theoderich vor Augen gestanden haben. Denn er ließ auch das Reiterdenkmal Theoderichs nach Aachen schaffen, ebenso wie ravennatische Säulen, um damit bewußt seine Nachfolge, neben der der römischen Kaiser, auch des ersten großen germanischen Staatengründers zu dokumentieren. Die Pflege, die Karl der Erinnerung an die germanische Vergangenheit angedeihen ließ, ist vielfach bezeugt. – Das neben der Kirche befindliche *Museo Nazionale d'Antichità* enthält viele bedeutende Fragmente antiker und frühchristlicher Arbeiten aller Art (Abb. 213, 214).

Im östlichen Teil der Stadt, nahe der Via Diaz, liegt das *Baptisterium der Arianer* [3], zwischen 493 und 526 errichtet, ein kleiner oktogonaler Bau mit Kuppelmosaik der Taufe Christi und der zwölf Apostel (Abb. 204). Es gehörte zu dem ebenfalls von Theoderich erbauten arianischen Dom S. Teodoro, jetzt Chiesa dello Spirito Santo, 1543 fast vollständig erneuert. – Am Viale Farini, Fortsetzung der Via Diaz über den Corso di Roma hinaus, liegt die von der in Seenot geratenen Galla Placidia 424 gelobte dreischiffige Basilika *S. Giovanni Evangelista* [4] (Abb. 199) mit einem schönen Campanile des 10. Jahrhunderts. Vom Bau des 5. Jahrhunderts sind die Säulen erhalten, deren letzte vor dem Chor bedeutend tiefer liegen und das ursprüngliche Niveau anzeigen. Ähnliche Unterschiede gelten für alle alten Bauten, die man sich also höher und dadurch schlanker als heute wirkend vorstellen muß.

Biegt man von hier aus in den Corso di Roma ein, so trifft man an einem kleinen Platz auf *S. Apollinare Nuovo* [5], die von Theoderich zu Beginn des 6. Jahrhunderts errichtete arianische dreischiffige Säulenbasilika, die sich an die Tradition der römischen Basiliken des 4. und 5. Jahrhunderts anschließt und dementsprechend wie alle ravennatischen Basiliken des 5. und 6. Jahrhunderts kein Querschiff hat und selbstverständlich ungewölbt ist (Abb. 208). Die Mittelschiffwände sind mit Mosaiken geschmückt (Abb. 209), die über den Fenstern Szenen aus Leben und Passion Christi und zwischen den Fenstern Propheten und Heilige darstellen. Die unterste Zone enthält links den vom Hafen in Classe ausgehenden Zug von 22 Märtyrerinnen zur thronenden Maria hin, rechts den vom Theoderich-Palast ausgehenden Zug von 26 Märtyrern zum thro-

Ravenna, Baptisterium der Arianer: Ansicht des Oktogonalbaus (links) und: S. Giovanni Evangelista: Grundriß

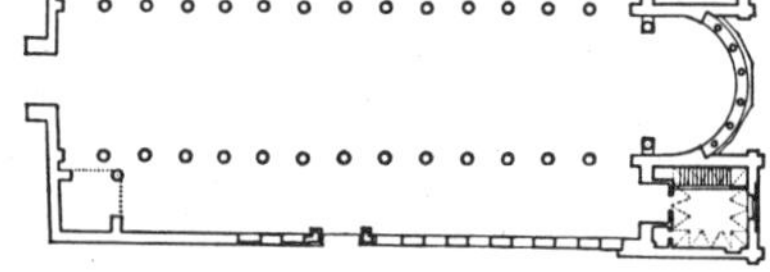

MANTUA Die Kirche S. Andrea, einer der Marksteine der Architektur der Hochrenaissance, Innenansicht

124, 125 MANTUA Das Castello S. Giorgio und die Galleria degli Specchi, in der die Uraufführung von Monteverdis ›Orf
stattfand

126 MANTUA Fresken von Andrea Mantegna in der Camera degli Sposi des Castello di S. Giorgio (vgl. Ft. XIII)

7, 128 VERONA Die Arena, Blick ins Innere und Außenansicht

129, 130 VERONA Die Piazza delle Erbe und der Brunnen der Madonna Verona mit dem Palazzo Maffei und der Torre Gardello

131 VERONA Die Kirche S. Maria Antica mit den Grabmälern der Scaliger

Alter Stich von VERONA, links die Torre dei Lamberti

VERONA Hof des Palazzo del Governo

134 VERONA Ponte Scaligero und Castelvecchio (14. Jh.)

135 VERONA S. Zeno Maggiore mit Campanile (12. Jh.), links ein Wachtturm aus dem 14. Jh.

136 VERONA Piazza dei Signori mit Loggia del Consiglio (15. Jh.) und dem Dante-Denkmal aus der Mitte des 19. Jh.

137 VERONA Reliefschmuck einer Säule der Loggia del Co siglio

8 VERONA S. Zeno Maggiore, Detail der Bronzetür (vgl. die Umschlagrückseite und Farbt. XI)

140 VICENZA Das Teatro Olimpico von Palladio

139 VICENZA Die Domfassade aus weißem und rotem Marmor (15. Jh.)

141 VICENZA Die Basilika, das Hauptwerk des Palladio

Blick auf VICENZA

143 VICENZA Piazza dei Signori mit Säulenpaar

VICENZA Die Loggia, 1571 von Palladio begonnen

145 VICENZA Palazzo del Monte di Pietà mit der eingebauten Kirche S. Vicenzo an der Piazza dei Signori

146 VICENZA Villa Rotonda

147 VICENZA Palazzo da Schio

148 VICENZA Palazzo Chiericati

, 150 VICENZA Details der Fresken des Giambattista Tiepolo (links) und seines Sohnes Giandomenico (rechts) in der Villa Valmarana

153 CASTELFRANCO Dom, ›Thronende Madonna mit den Heiligen Liberalis und Franziskus‹ von Giorgione ▷

VICENZA Die Villa Valmarana

152 VICENZA Die Basilica di Monte Bérico

4 TREVISO Die Piazza dei Signori mit dem Palazzo dei Trecento, 1271 (rechts) und dem Palazzo del Podestà mit der Torre del Comune (links)

5 TREVISO Relief der vier Evangelisten am Dom S. Pietro

156 TREVISO Der Dom S. Pietro

157 TREVISO Die Basilika S. Nicolò

158 TREVISO Löwe am Aufgang zum Dom

159 TREVISO Die gotische Casa Trevignana (15. Jh.)

 VITTORIO VENETO Burganlage oberhalb des Ortes

161 Im Fischerhafen von CAORLE

Ravenna, S. Apollinare Nuovo: Ansicht der Südseite

nenden Christus hin. Während die beiden oberen Zonen gänzlich aus der Erbauungszeit stammen und noch stark in der klassischen Tradition verankert sind, an die Mosaiken aus der ersten Hälfte des 5. Jahrhunderts in S. Maria Maggiore in Rom erinnernd, zeigen die Märtyrerzüge die ausgebildete hieratische Form byzantinischer Kunst. Denn sie sind, mit Ausnahme der beiden Stadt- und Palastbilder, erst nach der Mitte des 6. Jahrhunderts eingefügt worden, als die Kirche nach der endgültigen Vernichtung der arianischen Goten dem katholischen Glauben übergeben wurde. Was ursprünglich hier dargestellt war, ist nicht bekannt; am Palast des Theoderich befand sich wahrscheinlich das Bildnis des Königs mit Gefolge, worauf nicht getilgte Hände an den Säulen schließen lassen. Die sicher nicht der Phantasie entsprungene, sondern auf die Wirklichkeit zurückgehende Darstellung des Palastes (Abb. 207) läßt trotz der aperspektivischen Verzerrungen sehr schön die Großartigkeit der Anlage erkennen, die durchaus antiken Charakter hat. Auch die Ansicht von Classe wird wesentliche Elemente der wirklichen Hafenstadt enthalten. Die Nähe der Basilika zu dem verschwundenen Palast Theoderichs läßt übrigens darauf schließen, daß es sich bei ihr um die eigentliche ›Hofkirche‹ des Königs gehandelt hat. – Hingewiesen sei noch auf den Ambo des 6. Jahrhunderts aus griechischem Marmor. – Der zylindrische Campanile rechts von der Fassade stammt aus dem 9. Jahrhundert; die frühchristlichen und byzantinischen Kirchen hatten keinen Glockenturm. – Dicht bei S. Apollinare Nuovo erhebt sich der zweistöckige *Palazzo di Calchi* [6] (Abb. 206), den man früher für einen Teil des Theoderich-Palastes hielt, der sich aber ostwärts dahinter befand, dann für den

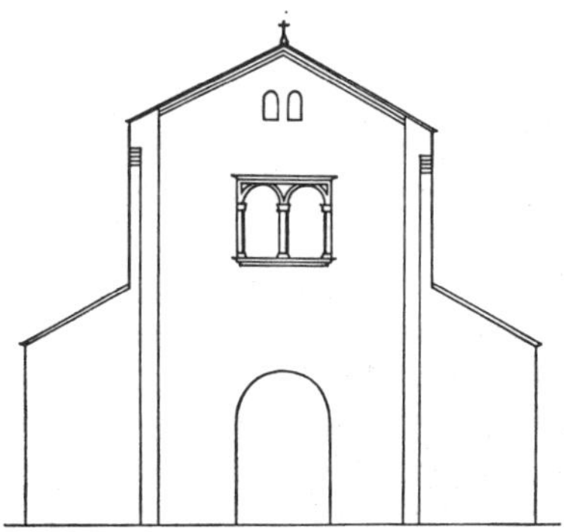

Ravenna, S. Apollinare Nuovo: Fassade und Grundriß

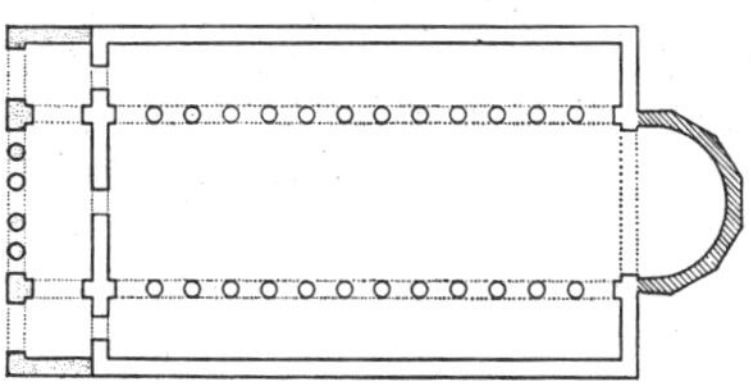

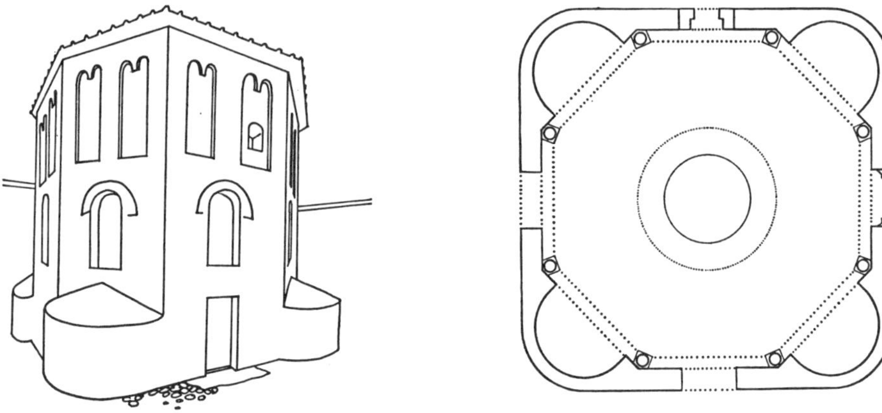

Ravenna, Baptisterium der Orthodoxen: Ansicht und Grundriß

Exarchenpalast des 7. und 8. Jahrhunderts. Neuerdings überwiegt die Meinung, daß es sich um die Narthex-Fassade der verschwundenen Kirche S. Salvatore handelt.

Von hier aus gelangt man durch die Via Guaccimanni ins Zentrum der Stadt zum *Baptisterium der Orthodoxen* aus der ersten Hälfte des 5. Jahrhunderts, dessen Basis sich 3 m unter dem heutigen Boden befindet. Zum einfachen Äußeren des Oktogons steht auch hier wieder das Innere in auffälligem Gegensatz. Die Wände (Abb. 201) sind mit Bögen und Nischen reich gegliedert, mit stark restaurierten Mosaiken, Marmorplatten und Stukkaturen über und über geschmückt. Die Kuppel ist vollständig mit guterhaltenen Mosaiken aus der Mitte des 5. Jahrhunderts bedeckt (Abb. 202), im Zentrum die Taufe Christi, darunter die Apostel mit Triumphkronen in den Händen, schließlich symbolische Darstellungen von Altären und Thronsitzen. – Der *Dom* [8] aus dem Anfang des 5. Jahrhunderts wurde 1734–43 vollständig neu gebaut, die Kuppel ist von 1780–82. Von der alten Anlage sind vier Säulen in der Vorhalle und am Mittelportal wiederverwendet worden. Im Mittelschiff befindet sich rechts der Ambo des Bischofs Agnellus aus dem 6. Jahrhundert; im rechten Querarm stehen an den Wänden der Cappella della Madonna del Sudore zwei schöne ravennatische Sarkophage aus der zweiten Hälfte des 5. Jahrhunderts. Der zylindrische Campanile stammt aus dem 9.–10. Jahrhundert. – Der im 5. und 6. Jahrhundert errichtete, aber völlig veränderte Bischofspalast, das *Arcivescovado,* enthält im *Erzbischöflichen Museum* eines der kostbarsten Werke frühchristlicher Kunst, die im 6. Jahrhundert wahrscheinlich in Alexandria hergestellte Kathedra des Erzbischofs Maximian mit zahlreichen Elfenbeinplatten, die zu den bedeutendsten Arbeiten dieser Zeit überhaupt gehören. An der Vorderseite befinden sich der Täufer und die Evangelisten, an den Seiten zehn Darstellungen aus der Josefs-Legende, an der Rückseite sieben von einst sechzehn Tafeln mit der Geschichte Christi. Die ebenfalls zum Museum gehörige erzbischöfliche Kapelle des hl.

Ravenna, Museo Arcivescovile: Elfenbeinerne Kathedra des Bischofs Maximian (Mitte 6. Jh.)

Pier Chrysologus, zwischen 491 und 519 entstanden, ist am Gewölbe mit Mosaiken geschmückt, die der Erbauungszeit angehören.

Die benachbarte *Accademia di Belle Arti* [9] beherbergt eine Gemäldesammlung mit einigen guten Werken vor allem des 17. Jahrhunderts und die Statue des Guidarello Guidarelli von 1525, ein Meisterwerk des venezianischen Bildhauers Tullio Lombardo (um 1455–1532). – In naher Entfernung liegt das 1780 errichtete *Grabmal Dantes* [10], das den ursprünglich bei S. Francesco aufgestellten antiken Sarkophag mit dem 1483 zugefügten Bildnis Dantes von Pietro Lombardo enthält. – Die dreischiffige Säulenbasilika *S. Francesco* [11], ursprünglich S. Pier Maggiore (Abb. 200), wurde kurz nach Mitte des 5. Jahrhunderts errichtet. Die ausgegrabene Chorpartie zeigt das alte Niveau, so daß die durch das steigende Grundwasser bedingte Höherlegung der Kirche hier wie in S. Giovanni Evangelista besonders deutlich zu erkennen ist. – Den eigentlichen Mittelpunkt der Stadt bildet die *Piazza del Popolo* [12], an der sich wahrscheinlich die mittelalterlichen Paläste der freien Stadt befanden, von denen nichts erhalten ist. Die beiden Säulen auf dem Platz sind 1483 von den Venezianern nach dem Vorbild der Säulen auf der Piazzetta in Venedig als Zeichen ihrer Herrschaft aufgestellt worden (Abb. 203).

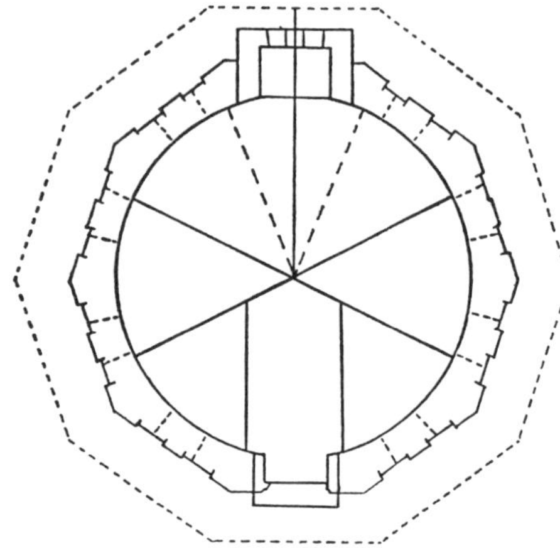

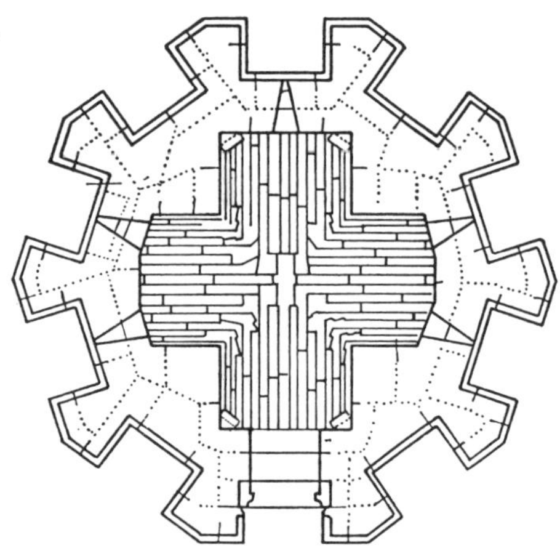

Ravenna, Grabmal des Theoderich: Ansicht und Grundrisse des unteren und oberen Geschosses

Etwas außerhalb der Stadt im Nordosten jenseits der Eisenbahn liegt das einzigartige *Grabmal des Theoderich* [13], das der König sich 520 zu Lebzeiten errichten ließ, das aber unvollendet blieb (Abb. 205). Das zehneckige Untergeschoß ist mit Bogennischen versehen, in denen im Mittelalter Sarkophage bedeutender Persönlichkeiten aufgestellt wurden (vgl. den Tempio Malatestiano in Rimini). Das vieleckige Obergeschoß ist durch rechteckige Nischen und Blendbögen gegliedert und mit einem einzigen Wölbungsstein von 10,90 m Durchmesser und 1 m Dicke gedeckt. Man hat darin eine Erinnerung an germanische Hünengräber sehen wollen, während der Bau sonst aus spätantiker Tradition abgeleitet ist. Im Zentrum des Obergeschosses steht eine große Porphyrwanne, die als Sarkophag des Königs benutzt worden ist. Nach antiker Tradition kam allein dem Herrscher Porphyr zu.

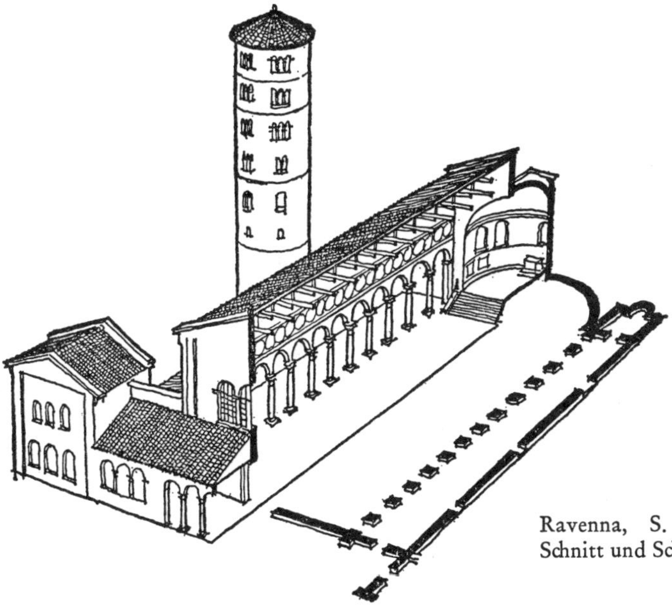

Ravenna, S. Apollinare in Classe:
Schnitt und Schnitt des Campanile

In entgegengesetzter Richtung, 5 km von Ravenna entfernt, liegt *S. Apollinare in Classe* (Abb. 210), einziger Rest der einst wichtigen Hafenstadt. Die vollständige Einsamkeit, mit der die Kirche noch bis zum letzten Weltkrieg umgeben war, ist heute verschwunden. Die dreischiffige Säulenbasilika ist in der ersten Hälfte des 6. Jahrhunderts errichtet und 549 vom Erzbischof Maximian geweiht worden. Der Campanile stammt vom Ende des 10. Jahrhunderts. Wie in S. Apollinare Nuovo hat auch hier die frühchristliche Basilika eine Fortsetzung gefunden. Das Innere (Abb. 211) vermittelt noch etwas von antiker Raumgröße und Lichtfülle, wenn auch jeder Schwere enthoben. Unter den hier aufgestellten ravennatischen Sarkophagen sind die interessantesten und ältesten (5. Jh.) derjenige links vom Eingang und die beiden letzten im rechten Seitenschiff. Chor und Apsis, etwas über der später (9. oder 12. Jh.) angelegten Krypta erhoben, sind mit Mosaiken aus verschiedenen Epochen versehen. Aus der Erbauungszeit stammt die symbolische Figuration der Verklärung, bei der Christus durch ein Kreuz und die drei Apostel durch Lämmer dargestellt sind. In der das Paradies repräsentierenden Landschaft steht der hl. Apollinaris in der Mitte einer Reihe von zwölf Lämmern, die Gläubige symbolisieren (Abb. 212). Zum ersten Mal taucht hier an der bisher Gott vorbehaltenen würdigsten Stelle der Kirche ein Märtyrer auf, der zugleich über seinem Grab in der Kirche steht, Zeichen der außerordentlichen Verehrung, die dieser Heilige des 1. Jahrhunderts, noch von Petrus selbst nach Classe geschickt, genoß. Die Mosaiken des Triumphbogens mit der Büste des segnenden Christus zwischen den Evangelistensymbolen und den Städten Jerusalem und Bethlehem, aus denen die zwölf Apostel in Form von Lämmern kommen, werden teils dem 7., teils dem 9. Jahrhundert zugeschrieben. Die Darstellungen der Seitenwände, wahrscheinlich vom Ende des 7. Jahrhunderts, zeigen den starken Einfluß der Mosaiken von S. Vitale, deren künstlerischer Höhe gegenüber aber eine erhebliche Qualitätsminderung eingetreten ist. Noch einmal wird daran deutlich, wie viel die ravennatischen Mosaiken des 5. und 6. Jahrhunderts, ebenso wie die Bauten, der Tradition der römischen Antike zu verdanken haben.

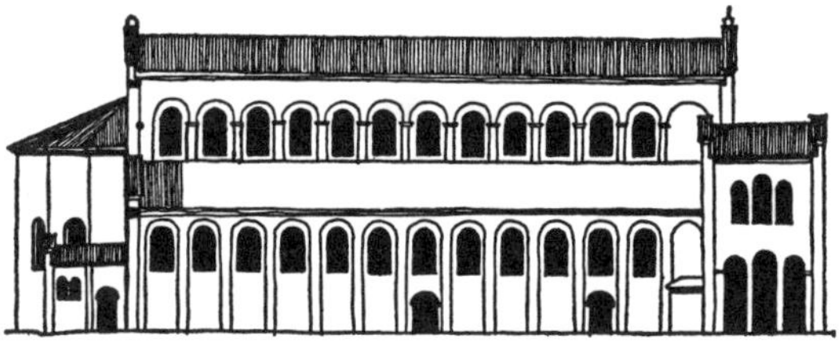

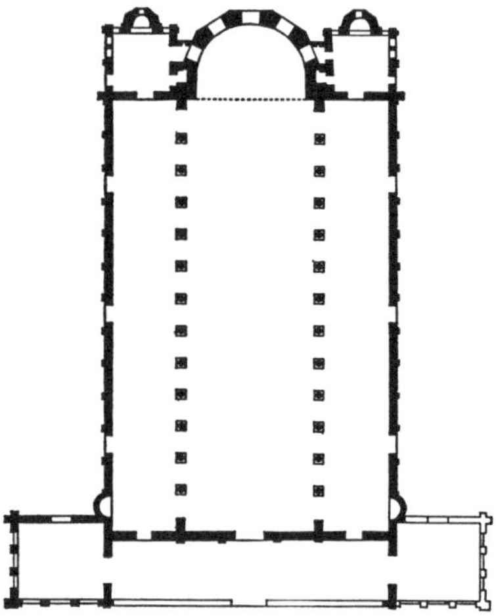

Ravenna, S. Apollinare in Classe:
Ansicht der Nordseite und Grundriß

Rimini

Die wichtigsten Sehenswürdigkeiten:
Tempio Malatestiano · Augustus-Bogen

Bei vielen ruft Rimini Vorstellungen eines beliebten und belebten Seebades wach, bei anderen Erinnerungen an Dantes Francesca und Paolo, so wie es bei Verona mit Shakespeares Romeo und Julia geschieht. Die beiden Bezirke von Bad und Stadt werden durch die Bahnlinie aber scharf voneinander getrennt. Fast unberührt vom Ferienbetrieb liegt das alte Rimini landeinwärts, seine Geschichte von der Antike bis zur Renaissance in einzigartigen Monumenten bewahrend.

Umbro-etruskischen Ursprungs, fiel die Siedlung um 400 v. Chr. in die Hände der Gallier. 268 v. Chr. machten die Römer sie zur Kolonie *Ariminum*, die später ein wichtiger Straßenknotenpunkt wurde: hier endete die Flaminia aus Rom und nahmen die Via Aemilia nach Nordwesten und die Via Popolia an der Küste entlang ihren Ausgang. Gleichzeitig entwickelte sich Rimini zu einem der wichtigsten Häfen des römischen Reiches. 359 fand hier ein ökumenisches Konzil statt, das zweite nach Nicäa, das wegen seines Arianismus indes von der katholischen Kirche nicht anerkannt wird. Im 6. Jahrhundert fiel es an Byzanz, das nach 567 bis zur Mitte des 8. Jahrhunderts eigene Herzöge einsetzte, wodurch das städtische Leben nie abbrach. Danach wurde es päpstliches Gebiet. 1157 verlieh ihm Kaiser Friedrich I. einen autonomen Magistrat. Wirklich freie Stadt wurde es erst gegen die Mitte des 13. Jahrhunderts, jedoch nur für kurze Zeit. Denn schon 1295 siegten im Geschlechterkampf die Malatesta. Die von Dante im Inferno V besungene und später, vor allem in der Romantik des 19. Jahrhunderts, oft dargestellte Liebestragödie der Francesca da Rimini fand 1283 oder 1284 statt. Gianciotto Malatesta, der Gemahl der Francesca, überraschte diese mit seinem Bruder Paolo, wie sie sich bei der Lektüre von Lanzelot und Ginevra aus der Artus-Sage küßten, und tötete beide: »quel giorno più non vi leggemmo avante« (an jenem Tage lasen wir nicht weiter). Die größte Ausdehnung der Malatesta-Herrschaft über viele Städte und Burgen der Romagna und Marken, zeitweise auch des Veneto und der Lombardei bis Bergamo und Brescia hinauf, fand im 14. Jahrhundert statt. Den größten Glanz vereinigte die Signorie bei gleichzeitiger Reduzierung auf Rimini allein durch Sigismondo Malatesta (1417–68), dessen Hof mit denen von Urbino, Mantua, Ferrara und Mailand an Ruhm wetteiferte. Sigismondo war ein typischer Vertreter der zahlreichen größeren und kleineren Tyrannen des 15. Jahrhunderts. Als Condottiere verdingte er sich wie viele andere, so auch sein größter Gegner Federigo da Montefeltro von Urbino, den verschiedensten Mächten; er galt als hervorragender Festungsspezialist, er war Dichter und Philosoph und stellte gleichzeitig für seine sonst nicht sehr empfindsamen Zeitgenossen den Abschaum der Menschheit dar. Der Papst warf ihm Mord, Blutschande, Raub, Päderastie und Ketzerei vor, letzteres wohl wegen des ›Tempio Malatestiano‹, jener Kirche, die Sigismondo weniger zu Ehren des hl. Franziskus als sich selbst und seiner Geliebten Isotta zum Ruhme von Alberti umbauen ließ. In seiner Persón vereinigten sich in extremsten Maße Zügellosigkeit und Grausamkeit mit Liebe zur Kunst und zum Humanismus. Vieles was für ihn gilt, läßt sich auf die Visconti, Sforza, Scaliger, Este usw. übertragen, was eine endlose Wiederholung von Verwandtenmorden, Verrat, Unterdrückung ergeben würde. Das Beispiel des Malatesta mag genügen, um auf den dunklen Hintergrund zu weisen, von dem sich so viel Glanz der Tyrannenhöfe des 14. und 15. Jahrhunderts abhebt. Der dem Sigismondo ähnlich berühmte und berüchtigte Cesare Borgia (1475–1507), Sohn Papst Alexanders VI., Condottiere, Gründer eines ephemeren Herzogtums der Romagna und Urbild des ›Fürsten‹ von Machiavelli, vertrieb 1500 Pandolfo Malatesta aus Rimini, der 1503 für wenige Monate zurückkehrte, allerdings nur, um die Stadt an Venedig zu verkaufen. 1509 kam sie an den Kirchenstaat, bei dem sie mit kurzen Unterbrechungen bis 1859 verblieb.

Zentrum der mittelalterlichen Stadt ist die *Piazza Cavour* mit einer 1611–13 entstandenen Bronzestatue Papst Pauls V. von Nicola Cordier. An der Ostseite erhebt sich der 1204 errichtete *Palazzo dell'Arengo* (Abb. 216) mit offenem Portikus und reich durchfenstertem Obergeschoß, das von einem einzigen Saal (38,50 : 14,50 m) eingenommen wird, in dem sich der Rat des Volkes versammelte. Links daneben liegt der 1334 erbaute *Palazzo del Podestà*, dessen Hauptfassade, von der drei Arkaden erhalten sind, zum jetzigen Hof hin gerichtet war. – In der nahegelegenen Via Sigismondo steht die einschiffige Kirche *S. Agostino* von 1247, in deren Apsis und Campanile sich der einzige aus dem 14. Jahrhundert bewahrte Freskenzyklus befindet, ein bedeutendes Hauptwerk der unter Giottos Einfluß stehenden Schule von Rimini, deren führender Meister Giovanni Baronzio war. Seine Teilnahme ist umstritten, von einigen werden ihm die Wandmalereien der Campanile-Kapelle zugeschrieben.

Auf dem Rückweg zur Piazza Cavour sieht man links am Ende der Piazza Malatesta die Ruinen des *Castello Sigismondo* (Abb. 218), das 1446 von Sigismondo Malatesta an Stelle der alten Wohnsitze der Familie aus dem 13. Jahrhundert errichtet worden ist, in denen sich wahrscheinlich die Tragödie der Francesca abgespielt hat. – Über die Piazza Cavour und dem Corso di Augusto nach links folgend, kommt man zum *Ponte di Tiberio*, einer der besterhaltenen römischen Brücken, von Augustus begonnen und unter Tiberius zwischen 14 und 21 n. Chr. vollendet. Sie ist aus istrischem Travertin auf fünf Bögen konstruiert, deren mittlerer eine Spannweite von 10,50 m hat. – Jenseits der Brücke beginnt der Viale Tiberio, in dessen vierter Querstraße rechts die 1551–78 entstandene Saalkirche *S. Giuliano* liegt, die mit dem ›Martyrium des hl. Giuliano‹ ein Hauptwerk aus der Spätzeit von *Paolo Veronese* (1528–88) enthält. –

Am anderen Ende des Corso di Augusto steht der 27 v. Chr. errichtete *Augustus-Bogen*, ältester und einer der schönsten erhaltenen römischen Triumphbögen (Abb. 215), ursprünglich von einer Bronzestatue des Kaiser auf einer Quadriga gekrönt. Er bezeichnete den Punkt, an dem die Via Flaminia endete und die Via Aemilia begann. Die Ochsenköpfe am Bogen sind Symbole der römischen Kolonie. – Nördlich davon sind geringe Reste des römischen *Amphitheaters* aus der Zeit des Augustus oder Tiberius erhalten, dessen Arena etwa die Maße des römischen Colosseums hatte (76,40 : 47,40 m).

Schließlich kommt man in der Via IV Novembre zum berühmtesten Monument der Stadt, zum *Tempio Malatestiano* (Abb. 219). In der Franziskanerkirche aus der zweiten Hälfte des 13. Jahrhunderts ließ Sigismondo Malatesta 1447 durch Matteo de'Pasti die Anlage der ersten Kapellen beginnen. 1450 entstand der Plan, die ganze Kirche umzubauen. Mit der Innengestaltung blieb Matteo de'Pasti beauftragt, für den Außenbau wurde Leon Battista Alberti berufen. 1461 erfolgte die Einstellung der Arbeiten, so daß die Fassade Albertis unvollendet blieb und die grandiosen Pläne für die Ostseite mit Vierungskuppel (vgl. die umseitig wiedergegebene Medaille) überhaupt nicht begonnen wurden. Die Fassade ist nach dem Motiv eines dreiteiligen römischen Triumphbogens gegliedert, dem ein hoher Mittelteil aufgesetzt wurde, der seitlich durch große Voluten mit dem Erdgeschoß verbunden werden sollte, eine Idee, die in der späteren Entwicklung des Kirchenbaus von Renaissance und Barock eine große Rolle spielte. An den Flanken öffnen sich wahrscheinlich nach dem Vorbild des Theoderich-Grabmals in Ravenna mächtige Bogennischen, die als Grabstätten berühmter Humanisten des Malatesta-Hofes dienen sollten, von denen nur vier an der rechten Seite zu Lebzeiten Sigismondos in den in ihrer Einfachheit großartigen Sarkophagen beigesetzt wurden. – An

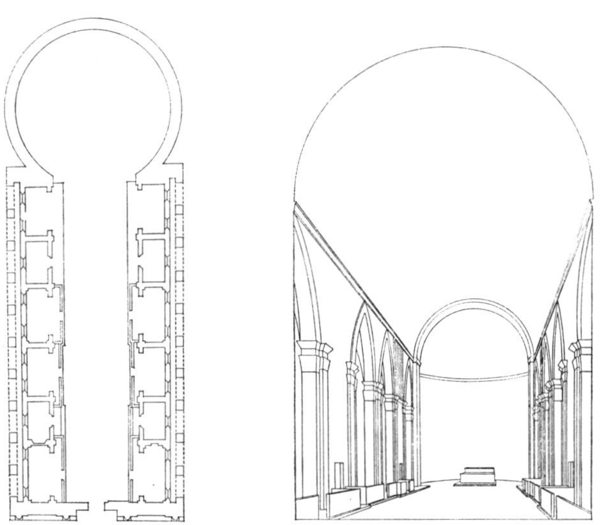

Rimini, Tempio Malatestiano: Grundriß und Inneres nach dem Entwurf Albertis

Rimini, Medaille mit der Fassade des ›Tempio Malatestiano‹ von Matteo de'Pasti

der Dekoration der Kapellen war hervorragend der wie Alberti aus Florenz stammende Bildhauer Agostino di Duccio (1418 bis nach 1481) beteiligt, der 1447 nach Rimini gekommen war. Auf den Inhalt der reichhaltigen Programme kann im einzelnen nicht eingegangen werden. Die erste Kapelle rechts ist dem hl. Sigismund von Burgund gewidmet, mit der Statue des Heiligen von Agostino über dem Altar. Es folgt die geschlossene Reliquienkapelle, ursprünglich Sakristei der Sigismundkapelle, mit dem Fresko ›Sigismondo Malatesta vor seinem Patron kniend‹ (1451) von Piero della Francesca. Die nächste Kapelle, die der Isotta, mit Puttenreliefs an den Eingangspilastern enthält das Grabmal der Isotta, der Geliebten und dann dritten Gemahlin von Sigismondo, und eine Kruzifixtafel, die Giotto sehr nahe steht, aber wohl von einem riminesischen Meister stammt. Die letzte Kapelle rechts aus der Malatestazeit wird nach den Pilasterreliefs der Planeten und Tierkreiszeichen von Agostino die Planetenkapelle genannt. In der ersten links, der der Antenati oder der Madonna dell'Acqua, befindet sich das Grabmal der Angehörigen des Malatesta-Geschlechts von Agostino (1454) und eine französische Marmor-Pietà des 14. Jahrhunderts, die bei Trockenzeiten in Prozessionen mitgeführt wurde, um Regen zu erflehen, daher ihre Bezeichnung Madonna dell'Acqua. Die folgende geschlossene Cella dei Caduti diente ursprünglich als Sakristei für die Familienkapelle. Es folgt die Kapelle der Kinderspiele und schließlich die der freien Künste, nach den Reliefs der Arti Liberali benannt, die einen Höhepunkt im Schaffen Agostinos darstellen. Die Kunst dieses Bildhauers zeichnet sich durch eine überaus zarte Sensibilität der fast graphisch wirkenden Linienführungen aus, eine bestimmte Komponente florentinischer Kunstgesinnung des 15. Jahrhunderts aufs schönste vertretend, die im Gegensatz zu Masaccio und Donatello steht (Abb. 220–222). Die ganze Idee des Ruhmestempels und die Gestaltung durch Alberti aber bedeuten einen der entschiedensten Durchbrüche vom Spätmittelalter zur Renaissance.

Faenza

Die wichtigsten Sehenswürdigkeiten:
Museo delle Ceramiche · Dom · Pinacoteca

Das kleine, an der Via Aemilia nahe dem Apennin gelegene Städtchen Faenza ist nicht nur wegen seiner relativen Unberührtheit und einiger Monumente reizvoll, sondern auch durch das Wort Fayence, das, von seinem Namen abgeleitet, zu einem Begriff geworden und für die Stadt auch heute noch sehr einträglich ist.

Wahrscheinlich etruskischen Ursprungs, wurde die Stadt gegen 225 v. Chr. römisch (Faventia), ohne weder in römischer Zeit noch in den Jahrhunderten der Germanenherrschaften eine größere Rolle zu spielen. Zu einiger Bedeutung gelangte sie im hohen Mittelalter als freie Stadt, zu der sie sich Anfang des 12. Jahrhunderts entwickelte. Seit 1141 werden Konsuln erwähnt, 1155 hatte sie einen podestà. Anfänglich auf Seiten Barbarossas, der 1167 Gast der Stadt war, schloß sie sich 1178 der ersten Lega Lombarda an, ebenso der zweiten im Jahr 1226. 1218 erreichte das popolo minore, die einfache Bürgerschaft, Teilnahme an der bisher vom Adel gebildeten Regierung. Die folgenden internen Parteikämpfe führten 1313 zum Sieg der guelfischen Familie Manfredi, die mit gelegentlichen Unterbrechungen bis 1501 eine bescheidene Signorie bewahrte. Seit 1509 gehörte es bis 1859, mit Ausnahme der napoleonischen Periode, zum Kirchenstaat, eine ereignislose und trübe Zeit.

Berühmt wurde Faenza im 15. und 16. Jahrhundert durch seine Keramik, die schon seit dem 12. Jahrhundert bezeugt ist. Gegen Mitte des 16. Jahrhunderts übernahm Urbino die Führung. Anregend für die Majolika-Fabrikation waren die arabischen Werkstätten Südspaniens gewesen, die im 14. Jahrhundert ihre höchste Blüte erlebten (von Malaga stammt die Bezeichnung Majolika), eine der mannigfachen Einwirkungen islamischer auf abendländische Kultur im hohen und späten Mittelalter. Die Geschichte der Faentiner Majoliken ist an der hervorragenden Sammlung im *Museo Internazionale delle Ceramiche* am Viale Baccarini abzulesen, das auch Keramiken sämtlicher anderen italienischen Provinzen, aller europäischen Länder und der außereuropäischen Kulturen bis zur Gegenwart enthält (vgl. Abb. 224–227: Keramiken des 14.–16. Jahrhunderts).

Der Grundriß der alten Stadt mit den rechtwinklig sich kreuzenden Straßen geht auf die römische Castrum-Anlage zurück. An der Piazza del Popolo im Zentrum erhebt sich der *Palazzo del Podestà,* der erstmals 1177 als Palazzo del Comune erwähnt wird.

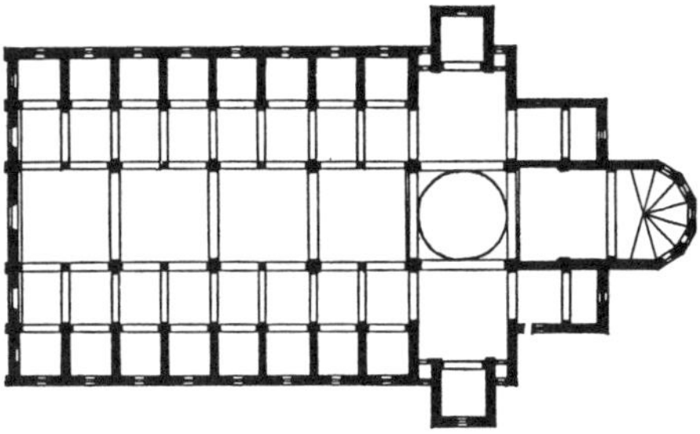

Faenza, Dom: Grundriß

1256 erweitert, enthält er im Obergeschoß den großen Salone dell'Arengo von 40 m Länge und 8–14 m Breite, einen jener großzügigen Versammlungssäle mittelalterlicher Kommunalbauten. Der gegenüberliegende *Palazzo del Municipio,* ursprünglich der Palazzo del Popolo, der im 13. Jahrhundert für die neue ›Volksregierung‹ errichtet und dann Sitz der Manfredi wurde, hat vom alten Zustand so gut wie nichts bewahrt. Die heutige Erscheinung und die Innendekoration stammen aus dem Anfang des 18. Jahrhunderts.

Das bedeutendste Bauwerk der Stadt ist der *Dom* auf der unmittelbar anschließenden Piazza della Libertà. 1474 von Giuliano da Maiano (1432–90), dem Architekten des Palazzo Pazzi in Florenz, begonnen, wurde er nach Veränderung der Ostteile 1581 geweiht. Das einfache weiträumige Innere der dreischiffigen Basilika in der Nachfolge Brunelleschis wirkt mit seiner ausgewogenen Harmonie vollkommen toskanisch. Allein die etwas massigeren Formen, die sich auch auf das Gewicht des Raumes auswirken, weisen auf die aufkeimende neue ›körperhafte‹ Gesinnung der Hochrenaissance voraus. Es ist interessant, wie intensiv die Ausstrahlung der Florentiner Frührenaissance gerade in der Romagna war. Sie ist auch an der Innenausstattung zu beobachten: die ›Arca di S. Terenzio‹ von 1495 in der 5. Seitenkapelle rechts, ein Alabasterschrein mit beachtenswerten Reliefs, stammt von einem wahrscheinlich toskanischen Bildhauer; die ›Arca di S. Savino‹ von 1474–76 in der Kapelle links vom Chor ist eine Arbeit von Benedetto da Maiano (1442–97), Bruder Giulianos und Erbauer des Palazzo Strozzi in Florenz, ein Meisterwerk toskanischer Kunst der letzten Frührenaissance.

Nicht weit von diesem Zentrum entfernt, in der Via S. Maria dell'Angelo, befindet sich die *Pinacoteca* mit einigen bemerkenswerten Werken: einer Terrakottagruppe der ›Maria mit den beiden Johannes‹ von dem ferraresischen Bildhauer Alfonso Lombardi (1497–1537), der ›Madonna mit Heiligen‹ (1497) von Marco Palmezzano, der Holzstatue des ›Hl. Hieronymus‹, einer überaus ausdrucksvollen Arbeit der späten Donatello-Werkstatt (Abb. 228), die lange für ein eigenhändiges Werk des Meisters gehalten wurde und in der Tat völlig aus seinem Geiste stammt, und der Marmorbüste des jugendlichen ›Johannes‹, früher ebenfalls Donatello, jetzt aber Benedetto da Maiano oder der Rossellino-Werkstatt zugeschrieben.

Bologna

Die wichtigsten Sehenswürdigkeiten:
S. Petronio · S. Stefano · S. Domenico · S. Francesco · Pinacoteca

Zwei Beinamen, die Bologna in früheren Zeiten erhielt, weisen auf zwei komplementäre Eigenschaften hin: ›dotta‹ (gelehrt) auf seine Kultur, die mit der ältesten Universität Europas verknüpft ist, und ›grassa‹ (fett) auf die berühmte emilianische Küche. Wer beides genießen will, sollte sich einige Tage in dieser Hauptstadt der Emilia aufhalten, die trotz der modernen industriellen und kommerziellen Entwicklung außerordentlich viel von ihrem alten Charakter bewahrt hat, wozu nicht wenig die zahlreichen Bogengänge der Straßen beitragen, die Schutz vor Sonne und Regen gewähren.

Als die Etrusker im 6. Jahrhundert v. Chr. die Stadt mit dem Namen *Felsina* gründeten, muß sie schon von Bedeutung gewesen sein, galt sie doch als die vornehmste unter den zwölf zu einem Bund vereinigten etruskischen Städten nördlich des Apennin. Um 400 v. Chr. wurde sie von den Galliern (Bojer) erobert, die sie *Boion* oder *Bonnon* nannten, woraus dann in römischer Zeit seit dem Anfang des 2. Jahrhunderts v. Chr. *Bononia* wurde. Mit dem Verfall des weströmischen Reiches erlitt Bologna seinen tiefsten Niedergang. Im 6. Jahrhundert kam es zum byzantinischen Exarchat unter der Führung Ravennas, von dessen Abhängigkeit es erst 1035 endgültig befreit wurde. Mit der Entwicklung zur freien Kommune, die 1116 von Kaiser Heinrich V. bestätigt wurde, erlangte es schnell das Übergewicht und gewann mit seiner Rechtsschule, die auf das 11. Jahrhundert zurückgeht, als sie die Erbschaft Ravennas antrat, und die 1158 durch Kaiser Friedrich I. als Universität privilegiert wurde, weitesten Ruhm. Das 12. und 13. Jahrhundert brachten den Höhepunkt seiner Macht und Bedeutung. Dann setzten wie überall die zerrüttenden Geschlechterkämpfe ein, aus denen hier jedoch keine dauernde Herrschaft oder Signorie einer Familie entstand. Auch die Päpste, die sich immer von neuem die Stadt unterwarfen, hatten zunächst keinen währenden Erfolg. Bezeichnend für die Erbitterung, mit der das Volk sich bis zuletzt der päpstlichen Herrschaft zu entziehen versuchte, ist die Episode der Zerstörung von Michelangelos Statue Julius' II. im Jahre 1511, die dieser Papst nach der Eroberung der Stadt 1506 als Wahrzeichen seiner Herrschaft hatte aufstellen lassen. Erst 1513 kam Bologna endgültig zum Kirchenstaat, bei dem es bis 1859 verblieb, die napoleonische Zeit von 1797–1815 ausgenommen.

Da es hier unmöglich ist, den ganzen Reichtum Bolognas an Kunstdenkmälern auszubreiten, muß eine Beschränkung auf wenige geschlossene Bezirke erfolgen, denen sich

Hinweise auf einzelne bedeutende Werke anschließen. Das Zentrum der Stadt bildet die großartige *Piazza Maggiore,* an deren Westseite sich der *Palazzo Comunale* erhebt, der nach 1287 errichtet wurde und viele Erweiterungen und Veränderungen erfuhr. Die rechte Seite der Fassade mit den großen Fenstern stammt von Fieravante Fieravanti, 1425–28, der Turm links aus dem Jahre 1444. In dessen Nähe ist hoch oben unter einem Baldachin die Terrakottaplastik der ›Madonna‹ von Nicolò dell'Arca angebracht (1478), eine der schönsten Skulpturen dieses bedeutenden Bildhauers des 15. Jahrhunderts. – Ein anderes plastisches Meisterwerk, fast ein Jahrhundert später (1566) entstanden, steht vor dem rechten Teil der Fassade: die *Fontana del Nettuno* (Abb. 229, 230) mit den Bronzefiguren des Neptun und vor allem der vier wasserspritzenden Sirenen von vollendeter Grazie. Es sind Werke des aus Douai stammenden Giovanni da Bologna (1524–1608), dessen Werkstatt in Florenz ein Mittelpunkt der europäischen Plastik vom Ende des 16. und Anfang des 17. Jahrhunderts wurde. – Der etwas wie eine Bühnendekoration wirkende *Palazzo di re Enzio* (Abb. 229) an der anderen Seite des Plätzchens, 1246 als Sitz der Kommune errichtet, hat seinen Namen nach dem natürlichen Sohn Kaiser Friedrichs II. erhalten, der von 1249 bis zu seinem Tode 1272 hier gefangen gehalten wurde. Die Haft muß indessen milde gewesen sein, er konnte mit berühmten Zeitgenossen Umgang pflegen und seine Gedichte schreiben und wurde vom Volke so sehr verehrt, daß seine blonde Schönheit zur sagenhaften Legende wurde. – Der Palast wird überragt von der *Torre dell'Arengo* von 1212, der zu dem am Anfang des Jahrhunderts begonnenen *Palazzo del Podestà* gehört, dessen Hauptfassade vom Ende des 15. Jahrhunderts mit dem weiten, von Cafés erfüllten Portikus an der Piazza Maggiore (Farbt. XX) liegt, gegenüber der mächtigen kahlen Fassade von *S. Petronio.*

Diese größte Kirche Bolognas und einer der anspruchsvollsten Bauten des Abendlandes überhaupt ist nach dem wichtigsten Stadtpatron, Bischof Petronius (432–450), benannt. 1390 begonnen, hörten die Arbeiten 1659 mit der Fertigstellung des dreischiffigen Langhauses auf, das allein eine Länge von 132 m, eine Breite von 58 m und

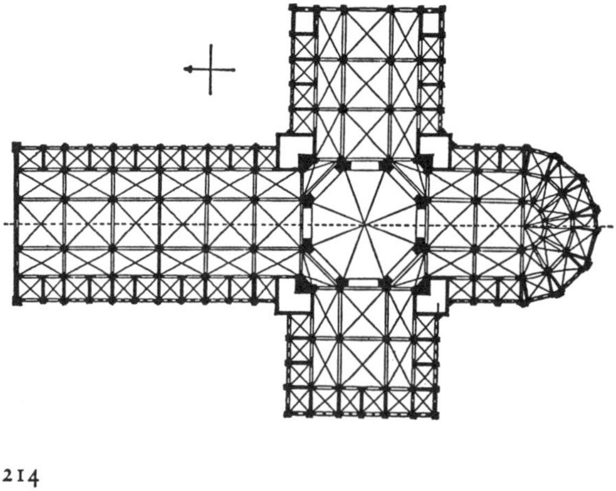

Bologna, S. Petronio: ursprünglicher Plan nach alten Vorlagen

eine Höhe von 44,27 m hat, damit fast die Höhe des Kölner Domes (45,50 m) erreichend. Bei Ausführung des Gesamtplanes mit Querschiff und Chor hätte sich eine Länge von 200 m mit einer Querschiffbreite von 140 m ergeben. Mit dieser gewaltigen Anlage wollte Bologna den Dom von Florenz, seiner größten Rivalin südlich des Apennin, übertreffen. Wenige Jahre früher ist ein anderes Monstre-Unternehmen der italienischen Spätgotik, der Dom von Mailand, begonnen worden. Der Raumeindruck von S. Petronio mit den weitgestellten hohen Arkaden, die den Blick frei in die Seitenschiffe gleiten lassen, ist überwältigend und in seiner wohligen Weite grundverschieden von allem, was die gotischen Kathedralen des Nordens bieten (Abb. 232). Hier ist 1530 Karl V. von Papst Clemens VII. gekrönt worden, da St. Peter in Rom wegen des fragmentarischen Zustandes des Bramante-Neubaus für nicht geeignet gehalten wurde. Welche außerordentliche Kraft die Tradition hatte, geht daraus hervor, daß für diese Krönung die langobardische ›Eiserne Krone‹ aus Monza nach Bologna gebracht wurde (vgl. Monza, Abb. 27), die dann noch einmal, zum letzten Mal, für Napoleon I. verwandt wurde, der sich mit ihr nach seiner Kaiserkrönung von 1804 in Paris durch Pius VII. 1805 in Mailand auch zum König von Italien krönen ließ. – Unter der reichen Ausstattung kann nur auf Einzelheiten hingewiesen werden, zuvörderst auf die Skulpturen des Mittelportals, an denen der sienesische Bildhauer Jacopo della Quercia von 1425 bis zu seinem Tode 1438 arbeitete. Seine bewegte, fast gewaltsame Behandlung der Formen tritt besonders an der ›Madonna‹ und dem ›Hl. Petronius‹ in der Lünette hervor, ebenso aber an den zehn kleinen Pilasterreliefs mit biblischen Geschichten, unter denen man besonders auf die ›Erschaffung Adams‹ und die ›Vertreibung aus dem Paradies‹ (Abb. 237) achte, deren machtvolle figürliche Gestaltung, die den engen Rahmen zu sprengen droht, den jungen Michelangelo so beeindruckten, daß die Nachwirkungen noch in seinen Fresken der Sixtinischen Kapelle im Vatikan zu spüren sind. Im Innern sollten die Wandmalereien in der 4. Kapelle links von Giovanni da Modena u. a. (1410 bis um 1420) beachtet werden, ein schönes Beispiel spätgotischer Erzählerfreude; in der 7. Kapelle links das Altarbild der ›Madonna mit Heiligen‹ (1492) von Lorenzo Costa aus Ferrara (1460–1535), der für die Entwicklung der Bologneser Renaissancemalerei anregend war. An dem Pilaster dahinter beginnt der bis zur Fassade geführte Meridian, dessen Länge den 600000. Teil des Erdumfangs beträgt.

Unmittelbar links von der Fassade von S. Petronio geht unter dem Portikus des Palazzo dei Banchi eine enge Gasse aus, die Via Clavature, an der sich links der elliptische Zentralbau von *S. Maria della Vita* von 1687–90 mit der Kuppel von Antonio Bibbiena von 1787 befindet. Doch nicht der Kirche wegen sollte ihr Besuch erfolgen, sondern wegen der in ihrer Ausdrucksstärke unübertroffenen Terrakottagruppe der ›Beweinung Christi‹ von Nicolò dell'Arca (nach 1485), einem ungewöhnlichen Meisterwerk später Quattrocento-Plastik (Abb. 236). Wie hoch die künstlerische Qualität ist, geht aus dem Vergleich mit einer anderen Terrakottagruppe von 14 Figuren hervor, dem ›Marientod‹ von Alfonso Lombardi (1522) in derselben Kirche.

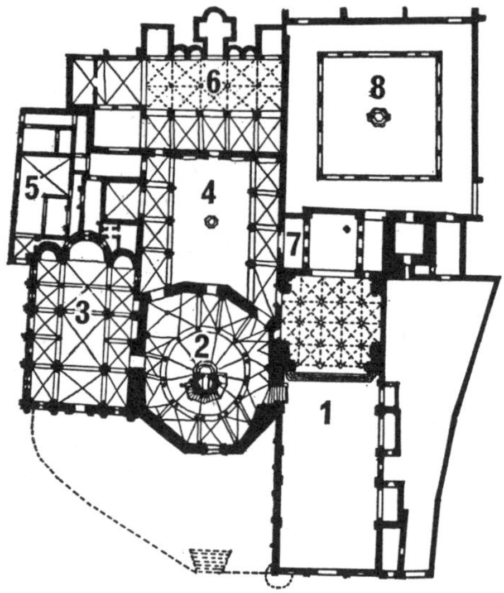

Bologna, S. Stefano: Grundriß 1 Chiesa del Crocifisso 2 Chiesa del S. Sepolcro 3 SS. Vitale ed Agricola 4 Cortile del Pilato 5 Kirche der Madonna von Loreto 6 Chiesa della Trinità 7 Cappella della Consolazione 8 Kreuzgang

Ein zweites Zentrum völlig anderer Art ist die *Piazza S. Stefano,* wenige Straßenzüge südöstlich der Piazza Maggiore und von Fremden meist wenig beachtet. Besucht man die beiden Plätze hintereinander, wird sich der Gegensatz in lebendiger Eindringlichkeit enthüllen: dort der repräsentative, von Leben erfüllte, regelmäßige Empfangsraum der Stadt, hier ein wie zufällig entstandenes Dreieck, abseits, unauffällig, verhältnismäßig still. An der einen Seite stehen vornehme Paläste des 15. und 16. Jahrhunderts, im Hintergrund liegt ein einzigartiger Komplex von Sakralbauten aus verschiedenen Zeiten, darunter die ältesten von Bologna, zusammengefaßt als *S. Stefano,* obwohl kein Teil des malerischen Ensemble voller Poesie diesen Namen trägt. Der Rundgang beginnt mit der strengen saalförmigen *Chiesa del Crocifisso* aus dem 11. Jahrhundert, von der aus man in die *Chiesa del S. Sepolcro* gelangt, einem Polygonalbau mit Umgang und Emporen aus dem 5. Jahrhundert, im 12. Jahrhundert wieder aufgebaut, mit dem Grabmal des hl. Petronius in der Mitte. Links davon liegt die *Chiesa SS. Vitale ed Agricola,* im 8. Jahrhundert mit Resten römischer Gebäude wiederhergestellt und im 11. Jahrhundert erneuert, eine dreischiffige Basilika mit Stützenwechsel und drei halbrunden Apsiden. In der Mitte befindet sich der rechteckige arkadenumgebene *Cortile di Pilato* aus dem 12. Jahrhundert mit einer Marmorwanne des 8. Jahrhunderts, die eine langobardische Inschrift trägt. Anschließend folgt die *Chiesa della Trinità* aus dem Anfang des 13. Jahrhunderts und rechts der quadratische *Kreuzgang* mit Arkaden des 11. und Loggien des 12. Jahrhunderts, eine der schönsten romanischen Anlagen dieser Art in der Emilia.

Ganz nahe bei S. Stefano befindet sich der 1382 begonnene *Palazzo della Mercanzia,* der zu den schönsten spätgotischen Bauten Norditaliens gehört. Der Platz öffnet sich

PADUA Am Prato della Valle

163 PADUA Der Palazzo del Podestà

164 PADUA Die Piazza delle Erbe mit dem Palazzo d Ragione (12., 13. Jh.)

165 PADUA ›Il Salone‹ im Palazzo della Ragione, der wohl großartigste mittelalterliche Saal Italiens

5 PADUA Die Kirche S. Antonio (13. Jh.)
7 PADUA Das Reiterstandbild des Gattamelata von Donatello

8 PADUA ›Wundertaten des hl. Antonius‹ auf der Predella in der Kirche S. Antonio, von Donatello

170, 171 PADUA
Cappella Scrovegni,
Fresken des Giotto.
Oben: ›Joachim
kehrt zur Herde
zurück‹;
unten: ›Beweinung
Christi‹

169 PADUA Cappella
Scrovegni (Arena-
Kapelle), Blick auf die
Eingangswand

172 PADUA Blick in den Kreuzgang von S. Antonio

173 PADUA Die Loggia del Consiglio

174 PADUA Portal der im 16. Jh. errichteten Universität

176, 177 MONTAGNANA Gotischer Dom und Glockentürmchen des Doms (15. Jh.)
178 MONTAGNANA Tor und Stadtmauer
179 ESTE Mauer und Turm des Castello Carrarese (14. Jh.)

175 PADUA Parkanlage des Palazzo Pisani (18. Jh.)

178

177

179

180 FERRARA Der Dom

181 FERRARA Detail der Domfassade über dem Hauptportal

182 FERRARA Das Castello Estense

3 FERRARA ›Triumph der Venus‹ von Cosmè Tura im Palazzo di Schifanoia

184 FERRARA
Der Palazzo dei Diamanti

185, 186 FERRARA
Museo Archelogi[c]
Nazionale:
Amphora mit Löwendarstellun[g]
und attische Kylix des Penthesilea-Malers

POMPOSA Die Abtei

POMPOSA Badia S. Maria, Innenraum

188 POMPOSA Badia S. Maria (11. Jh.)

190 CHIOGGIA Das ›Klein-Venedig‹ am Südende der Laguna Veneta ist Italiens größter Fischereihafen ▷

14
13

192

193

192–198 RAVENNA
Mausoleum der Kaiserin Galla Placidia: Innenra
Außenansicht und Mosaik des ›Guten Hirten‹ (15.

195–198 Basilika S. Vitale: (195) Außenansicht, (196) Mos
mit Kaiser Justinian und Bischof Maximian, (1
Mosaik mit Abel und Melchisedek und (198) Inn
raum, Blick auf die Apsis (vgl. Ft. XVII) ▷

◁◁ 191 COMACCHIO In der von Kanälen durchzoge
Stadt nördlich von Ravenna

196

197

198

199

200

201

199–202 RAVENNA
199 Kirche S. Giovanni Evangelista, Inne
raum
200 Kirche S. Francesco, Innenraum
201, 202 Baptisterium der Orthodoxen, Blick
den Innenraum und in die Kuppel

202

3

3–207 RAVENNA
3 Piazza del Popolo, auf den beiden Säulen die Heiligen Apollinaris und Vitalis
4 Blick in die Kuppel des Baptisteriums der Arianer
5 Grabmal des Theoderich
6 Palazzo di Calchi, früher als Theoderichs Palast angesehen
7 Palast des Theoderich, Mosaik in S. Apollinare Nuovo

4

205

206

207

208 RAVENNA S. Apollinare Nuovo, Innenraum

209 RAVENNA S. Apollinare Nuovo, Mosaiken der Nordseite

0 RAVENNA S. Apollinare in Classe

1 RAVENNA S. Apollinare in Classe, Innenraum

212 RAVENNA S. Apollinare in Classe, Apsis-Mosaik

3

214

3 RAVENNA Blick ins Museo Nazionale, im Kreuzgang bei S. Vitale

4 RAVENNA Relief mit Kaiser Augustus im Museo Nazionale

5 RIMINI Der Augustus-Bogen (27 v. Chr.)

215

216

217

218

216–218 RIMINI

216 Der Palazzo dell'Arengo. In diesem Gebäud wurde 1226 der Deutsche Orden gegründet

217 Halle im Palazzo dell'Arengo

218 Castello Sigismondo, 1446 von Sigismon Malatesta errichtet

219 Kirche S. Francesco oder ›Tempio Malatestiano‹

220–222 Putto, spielende Putten und Allegorie der Musik, von Agostino di Duccio im Tempio di Malatestiano

223 RICCIONE Im Hafen an der Adriaküste ▷

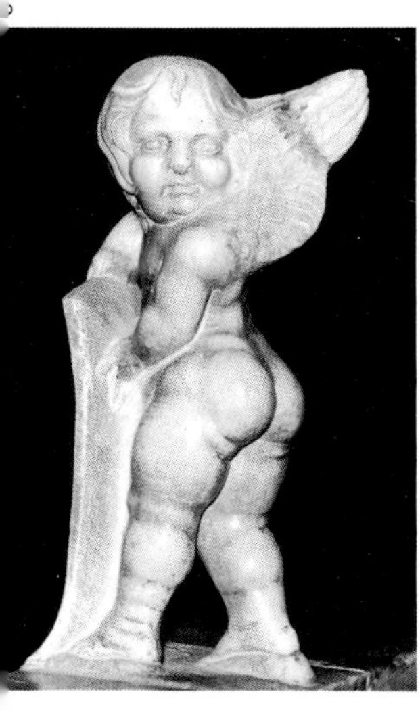

221

222

7-RM-288

224

225

224–227 FAENZA Museo Internationale delle Cerami[c]
Teller, Pillendose, Keramik mit ›Geburt Christi‹ u
Fruchtschale mit ›Orpheus‹ (14.–16. Jh.)

226

227

228 FAENZA ›Hl. Hieronymus aus der Werkstatt des Do
tello in der Pinacoteca Communale

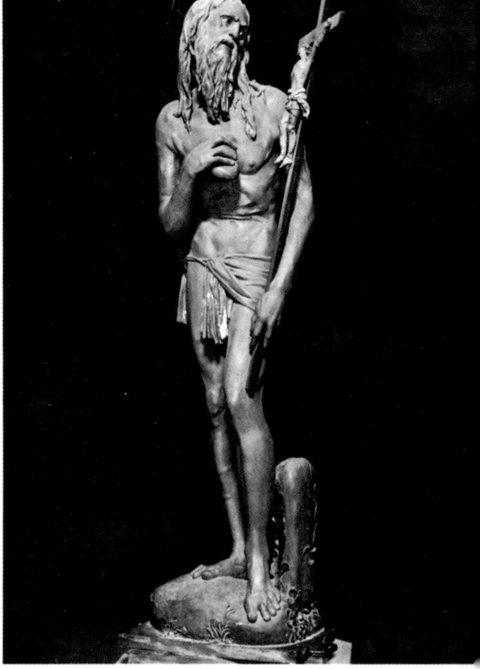

BOLOGNA Der Neptunsbrunnen (1561–67) von Giovanni da Bologna. Dahinter der Palazzo del Podestà oder Palazzo Ré Enzio (13. Jh.). Im großen Saal dieses Palastes wurde König Enzio, Sohn Kaiser Friedrichs II., 23 Jahre gefangen gehalten

230 BOLOGNA Piazza del Nettuno mit Borsa, Palazzo Comunale und Neptunsbrunnen

231 BOLOGNA Schiefe Türme: Torre degli Asinelli, 1 erbaut, 97 m hoch, und Torre Garisenda, 1110 begonn 47 m hoch

232 BOLOGNA Basilika S. Petronio (1390 begonnen), Innenraum

233 BOLOGNA Kirche S. Francesco (1236), Innenraum

BOLOGNA Bibliothek der alten Universität: Bogengang mit den Wappen berühmter Studenten

235 BOLOGNA Engel-Skulptur des zwanzigjährigen Michelangelo Buonarroti in der Kirche S. Domenico

BOLOGNA Die Terrakottagruppe der ›Beweinung Christi‹ von Nicolo dell'Arca in der Kirche S. Maria della Vita

237 BOLOGNA ›Vertreibung aus dem Paradies‹, Pilasterrelief am Mittelportal der Basilika S. Petronio, von Jacopo della Quer

auf die Piazza di Porta Ravegnana, an der das berühmte Wahrzeichen Bolognas steht, die beiden zwischen 1109 und 1119 errichteten geneigten Türme, die *Torre degli Asinelli* und die *Torre Garisenda* (Abb. 231), zwei jener Geschlechtertürme, von denen die Stadt im Mittelalter etwa 200 besaß. So, dicht an dicht, einen ganzen Wald von Türmen bildend, die die zumeist winzigen Holzhäuser und die wenigen, höchstens zweigeschossigen Steinbauten weit überragten, muß man sich alle mittelalterlichen italienischen Städte, auch die kleinsten, vorstellen. Ein annäherndes, wenn auch bei weitem nicht mehr vollständiges Bild bietet noch heute das toskanische S. Gimignano.

Bei der Besichtigung dieser beiden Zentren wird der Gang durch die umliegenden Straßen, vor allem ostwärts der beiden Türme, an zahlreichen Häusern und Palästen des 14.–16. Jahrhunderts vorbeiführen, mit überall verstreuten Kirchen, deren jede irgendetwas Bemerkenswertes bietet. Eine Eigenart Bolognas, das Vorhandensein der vielen Bogengänge, wird ohnehin schon aufgefallen sein. Aus dieser Fülle von Kunstdenkmälern können hier nur noch zwei Bauten von besonderer Bedeutung herausgehoben werden. – Auf einem der malerischsten Plätze Bolognas im Süden der Stadt mit Votivsäulen und Grabmälern erhebt sich die im Todesjahr des Titelheiligen, 1221, begonnene dreischiffige Basilika *S. Domenico,* deren restaurierte Fassade mit einem großen Rosenfenster geschmückt ist. Das im 18. Jahrhundert völlig barockisierte Innere enthält eines der eindrucksvollsten Monumente italienischer Plastik, das *Grabmal des hl. Dominikus,* auf das allein hier eingegangen sei. Es wurde 1267 dem Bildhauer *Nicolò Pisano* in Auftrag gegeben, der es in Form eines Sarkophages hauptsächlich durch seine Mitarbeiter Fra' Guglielmo da Pisa und Arnolfo di Cambio ausführen ließ. Der Sarkophag ist auf allen vier Seiten mit Reliefs geschmückt, die Szenen aus dem Leben des Heiligen darstellen. Sie sind Zeugnis für die mit Nicolò Pisano einsetzende Entwicklung der italienischen Skulptur, die zur Renaissance führte. Als der Sarkophag 1411 aus der Krypta in eine erste Kapelle an dieser Stelle versetzt wurde, erschien er für die Umgebung zu klein, so daß man sich zu einer Erweiterung durch einen Baldachin entschloß, der mit fast allen Skulpturen 1469–73 von Nicolò da Bari ausgeführt wurde, dem wegen dieses Werkes der Name *Nicolò dell'Arca* gegeben wurde. Voll intensiven Ausdrucks und teilweise phantastischer Gestaltung sind vor allem die Statuen der hl. Franziskus, Dominikus, Florian, Agricola und Vitale. Drei noch fehlende Figuren wurden 1495 von dem zwanzigjährigen *Michelangelo* zugefügt, der kniende Engel rechts (Abb. 235), der hl. Petronius (2. von links) und der hl. Prokulus (Rückseite). Bei ihnen ist der Unterschied zu dem im Grunde spätgotischen und dem Nordischen nahestehenden Nicolò dell'Arca überaus aufschlußreich. Besonders läßt der Vergleich der beiden knienden Engel erkennen, welchen Schritt zur harmonischen Belebung und würdevollen Idealität der junge Florentiner hier mit seinen ersten Meisterwerken der Hochrenaissance vollzogen hat. Bei diesem Aufenthalt lernte er die ihn so stark beeindruckenden Arbeiten von Jacopo della Quercia am Portal von S. Petronio (Abb. 237) kennen. – Wenigstens erwähnt werden muß noch der große Tafelkruzifix von Giunta Pisano aus der Mitte des 13. Jahrhunderts in der schräg gegenüberliegenden Kapelle, ein hervorragendes

Beispiel für die noch stark byzantinisch beeinflußte Malerei vor dem Eingreifen Giottos am Ende dieses Jahrhunderts.

Im Westen der Stadt befindet sich die zweite Kirche von besonders architektonischer Bedeutung, *S. Francesco* (Abb. 233). Bei der Annäherung durch die Porta Nuova bietet sich der schönste Blick auf den vielgestaltigen Chor, die beiden Glockentürme und die Grabmäler der Glossatoren (Kommentatoren juristischer Werke) aus dem 13. Jahrhundert. Die dreischiffige Basilika ohne Querschiff ist von 1236–63 erbaut worden und stellt eine der ersten und reinsten, von der französischen Gotik abgeleiteten Kirchen

Bologna, Torre degli Asinelli und Torre Garisenda (aus: ›Wundermappe‹, C. Strahlheim I, 1835)

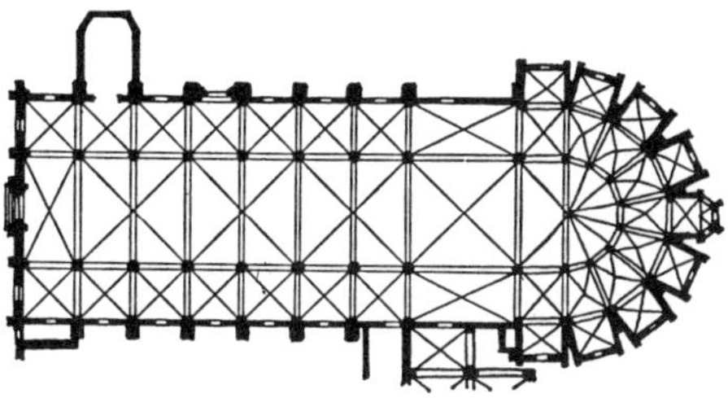

Bologna, S. Francesco: Grundriß

mit Chorumgang, Radialkapellen und Strebebögen dar. Die quadratischen Joche sind mit sechsteiligen Kreuzrippengewölben geschlossen. Der Raumeindruck in seiner weiten Lichterfülltheit ist groß, darin trotz der Abhängigkeit vom Norden sehr italienisch. – Der marmorne Hochaltar 1388–92 stammt von den venezianischen Bildhauern Jacobello und Pier Paolo dalle Masegne. Die Predellenreliefs stellen Szenen aus dem Leben des hl. Franziskus dar; darüber befinden sich die Krönung Marias und acht Heiligenstatuen, die besonders schön die Zartheit und Eleganz der gotischen Linienführung erkennen lassen. Von den Reliefs am Sarkophag des hl. Dominikus über diese Arbeiten, die Reliefs und Statuen von Jacopo della Quercia an S. Petronio, die Werke von Nicolò dell'Arca und die frühen Skulpturen von Michelangelo bis zu den Bronzeplastiken von Giovanni da Bologna am Neptunsbrunnen ist die Entwicklung italienischer Plastik durch genau drei Jahrhunderte an charakteristischen Beispielen zu erleben.

Zum Schluß sei auf die beiden Museen hingewiesen, die Pinacoteca Nazionale und das Museo Civico, deren Sammlungen eine weit über lokales Interesse hinausreichende Bedeutung haben. – Auf dem Wege zur *Pinacoteca Nazionale* durch die Via Zamboni achte man auf die diese Straße flankierenden Paläste des 15. und 16. Jahrhunderts, auf die Kirche S. Giacomo Maggiore und vor allem auf die *Universität* (Abb. 234). In der Pinakothek ist am besten die Entwicklung der bolognesischen Malerei vom 14.–18. Jahrhundert zu überblicken. Ein Hauptwerk des 14. Jahrhunderts ist das große Fresko des ›Abendmahls‹ von *Vitale da Bologna* (Saal II), nicht zu denken ohne die Auswirkung von *Giotto,* der seinerseits mit einem ›Polyptychon‹ aus der Spätzeit vertreten ist (Saal IV), von dem die ›Madonna‹ wohl von der Hand des Meisters ist, während die anderen Figuren aus der Werkstatt stammen. Unter dem Einfluß des aus Ferrara gekommenen Lorenzo Costa (vgl. S. Petronio) entwickelte sich der wichtigste Maler des späten 15. Jahrhunderts, *Francesco Francia,* dessen ›Pala Felicini‹ (Saal VII) als eines seiner Hauptwerke zu gelten hat. Von größter, über Bologna weit hinausreichender Bedeutung wurde die bolognesische Malerei am Ende des 16. Jahrhunderts mit der um 1585 gegründeten Akademie der Carracci (Accademia degli Incamminati), von deren ältestem Vertreter *Ludovico Carracci* (1555–1619) sich Meisterwerke wie die ›Madonna degli Scalzi‹ hier befinden (Saal X). Von dem größten Nachfolger der Carracci, *Guido Reni* (1575–1642), dessen Ruhm als einer der beliebtesten Maler Europas bis zum 19. Jahrhundert ungebrochen war, seien der ›Bethlehemitische Kindermord‹ und das würdevolle ›Bildnis seiner Mutter‹ erwähnt (Saal XI). Von Meistern anderer Schulen muß der Ferrarese *Francesco del Cossa* mit dem Altarbild der ›Madonna mit dem hl. Petronius und dem Evangelisten Johannes‹ von 1474 genannt werden (Saal VI), dann selbstverständlich *Raffaels* ›Hl. Cäcilie‹ von 1516, das berühmteste Werk der Galerie und ein Höhepunkt des Ideals von Humanität und Schönheit der Hochrenaissance (Saal VII), ferner der ›Hl. Wilhelm von Aquitanien‹ (Saal XVI), eines der schönsten Gemälde von *Guercino* (1591–1666), das 1450 datierte Polyptychon von *Antonio* und *Bartolomeo Vivarini,* Vertretern der spätgotischen venezianischen Malerei des 15. Jahrhunderts, und die ›Madonna‹ von *Cima da Conegliano* (1459/60–1517/18) als Beispiel der venezianischen Malerei am Ende der Frührenaissance vor dem Auftreten Giorgiones und Tizians (Saal XVII). Zum Schluß sei noch auf die Werke des sehr interessanten, eigentümlich unheimlichen bolognesischen Malers *Giuseppe Maria Crespi* (1665–1747) hingewiesen (Saal XXIII), der auf die Entstehung der letzten Blüte barocker Malerei in Venedig großen Einfluß hatte.

Das *Museo Civico* neben S. Petronio ist im früheren Hospital von S. Maria della Morte aus dem 15. Jahrhundert untergebracht und enthält umfangreiche Kollektionen prähistorischer und etruskischer Funde neben einigen hervorragenden ägyptischen Werken, griechischen Plastiken und vor allem griechischen Vasen. Hier eine Auswahl zu treffen, die dem Reichtum der Sammlungen gerecht wird, ist vollends unmöglich. Die wichtigsten Stücke sind durch ihre Aufstellung ohnehin hervorgehoben. Außerdem soll der Besucher gerade hier die Freude des Selbstentdeckens haben.

8 km südwestlich von Bologna liegt auf einem 291 m hohen Hügel das *Santuario della Madonna di S. Luca,* ein wirkungsvoller Bau des 18. Jahrhunderts, dessen Besuch sich aber vor allem wegen des großartigen Panoramas lohnt, das bei klarem Wetter die ganze Po-Ebene bis zu den Alpen hin umfaßt.

Verzeichnis der Abbildungen

Farbtafeln

Schwarzweiß-Abbildungen

Abbildungen im Text

Die Zahlen bezeichnen die Seiten im Buch

Fotonachweis

Farbtafeln und Schwarzweiß-Abbildungen

Alinari, Florenz Abb. 6, 22, 24, 26, 27, 32, 47, 53, 55, 65, 83, 87, 88, 91, 93–95, 104, 106, 112, 113, 122, 153, 167, 168, 171, 183, 194, 196, 222, 228, 232, 233, 235–237

Anderson, Rom Abb. 25, 31, 46, 48, 105, 165, 169, 170, 192, 195, 199, 201, 208

Lala Aufsberg, Sonthofen Abb. 203, 213, 214, 216, 217, 229, 230, 231, 234

Eduard Dietl, Ottobrunn/München Vordere Umschlaginnenklappe, Farbt. I, V, XVIII–XX

ENIT (Staatl. Ital. Fremdenverkehrsamt), Düsseldorf Abb. 11, 29, 40, 62, 96, 100, 101, 107, 111, 127, 146, 182, 220, 221

Dieter Geissler, Stuttgart Umschlagvorderseite; Farbt. X; Abb. 68, 71, 74, 128, 130, 131, 136, 163, 180, 181, 193, 204, 206, 215

Werner Goez, Erlangen Abb. 58, 59, 63, 86, 90, 97, 98, 99, 102, 103

M. Jeiter, Aachen Abb. 34, 75, 76, 188, 189, 198, 200, 205, 211, 218, 219

Guglielmo Mairani, Mailand Farbt. IX; Abb. 3, 33, 54, 109, 110, 114, 117, 120, 147, 157, 159, 184, 187

Leonard von Matt, Buochs Abb. 209, 210, 212

Werner Neumeister, München Farbt. VII, VIII, XIII; Abb. 1, 2, 4, 5, 7, 8, 9, 10, 12–21, 23, 28, 30, 38, 39, 41–45, 49–52, 56, 57, 60, 61, 64, 66, 67, 69, 70, 72, 73, 77–82, 84–86, 108, 116, 118, 124–126, 140, 148–151

Staatsbibliothek Berlin, Preußischer Kulturbesitz, Bildarchiv Abb. 119

Werner Stuhler, Hergensweiler Farbt. II–IV, XII; Abb. 35–38, 129, 133–135, 137–139, 141–145, 152, 154–156, 158, 160–162, 164, 166, 172–179, 190, 191, 197, 202, 207, 223

ZEFA, Düsseldorf (Schneider, Seider, Sirena, Benjamin) Umschlagrückseite; Farbt. VI, XI, XIV–XVII, XXI

Archiv DuMont Buchverlag, Köln Abb. 42, 92, 115, 123, 132, 186, 224–227

Abbildungen im Text

(Die Zahlen bezeichnen die Seiten im Buch)

Fritz Baumgart, *Geschichte der abendländischen Baukunst,* Köln 1960 39 links

Fritz Baumgart, *Stilgeschichte der Architektur,* Köln, 2. Aufl. 1973 39 rechts, 182 links, 204 links, 205 links

Du, Zürich, Mai 1948 49

Enciclopedia Universale dell'Arte, Venedig – Rom 36, 40, 41, 47, 51, 53, 76, 87 rechts, 125, 127, 128, 133, 134, 141, 142, 148, 178, 205 rechts, 209

Werner Goez, *Von Pavia über Parma – Lucca – San Gimignano – Siena – Viterbo nach Rom,* Köln 1972 73

Georg Kauffmann, *Reclams Kunstführer Italien: Emilia – Romagna, Marken, Umbrien,* Stuttgart 1971 89, 94, 95, 102, 124, 126, 210, 212, 214, 216

Hans Kiener, *Italienische Kunst vom XV. bis XVIII. Jahrhundert,* Breslau 1925 131, 137, 146

Hans Koepf, *Baukunst in fünf Jahrtausenden,* Stuttgart 1954 32 unten, 35, 74, 87 links, 93, 147, 148, 149, 150

Wilhelm Lübke, *Grundriß der Kunstgeschichte,* Stuttgart o.J. 81, 183, 203

Leonard von Matt, *Ravenna,* Köln 1971 2, 181, 182, 184, 201, 202, 204 rechts, 206

Ernst Samhaber, *Geschichte Europas,* Köln 1967 82

Staatsbibliothek Berlin, Preußischer Kulturbesitz 8, 91, 99, 122, 250, 264

Wim Swaan, *Die großen Kathedralen,* Köln, 2. Aufl., 1974 32 oben, 33

Verona und der Gardasee, Merian 9, XV., Hamburg 135

Archiv M. DuMont Schauberg, Köln 28, 30, 98, 101, 136, 180

Raum für Ihre Reisenotizen

Anschriften neuer Freunde, Foto- und Filmvermerke, neuentdeckte gute Restaurants, etc.

Raum für Ihre Reisenotizen

Anschriften neuer Freunde, Foto- und Filmvermerke, neuentdeckte gute Restaurants, etc.

Raum für Ihre Reisenotizen

Anschriften neuer Freunde, Foto- und Filmvermerke, neuentdeckte gute Restaurants, etc.

Mantua, Blick auf die Stadt (aus: ›Wundermappe‹, C. Strahlheim I, 1835)

Praktische Reiseinformationen

Von Nana Claudia Nenzel

Reisen zwischen Alpen und Apennin

Im Norden wird Oberitalien von der zwischen den zahlreichen Seen auslaufenden Alpenkette begrenzt, im Süden von den tausend Meter niedrigeren Apuanischen Alpen und dem Tosco-Emilianischen Apennin. Von beiden Gebirgszügen ergießen sich einmal nordwärts und einmal südwärts die Flüsse in die große, breite Po-Ebene. Kein Wunder, daß sich hier den ganzen Sommer über (etwa Juni bis September) die Hitze staut. Auch wenn die Sonne dann kaum einmal den Dunst über der Po-Ebene durchstoßen kann – ihre Hitze ist allgegenwärtig und läßt die Oberitaliener Schatten, Luft und möglichst eine frische Brise suchen.

Fahren Sie nicht gerade dann in die oberitalienischen Städte, wenn die Einheimischen sie verlassen haben: Es fehlt das urbane Leben und man kommt vor Hitze fast um. Frühjahr und Herbst sind dagegen die beste Reisezeit in die Städte der Po-Ebene.

Anders die Oberitalienischen Seen und das Meer, wo die Hauptsaison in den Sommer fällt. Vom Lago Maggiore über Comer See, Iseo und Idro bis zum Gardasee gehören alle Seen zur Region Lombardei.

Das Ostufer des Gardasees gehört bereits zum Veneto, das Westufer des Lago Maggiore zu Piemont.

Der Po mündet zwischen Emilia Romagna und Veneto oberhalb der Lagune von Comacchio in die Adria. Nördlich davon ergießen sich Etsch, Brenta und Piave ins Meer, südlich der Lagune von Comacchio der Reno. Weiter im Süden bleibt das Gebiet ohne große Gewässer und bis in die Gegend von Rimini reiht sich ein Badeort an den anderen. Die Badeorte der Emilia Romagna sind bislang die einzigen Italiens, die außer großer Propaganda wirklich einige Anstrengung in Sachen Umweltschutz und Reinhaltung des Meerwassers unternehmen. Sie eignen sich hervorragend als Ausgangspunkte für Fahrten ins Hinterland: Das Angebot an Hotels ist ausgewogen, die Preise sind moderat und die Straßen ins Umland gut ausgebaut.

Ideale Standorte für den Besuch der kulturgeschichtlichen Sehenswürdigkeiten des nördlichen und östlichen Oberitalien sowie Venedigs sind die drei weltberühmten Kurorte Abano, Galzignano und Montegrotto in den Euganeischen Hügeln. Auch an den Oberitalienischen Seen und in den größeren Städten ist die touristische Infrastruktur gut entwickelt. In den kleineren Orten der Po-Ebene kann es allerdings schwierig sein, eine Übernachtungsmöglichkeit zu finden. Es ist daher ratsam, einen Hotelführer im Gepäck zu haben (näheres s. unter Unterkunft, S. 283).

Reisevorbereitungen

Informationen

Ausführliche Informationen und häufig auch eine gute, kostenlose Straßenkarte erhält man im deutschsprachigen Raum bei den Büros des
Staatlichen Italienischen Fremdenverkehrsamtes ENIT:
Kaiserstraße 65, D-6000 Frankfurt 1,
✆ 069/231212
Berliner Allee 26, D-4000 Düsseldorf,
✆ 0211/132231/32
Goethestraße 20, D-8000 München 2,
✆ 089/530369
Kärntnerring 4, A-1010 Wien,
✆ 0222/654374
Uranienstraße 32, CH-8001 Zürich,
✆ 01/2113633

Einreisebestimmungen

Italienreisende aus der Bundesrepublik Deutschland, aus Österreich und der Schweiz benötigen nur den gültigen Personalausweis, wenn sie nicht länger als drei Monate im Land bleiben wollen. Weitere Auskünfte erteilen die ENIT-Büros. Autoreisende sollten die Grüne Versicherungskarte mitführen.

Devisen s. Geld und Devisen, S. 275

Anreise

Mit dem Flugzeug

Internationale Flughäfen sind Mailand, Bologna und Venedig. Von geringerer Bedeutung sind die Flughäfen von Bergamo, Verona, Treviso, Forli und Reggio nell'Emilia und Rimini.

Mit der Bahn

Hervorragende Bahnverbindungen nach Mailand (Eisenbahnknotenpunkt), von dort Anschlüsse nach Como im Norden, nach Pavia im Süden, nach Brescia, Verona, Vicenza, Padua und Venedig im Osten sowie nach Piacenza, Fidenza, Parma, Reggio, Modena, Bologna, Imola, Faenza, Cesena, Rimini und Riccione in Richtung Südosten. Vom Eisenbahnknotenpunkt bestehen weitere Anschlüsse. Die Küstenorte der Emilia sind untereinander verbunden, und im Hinterland existiert noch eine Linie zwischen Padua, Ferrara und Bologna. Mit einiger Zeit und Geduld ist die Region durchaus mit der Bahn zu bereisen.

Mit dem eigenen Wagen

Von Deutschland und Österreich aus fährt man über Innsbruck und die Brenner-Autobahn A 22 nach Bozen, Trento und Verona, dort trifft man auf die A 4, die Mailand und Venedig verbindet. Oder es empfiehlt sich über Villach–Udine–Venedig die neue Alpen-Adria-Autobahn.

Aus der Schweiz gelangt man über den San Bernardino-Paß nach Bellinzona, Lugano und Como, von Lausanne aus ins Aosta-Tal, wo in Aosta die A 5 beginnt, von Genf aus durch den Mont Blanc-Tunnel und über Courmayeur ebenfalls nach Aosta zur A 5, dann folgt man der A 5 und später der A 4 nach Mailand.

Vom Mailänder Autobahnring zweigen folgende Strecken ab: A 8 nach Varese und zum Lago Maggiore; A 9 zum Comer See; A 4 in Richtung Bergamo, Brescia, Verona, Vicenza, Padua und Venedig; A 1 nach Piacenza, Parma, Reggio, Modena, Bologna und weiter nach Rimini; A 7 nach Pavia. Weitere wichtige Verbindungen sind: A 21 von Brescia nach Cremona; A 22 von Verona über Mantua und Carpi nach Modena; A 13 von Padua über Rovigo und Ferrara nach Bologna. Die italienischen Autobahnen sind gebührenpflichtig.

Die Landstraßen sind in der Regel sehr gut, das Straßennetz ist dicht. Hinderlich kann das gelegentliche Fehlen von Brücken in der Po-Ebene sein.

Ärztliche Betreuung

In jeder italienischen Großstadt und in den großen Badeorten an der Küste gibt es Ärzte, die Deutsch sprechen. Die Hotelrezeption hilft bei der Benachrichtigung. Im Norden Italiens entspricht der medizinische Standard dem mitteleuropäischen, in den Kurorten ist er sogar hervorragend. Deutsche und Österreicher, die einer gesetzlichen Krankenversicherung angehören, müssen sich vor der Reise von ihrer Krankenkasse eine Anspruchsbescheinigung ausstellen lassen. Diese müssen Sie bei Bedarf der italienischen Krankenversicherung INAM vorlegen, die in allen größeren Orten vertreten ist (auch hier hilft die Hotelrezeption oder das Verkehrsamt).

Unfall-Rettungsdienst: Über die Rufnummer 113 (Polizei) ist in ganz Italien der Notdienst erreichbar.

Auskunft

Die Postleitzahlen sind hinter den Ortsnamen in Klammern angegeben.

Abano Terme (35031)
Azienda Autonoma di Soggiorno, Cura e Turismo
Via Pietro d'Abano 18, ✆ 049/669055

Bergamo (24100)
Ente Provinciale per il Turismo
Viale Vittorio Emanuele II. 4,
✆ 035/242226

Bibione (30020)
Azienda Autonoma di Soggiorno e Turismo
Viale Aurora 20, ✆ 0431/43362

Bologna (40122)
Azienda Provinciale per il Turismo
Via Marconi 45, ✆ 051/237414

Brescia (25100)
Ente Provinciale per il Turismo
Corso Zanardelli 38, ✆ 030/45052

Cervia-Milano Marittima (48016)
Azienda di Soggiorno
Viale Romagna 107, ✆ 0544/993435

Cesenatico (47042)
Azienda di Soggiorno
Via Roma 112, ✆ 0547/80091

Como (22100)
Ente Provinciale per il Turismo
Piazza Cavour 17, ✆ 031/262091

Cremona (26100)
Ente Provinciale per il Turismo
Galleria del Corso 3, ✆ 0372/21722

Ferrara (44100)
Azienda Provinciale per il Turismo
Largo Castello 28, ✆ 0532/21267

Forli (47100)
Azienda Provinciale per il Turismo
Corso della Repubblica 23,
✆ 0543/25532

Mailand (20123)
Ente Provinciale per il Turismo
Via Marconi 1, ✆ 02/870016

Mantua (46100)
Ente Provinciale per il Turismo
Piazza Andrea Mantegna 6,
✆ 0376/350681–3

Modena (41100)
Azienda Provinciale per il Turismo
Corso Canalgrande 3, ✆ 059/237479

Padua (35100)
Azienda Autonoma di Soggiorno e Turismo
Riviera Mugnai 8, ✆ 049/25024

Parma (43100)
Azienda Provinciale per il Turismo
Piazza Duomo 5, ✆ 0521/33959

Pavia (27100)
Ente Provinciale per il Turismo
Corso Garibaldi, ✆ 0382/27238

Piacenza (29100)
Azienda Provinciale per il Turismo
Via San Siro 17, ✆ 0523/24347–8

Ravenna (48100)
Azienda Provinciale per il Turismo
San Francesco 7, ✆ 0544/36129

Rimini (47037)
Azienda di Soggiorno
Piazzale Indipendenza 3, ✆ 0541/24511

Venedig (30122)
Ente Provinciale per il Turismo
Castello, Calle del Remedio 4421,
✆ 041/22373

Verona (37122)
Ente Provinciale per il Turismo
Via Scalzi 20, ✆ 045/25065

Vicenza (36199)
Ente Provinciale per il Turismo
Piazza Duomo 5, ✆ 0444/44805

Autofahren

Ein leidiges Kapitel, insbesondere während der Haupturlaubszeit im Sommer, ist der Autodiebstahl. Die größte Sicherheit bieten versicherte Garagen – die natürlich einiges kosten! In den kleineren Orten ist die Gefahr relativ gering, doch in den Großstädten und an der Küste kann man nicht vorsichtig genug sein. Italiener, die größere bzw. begehrte Autos fahren, lassen sich meist eine Alarmanlage einbauen, die zwar keine hundertprozentige Garantie vor Diebstahl bedeutet, aber doch abschreckend wirkt. Am besten sind Hotelgaragen gesichert, weil kein Hotelier seine Gäste verärgern möchte.

Neuerdings gibt es für Ausländer **Führerscheinprobleme** bei Reisen in Italien. Die graue Ausführung bundesdeutscher Führerscheine beispielsweise trägt zwar die Adresse des Führerscheininhabers, diese ist aber selten aktuell, weil in der Bundesrepublik keine Änderungspflicht (speziell hierfür) besteht. Stimmt aber nach italienischen Vorschriften die Adresse im Führerschein nicht mit der tatsächlichen überein, so wird man zur Kasse gebeten: 10000 Lire (Stand April 86).

Gut haben es Führerscheinneulinge: Seit dem 1. April 1986 werden auch in der Bundesrepublik die rosafarbenen EG-Führerscheine ausgegeben, auf denen lediglich der Wohnort angegeben ist. Fazit: Ältere Führerscheine sollten aktualisiert werden, will man Ärger mit der italienischen Verkehrspolizei vermeiden.

Autobahngebühren

Die ausgezeichnet ausgebauten und gepflegten italienischen Autobahnen sind gebührenpflichtig. Kurze Strecken, etwa Umgehungsstraßen bei Großstädten, sind manchmal gebührenfrei. Das Abgabesystem soll im Laufe der nächsten Jahre vereinfacht werden. Wichtig: Man sollte genügend italienisches Kleingeld für die Autobahngebühren bereit halten.

Automobilclub

An allen wichtigen Stellen und in den Provinzhauptstädten gibt es Büros des italienischen Automobilclubs ACI, den Mitglieder anderer Automobilclubs zu Hilfe rufen können.

Straßenhilfsdienst: Telefon 116.

Autoverleih

An den Flughäfen, in den großen Städten sowie in den Küstenorten können überall Leihwagen gemietet werden. Zu den Anbietern gehören die internationalen Firmen AVIS, HERTZ und InterRent sowie das italienische Unternehmen MAGGIORE. Die Rückgabe des Wagens muß nicht am Ausgangspunkt erfolgen, sondern ist nach Absprache im ganzen Land möglich.

Benzin und Benzingutscheine

Gutscheine wird es in Zukunft höchstwahrscheinlich nicht mehr geben.

Vorsicht ›Normal‹-Fahrer: In Italien tankt man besser gleich Super, weil sonst die Oktan-Zahl zu niedrig ist. Am billigsten fahren in Italien Diesel-Fahrzeuge.

Tankstellen

Mit der Einhaltung der Freizeit nehmen es italienische Tankstellenprächter sehr genau. Nur an den Autobahnen gibt es 24-Stunden-Service, in Großstädten und an wichtigen Kreuzungen der Landstraßen findet man teilweise Selbstbedienungs-Tankstellen, an denen mit 10000-Lire-Scheinen (aber nur neuen) bezahlt werden kann. Ansonsten muß man sich nach den Öffnungszeiten richten und dabei beachten, daß, wer etwa sonntags auf hat, montags schließt usw. Die Mittagspause dauert meistens von 12.30 bis 15.30 Uhr. Man sollte morgens also erst auf Tour gehen, wenn der Tank einigermaßen voll ist.

Verkehrsbestimmungen

Italien hat besondere Verkehrsbestimmungen, die Höchstgeschwindigkeit betreffend: PKW bis zu 599 ccm dürfen auf Landstraßen und Autobahnen höchstens 80 bzw. 90 km/h fahren;
mit 600 bis 900 ccm 90 bzw. 110 km/h;
mit 901 bis 1300 ccm 100 bzw. 130 km/h;
ab 1300 ccm 110 bzw. 140 km/h.

In Ortschaften mit guter Straßenbeleuchtung darf nur mit Standlicht gefahren werden, Abblendlicht muß in Tunnels auch am Tag eingeschaltet werden. An schwarzgelb markierten Bordsteinen ist das Parken verboten, vor dem Anhalten muß man blinken und Fahren unter Alkoholeinfluß ist grundsätzlich verboten.

Einkaufen

Kulinarische Spezialitäten

Oberitalien ist ein Schlemmerparadies. Die Emilia Romagna ist berühmt für Käse (u. a. Parmigiano Reggiano), Wurstwaren und den Parma-Schinken. Im Veneto wird der ebenfalls köstliche San Daniele-Schinken hergestellt. Aus dieser Region kommen auch weniger bekannte, aber hervorragende Weine (aus den Euganeischen Hügeln). Würzige Wurstwaren und gute Schinken gehören auch zu den Spezialitäten der Lombardei. Insbesondere das Gebiet Oltrepò-Pavese südlich von Pavia (bei Varzi) ist Kennern ein Begriff. Der Gorgonzola, ein schmackhafter Schimmelkäse, stammt aus dem gleichnamigen Städtchen bei Mailand. Im Oltrepò werden ausgezeichnete Weine gekeltert, die bei uns kaum bekannt sind.

Mode

Hauptstadt der Mode ist Mailand. Auch römische und florentinische Modeschöpfer haben sich hier etabliert. Es gibt kaum ein besseres Einkaufszentrum für Modeartikel als die lombardische Metropole. Hier findet man sowohl Haute Couture als auch einfachere, aber nicht weniger schöne italienische Kleidung und Schuhe. In Vigevano, im Westen der Lombardei, befindet sich das Zentrum der italienischen Schuhproduktion. Como am gleichnamigen See ist in ganz Europa berühmt für seine Seide. Weltbekannte Modefirmen lassen hier arbeiten.

Kunsthandwerk s. dort, S. 277

Essen und Trinken

Wer Oberitalien als Ganzes bereist, wird bald feststellen, daß dort, wo die Küche nicht ›international‹ und/oder ›italienisch‹ ist, die Unterschiede zwischen den drei Regionen Lombardei, Emilia und Veneto recht groß sind. So wird die Reise durch Oberitalien auch zu einem kulinarischen Genuß.

Die lombardische Küche

Auch wenn viele Kenner meinen, man solle über die lombardische Küche nicht allzu viele Worte verlieren, weil sie schlichtweg fett und gut sei, bin ich anderer Meinung. Schließlich hat Italien und die Welt der Lombardei den Risotto zu verdanken. Mit dem Reisanbau beschäftigte sich schon Leonardo da Vinci, der Zeichnungen und Pläne für die Bewässerung der Felder anfertigte. Zentrum des Anbaus ist das Gebiet westlich von Mailand in der Po-Ebene. Der typisch lombardische Reis ist dick (wie Milchreis), aber länglich und hat einen sehr hellen Kern. Mailänder Risotto wird immer mit etwas Flüssigkeit serviert, also nicht trocken wie chinesischer Reis, er ist aber dennoch sehr kernig im Geschmack. Und seine unnachahmlich gelbe Farbe kommt von einem sehr guten Safran, der auch den besonders feinen Geschmack abrundet.

Der Lombardei hat die Welt noch mehr zu verdanken: nämlich das vermeintliche ›Wiener Schnitzel‹ aus Kalbfleisch: Maria Theresia hat seinerzeit das Mailänder Schnitzel in Wien populär gemacht, so wurde daraus ein Wiener Schnitzel.

Eine besondere Pasta-Art in der Lombardei sind die Pizzocheri aus Buchweizenmehl, fast schwarze Nudeln. Derb im Geschmack, mit Gemüse, Knoblauch und –

ganz wichtig! – frischem Salbei im Ofen überbacken, sind sie eine Spezialität, auf die es lohnt, 20 bis 30 Minuten zu warten. Ansonsten werden in der Lombardei nicht viele Teigwaren serviert, denn es gibt ja den Reis.

Ossobuco ist die lombardische Kalbshaxe, in Scheiben geschnitten, mit Gemüse in Wein gegart.

Ab Mai ist Lachsforellen-Saison an den Oberitalienischen Seen. Die Lombarden lieben die zarten, rosafleischigen Fische ›blau‹ mit zarter, hausgemachter Mayonnaise.

Polenta ist die Lieblingsspeise der Leute aus Brescia und vor allem Bergamo, wo es sogar das Gericht ›Vögel in Maisring‹ gibt. Inzwischen ist man allerdings dazu übergegangen, die Bergamo-Spezialität nicht aus Vögelchen, sondern aus Gulaschfleisch zu bereiten (dafür gibt's die Vögel in Polenta als Nachahmung in süß, aus Marzipan).

Echte Hausmannskost und sicherlich nicht ganz leicht ist die Cazzoeula, ein Eintopf aus Schweinefleisch mit Wirsing.

Der weltberühmte Gorgonzola, der würzige Schimmelkäse, muß zimmerwarm, leicht fließend serviert werden, nur so schmeckt er richtig. Auch andere hervorragende Käsesorten stammen aus der Lombardei: Bel Baese, Taleggio und Grana Lodogiano (aus Lodi) – ob jung, mittelalt oder gereift: eine Köstlichkeit.

Süßspeisen: die Mädchen von Cremona, sagt man, sind so süß und so mollig, weil es hier die besten Süßspeisen gäbe. Die beliebteste Süßigkeit ist hier der Torrone aus Zukker, Honig und Mandeln, eine Art Nougat, eine wahre Kalorienbombe.

Die bekanntesten und wohl besten Weine der Lombardei stammen aus dem Oltrepò-Pavese, also der Provinz Pavia. Hervorragend sind die Weine der Franciacorta südlich des Iseo-Sees, wo auch champenoise Schaumweine der Spitzenklasse hergestellt werden, die sich mit den französischen durchaus messen könnten. Nur: Sie erreichen kaum die Grenzen der Lombardei, weil man sie hier lieber selber trinkt ... Aus dem Valtellina schließlich, der Provinz Sondrio, kommen die wohl schwersten Weine der Region: Sassella, Valgella, Grumello und – sehr beziehungsreich – Paradiso und Inferno. Ein paar Weinorte haben die Lombarden zu Weinrouten zusammengefaßt, der kleinen Broschüre dazu kann man beruhigt folgen – man wird nicht enttäuscht.

Die Küche der Emilia

In dieser Region wird wieder gerne Pasta gegessen, natürlich möglichst haus- bzw. handgemacht: Tagliatelle, Cappelletti, Strozzapreti, Tortellini, Passatelli und wie sie sonst noch genannt werden. Vorweg gibt es aber oft Eingelegtes: Gemüse, Würste, Pilze und alles, was man sonst noch in Öl und/oder Essig und Gewürzen einlegen kann.

Das Fleisch – Schwein, Lamm, Kaninchen oder Rind – wird mit Vorliebe auf dem Holzkohlengrill zubereitet, damit sich der typische Geschmack richtig entfalten kann. Besondere Spezialitäten sind etwa ›Salama da sugo‹ aus Ferrara oder die Porchetta, das Spanferkel in knuspriger Haut. Im Apennin sind natürlich Wildbret und Pilze Tradition, am besten nur mit Brot aus Ferrara oder mit Piadina, einem Fladenbrot aus Mehl, Wasser, Salz und Schmalz, auf einer heißen Ton- oder Eisenplatte gebacken.

An der Küste der Emilia gehören Fischgerichte und Meeresfrüchte (Muscheln, Miesmuscheln und Jakobsmuscheln vor allem) zu den Spezialitäten: Teigwaren mit Fisch und Meeresfrüchten, Reis (alla marinara) mit Meeresfrüchten, Grillgerichte. Ein besonderer Adria-Fisch ist der ›pesce azzuro‹, der Blaufisch. Ein Genuß sind auch die in der Lagune von Comacchio gefangenen ›anguile‹, junge Aale, deren Bestand leider abnimmt.

Den Parma-Schinken und die Wurstspezialitäten der Region genießt man entweder als Antipasto, vor der Pasta also, oder zwischendurch, etwa in einem Panino, einem meist riesengroßen belegten Brötchen. Dasselbe gilt für den Käse, den es in der Emilia in mehreren Variationen gibt, vor allem natürlich für den Parmesan.

Drei weltberühmte Weine der Emilia zeugen von der großen Tradition der Rebkulturen: der rote Sangiovese und der weißen Albana und Trebbiano. Jede emilianische Provinz hat ihre Weinspezialitäten: An der Lagune von Comacchio zum Beispiel wird – zu den Fischgerichten – mit Vorliebe der Vin di Bosco getrunken. Schwer ist der an der Küste zu findende Aleatico, man nehme sich vor zu reichlichem Genuß in acht.

Küche des Veneto

›Risi e bisi‹, nämlich Reis und Erbsen, sowie ›Fegato alla veneziana‹, Leber auf venezianische Art (auch nördlich der Alpen und eigentlich schon weltweit verbreitet), das ist wahrlich nicht alles, was die Küche des Veneto zu bieten hat. Ob in den kleinen Trattorien der Euganeischen Hügel oder im ›12 Apostoli‹ nahe der Piazza delle Erbe von Verona – selten wird man von der venezianischen Küche enttäuscht.

Rückgrat der einfachen venezianischen Küche sind Reis und Mais, also Risotto und Polenta. Sonst ist sie recht phantasievoll, kann sie doch aus einer reichen Landschaft zehren: Venetien hat das Meer, die Lagune, Flüsse und Seen, Wälder, Wiesen und Hügellandschaften – etwa die immer wieder erwähnenswerten Euganeischen Hügel, wo Wein auf gutem vulkanischen Boden gedeiht.

Das Meer liefert der venezianischen Küche die Krabben und eine Muschelart namens Meerestrüffel (Tartufo di mare crudo), die Lagune von Chioggia (bei Sottomarina vor allem) Austern aus Zuchtfarmen. Ein Krustentier aus der Gegend ist der Grancevola, ein zarter Meeresbewohner mit einem merkwürdigen Namen ist der Cigalle del mare, die Meeresheuschrecke. Dann gibt es noch die Seeschnecken Garusoli, röhrchenförmige Muscheln namens Cape-longhe und Sardellen in Unmengen, die mit Vorliebe sauer eingelegt werden.

Zu einem venezianischen Antipasto gehören eingelegte Artischockenherzen und sauer eingelegtes Gemüse, eine Kostbarkeit ist der luftgetrocknete Schinken von San Daniele.

Als Pasta wird geboten: kurzgeschnittene Nudeln aus dunklem Mehl (Bigoli), gefüllte Teigtaschen (Casonsiei oder Gnocchi), Reis mit Erbsen, der bekannte Risi e bisi, oder ein guter, saftiger Risotto, gerne mit Meeresfrüchten oder Leber vom Geflügel.

Die Leber venezianischer Art wird tatsächlich auch von den Einheimischen gerne gegessen, der Weißwein, in dem man sie gart, sollte ein besonders guter sein. Auch Spezzatino, einen Kalbsgulasch, mögen die Venezianer, mit Polenta. Ein Stück Hähnchen, kroß in Butter gebraten, wird ganz rein gegessen, am liebsten ohne Zutaten, auf dem Beiteller gibt es höchstens ein wenig zartes Gemüse aus der Lagunenlandschaft oder einen Radicchio-Salat.

Zum Nachtisch wird gerne Käse und Obst gegessen, auch Nüsse in allen möglichen Mischungen. Aber die eigentlichen Nachspeisen haben eindeutig einen orientalisch-süßen Beigeschmack, ob aus dem massigen Mascarpone (fette Käsecreme, wie man sie normalerweise für Tiramisu nimmt) oder auf Baiser-Basis zubereitet, wie die Meringata mit viel Vanille. Die Frutta Cotta sind gekochte Früchte, ganz belassen und in Zuckersirup gegart; eine wahre Augenweide und daher immer sehr verlockend.

Am Gardasee, der im Osten an die Region Veneto grenzt, wachsen der Bardolino und der Valpolicella, Merlot und Cabernet gedeihen in der Gegend von Treviso und Vicenza, einer der bekanntesten Weißweine der Region, der Soave, wächst nahe Verona – von ganz besonderem Geschmack sind die Weine der Euganeischen Hügel: Pinot Bianco, Pinot Grigio, Rosso und Verduzzo.

In Treviso startet übrigens die 42 Kilometer lange Weißweinstraße Conegliano – Valdobbiadene. Man bekommt beim Touristenamt eine gute Routenbeschreibung, der man getrost folgen kann, sie enthält auch Tips, wo man welche Weine probieren sollte.

Restaurant-Tips

Es gibt in Italien zu Werbezwecken einen lockeren Zusammenschluß besonderer Restaurants: ›I Ristoranti del Buonricordo‹, eine Einrichtung von 1964, der sich immer mehr Häuser anschließen durften. Allerdings nur, wenn sie absolut lokale, typische Gerichte servieren. Und wer das ›Haus-Gericht‹ bestellt, bekommt zum Abschied einen Keramikteller. Es gibt schon echte Sammler dieser meist hübsch bemalten Teller. Wen wundert's angesichts der Spezialitäten Oberitaliens, daß von den knapp einhundert Buonricordo-Restaurants fast die hälfte hier zu finden ist? Bei den aufgeführten Restaurants unbedingt vorbestellen!

Ariano Polesine/Rovigo: *Hotel Ristorante Due Leoni,* Spezialität La torchiata

Bagno di Romagna/Forli: *Ristorante Paolo Teverini,* Piazza Dante 1, Spezialität Agnello in fricassea

Barghe/Brescia: *Ristorante da Benedetto,* Via Nazionale 17, Spezialität Salsicce di vitello alla brace

Bologna: *Rosteria da Luciano,* Via Nazario Sauro 19, Spezialität Tortellino Petroniano

Brisighella/Ravenna: *Ristorante Gigiolè,* Piazza Carducci, Spezialität Spoia Lorda

Cantù/Mirabello/Como: *Ristorante Le Querce,* Via Marche/Località Camuzzi, Spezialität Zuppa di pesce persico

Caorle: *Ristorante Duilio Hotel,* Spezialität Zuppa di pesce Festival

Caorso/Piacenza: *Ristorante da Valentino,* Via Roma 29/B, Spezialität Pisareï fasö

Castrocaro Terme/Forli: *Ristorante La Frasca,* Spezialität Coniglio farcito

Ceretto Lomellina/Pavia: *Ristorante Cascina Bovile,* Spezialität Oca con le verze

Certosa di Pavia: *Ristorante Vecchio Mulino,* direkt an der Kartause, der Enoteca angeschlossen, Spezialität Sella di coniglio al Riesling dell'Oltrepò

Conegliano/Treviso: *Ristorante Tre Panoce,* Via Vecchia Trevigiana 50, Spezialität Anatra in salsa de Ua Prosecco

Cremeno/Como: *Ristorante Al Clubino,* nahe Lecco, Spezialität Risotto Gabry

Ferrara: *Ristorante Vecchia Chitarra,* Via Ravenna 11, Spezialität La salama da sugo

Goito/Mantua: *Ristorante al Bresagliere,* Spezialität Risotto con lumache

Isola Comacina/Como: *Locanda dell'Isola,* Spezialität Pesci alla contrabbandiera
Lugo di Romagna/Ravenna: *Ristorante La Meridiana,* Via De Brozzi 94, Spezialität Picaga con malfattini
Mailand: *Ristorante Convoiano,* Via Hoepli 6, Spez. Polpettone di pesce alla milanese
Mailand: *Ristorante Cassina de'Pomm,* Via M. Gioia 194, Spezialität Rustin negàa
Mailand: *La Cucina di Edgardo il Montalcino,* Alzaia Naviglio Grande, Spezialität Vitello dei Longobardi
Mailand: *Ristorante Tre Pini,* Via T. Morgagni 19, Ecke Via Arbe, Spezialität Foiolo ai Tre Pini
Maleo/Mailand: *Albergo del Sole,* Spezialität Stracotto con polenta
Mantua: *Ristorante il Cigno,* Piazza d'Arco 1, Spezialität Cappone alla Stefani
Marostica: *Ristorante Castello Superiore/ Taverna de Marostega,* Spez. I Toresani
Massa Lombarda/Ravenna: *Ristorante da Tino,* Via Torchi 24, Spezialität Garganelli del ›Passatore‹
Mestre/Venedig: *Trattoria dall'Amelia,* Via Miranese 113, Spezialität Sepoline a la Veneziana
Miane/Treviso: *Ristorante da Gigetto,* Via A. De Gasperi 4, Spezialität Muset par i di de festa
Mirano/Venedig: *Ristorante Ai Molini (El Tinelo),* Via Belvedere 10, Spezialität Fegato alla Veneziana
Mira Oriago/Venedig: *Albergo Ristorante Burchiello,* Spezialität Sardelle in ›saor‹
Padua: an der Autobahn Padua Ost (Ponte di Brenta) der Autobahn Venedig–Mailand, Spezialität Pasta e fasioi
Polesine Parmese/Parma: *Ristorante al Cavallino Bianco,* Spezialität Stracotto di culatello
Ranco – Lago Maggiore/Varese: *Ristorante Sole,* Spezialität Armonie del Lago
Rubano/Padua: *Ristorante La Bulesca, Spezialität La Pavana*
Runate/Canneto sull'Oglio/Mantua: *Ristorante dal Pescatore,* Spezialität Tortelli di zucca
Salò/Brescia: *Ristorante Hotel Laurin,* Viale Landi 9, Spezialität Trota in salsa picedo
Salsomaggiore/Parma: *Ristorante al Tartufo,* Viale Marconi 32, Spezialität Galletto ripieno alla parmigiana
S. Polo di Piave/Treviso: *Parco Ristorante Gambrinus,* Spezialität Gamberi alla Gambrinus
Suzzara/Mantua: *Ristorante Cavallino Bianco,* Spezialität ›I caplet della sagra‹
Treviso: *Ristorante Carletto,* Via Bibano 46, Spezialität Piccioni farciti
Valeggio sul Mincio/Verona: *Ristorante Lepre,* Via Marsala 5, Spezialität Paparele al sugo di lepre
Varese: *Ristorante Lago Maggiore,* Via Carrobbio 19, Spezialität Faraona di casa Ponti
Venegazzù di Volpago del Montello/Treviso: *Trattoria da Celeste,* Spezialität Petti di faraona alla Montelliana
Verona: *Ristorante 12 Apostoli,* Vicolo Corticella S. Marco 3, gleich bei der Piazza delle Erbe, Spezialität Pastissada de caval
Vicenza: *Antica Trattoria Tre Visi,* Contrà Porti 6, Spezialität Vero baccalà alla vicentina
Vigano Brianza/Como: *Ristorante Pierino,* Spezialität Gallina stufata
Villastrada di Dosolo/Mantua: *Ristorante Nizzoli,* Spezialität Lumache alla mantovana

Feste und Feiertage

1. Januar: Neujahr
6. Januar: Dreikönigsfest
Februar, beweglich: Carnevale Veneziano
Ostermontag: beweglich zwischen März und April
25. April: Tag der Befreiung
1. Mai: Tag der Arbeit
1. Sonntag im Juni: Proklamation der Republik
3. Sonntag im Juli: Erlöserfest
15. August: Mariä Himmelfahrt und Beginn des Ferragosto (Ferienzeit)
Letzter Sonntag im August: Historisches Schachspiel in Marostica/Vicenza, alle zwei Jahre (bei gerader Endzahl)
1. Sonntag im September: Wieder historisches Schachspiel in Marostica
1. Sonntag im September: Regata Storica in Venedig
1. Sonntag im November: Tag der Nationalen Einheit
8. Dezember: Mariä Empfängnis
25. Dezember: Weihnachten
26. Dezember: Heiliger Stephan.
Ortsheilige und -patrone werden außerdem gerne und viel gefeiert, darüber muß man sich jeweils vor Ort erkundigen.

Folklore und andere Veranstaltungen

An der emilianischen Adriaküste wird sehr um die Gunst der Touristen gebuhlt: u. a. mit kulturellen Veranstaltungen und Folkloredarbietungen. Von besonderem Interesse sind die allsommerlich stattfindenden eindrucksvollen Symphoniekonzerte in der Abtei von Pomposa, in den Basiliken von Ravenna und im Malatesta-Tempel von Rimini.

Ebenfalls sehens- und erlebenswert: das Ballettfestival am Ponte dei Trepponti (Brücke der drei Brücken) von Comacchio, die Jazz-Tage in Ravenna, das Straßentheater in San Arcangelo di Romagna und die Opernfesttage in der Rocca Brancaleone in Ravenna.

Das größte Ereignis überhaupt für ganz Oberitalien findet in Verona statt: Oper, Ballett und Konzerte in der Arena di Verona, allsommerlich etwa von Anfang Juli bis Ende August.

Geld und Devisen

Die italienischen Behörden sind dabei, die Devisenbestimmungen weiter zu lockern, man sollte sich daher vor der nächsten Italienreise lieber genauer bei der Bank erkundigen. Bei Drucklegung galt noch: Wer mehr als eine Million Lire in Fremdwährung einführen oder auch wieder ausführen möchte, sollte die Devisen bei der Einreise deklarieren. Italienische Lire dürfen pro Person bis zu 400000 ein- oder ausgeführt werden – eher zu empfehlen ist ohnehin die Mitnahme von Reiseschecks oder Eurocheques.

Öffnungszeiten der Banken: nur vormittags, meist von 8.30 bis 12.45 bzw. 13.20 Uhr, in typischen Urlaubsgebieten auch länger, hier gibt es außerdem Wechselstuben, die in den Ferienorten im Sommer auch samstags und sonntags geöffnet haben. Eurocheques werden bis zu einer Höhe von 250000 Lire akzeptiert, ob zum Wechseln auf der Bank oder beim Einkauf.

Wer ein Postsparbuch hat, sollte sich rechtzeitig die Rückzahlungskarten besorgen, mit denen man bei italienischen Postämtern Bargeld abheben kann.

In Italien sind Kreditkarten sehr beliebt, viele Kaufhausketten und Geschäfte haben sogar eigene Kreditkarten für gute Kunden.

Klima

Trotz des Mittelmeerklimas darf man in Oberitalien nicht vergessen, daß das Gebiet direkt unterhalb der Alpen liegt, das Wetter also durchaus mitteleuropäisch sein kann. Das bedeutet: Frühjahr und Herbst sind feucht und teilweise sogar regenreich, die Sommer können sehr heiß werden, weil die Po-Ebene flach und dämpfig ist. Allzu viel Sonnenschein darf man in der Po-Ebene nicht erwarten, d.h. genaugenommen scheint die Sonne zwar brütend-heiß vom Himmel, nur ist dieser hinter einer Dunstschicht versteckt. Anders an den Oberitalienischen Seen, wo im Sommer angenehme Winde wehen und den Dunst vertreiben. Und anders auch an der Küste der Adria, die nicht ohne Grund bereits vor drei Jahrzehnten – nicht gerade liebenswürdig – den Beinamen ›Teutonengrill‹ erhielt.

	Jan.	Febr.	März	April	Mai	Juni	Juli	Aug.	Sept.	Okt.	Nov.	Dez.
Oberitalienische Seen												
Tageshöchsttemperaturen (°C)	6	9	12	16	20	25	27	26	23	16	10	6
Tiefste Nachttemperatur (°C)	–1	0	4	8	11	15	17	16	14	8	4	0
Sonnenstunden täglich	4	5	6	7	7	8	9	8	6	5	4	4
Wassertemperatur (°C)	7	7	9	12	17	20	23	23	21	17	12	8
Luftfeuchtigkeit (%)	70	62	56	58	62	60	59	61	64	70	72	70
Tage mit Regen/Schnee	5	5	8	10	13	11	10	9	9	9	9	7
Nördliche Adria-Küste												
Tageshöchsttemperaturen (°C)	10	11	13	17	22	23	26	27	25	20	15	11
Tiefste Nachttemperatur (°C)	5	6	8	11	14	18	20	20	18	14	10	6
Sonnenstunden täglich	4	5	6	7	9	9,5	11	10	8	6	6	4
Wassertemperatur (°C)	11	10	12	14	18	21	23	24	23	20	16	14
Luftfeuchtigkeit (%)	75	72	69	68	71	65	63	63	69	72	75	75
Tage mit Regen/Schnee	9	9	6	5	6	3	2	4	5	8	10	10

Konsulate

Deutsches Konsulat:
San Marco, Sottoportego Giustinian 2888, 30122 Venedig, ✆ 041/25100

Österreichisches Konsulat:
San Marco, Calle del Monte 4700, 30122 Venedig, ✆ 041/32133

Schweizer Konsulat:
Dorsoduro, Campo San Agnese 810, 30122 Venedig, ✆ 041/25996

Kunsthandwerk

Auch das Kunsthandwerk hat in Oberitalien Tradition. Beginnen wir mit der **Lombardei.** Die Geigenbauer Cremonas stehen in der Nachfolge Stradivaris und liefern noch heute Spitzenprodukte. Pavia hat einen guten Ruf in der Pelzindustrie. Weltberühmt ist unter Kennern die Knopfindustrie am Iseo-See, entstanden aus dem Kunstschmiede-Handwerk in den Bergen des Voralpenlandes mit seinen zahlreichen Flüssen und Bächen, die in früheren Zeiten die notwendige Energie lieferten. Noch heute blüht hier das Handwerk der Waffenschmiede. Als Nachfahren der mittelalterlichen Künstler gibt es in der Lombardei noch immer sehr gute Steinmetzen.

Die Region **Emilia** ist vor allem bekannt für Kunstschmiedearbeiten sowie die Herstellung von Kupfer- und Zinnprodukten, aber auch Keramik, Lederwaren und anderes findet man hier. In den einzelnen Städten und Gebieten haben sich besondere Traditionen herausgebildet. Erwähnenswert sind:

- in Bologna Schmiedeeisen, Kupfergegenstände und Silberarbeiten, speziell in Bodrio werden Okarinen hergestellt und in Imola Keramik;
- in Ferrara Schmiedeeisen, Hartzinn und Kupfer sowie Sgraffito-Keramiken, Holzschnitzereien und -skulpturen;
- in Forli Kupfer- und anderes Metallhandwerk, Edelsteinschleifereien in Civitella und Rocca San Casciano, der sogenannte Rostdruck mit Eisenoxydrot auf Leinwand/Leinen in Gambettola, Meldola und San Arcangelo, Stickereiarbeiten in Predappio Alta und Akkordeons sowie andere Musikinstrumente in Monaido;
- in Modena ist die Buchbinderkunst zu Hause und der Geigenbau, in den Apenninen werden Halbedelsteine verarbeitet, in Fanano Stoffe hergestellt und in Formigine schmiedeeiserne Gegenstände;
- Parma und seine Provinz sind berühmt für Lederwaren (Schuhe, Taschen und Gürtel), im Städtchen Collecchio werden Kunstgegenstände aus Keramik hergestellt, in Roccabianca Binsen und Weidenruten kunstvoll geflochten, in Santa Maria del Taro Stühle gefertigt;
- in der Provinz von Piacenza ist Grazzano Visconti mit mehreren Schulen und Werkstätten für Dekoration, Holz- und Möbelschnitzerei sowie Eisenschmieden das Zentrum des Handwerks;
- Ravenna pflegt natürlich die Kunst der Mosaikarbeiten, hier gibt es auch für Ausländer Sommerkurse, im zur Provinz gehörenden Faenza ist – der Name deutet es an – die Fayance-Kunst, die Feinkeramik zu Hause, ebenso in Brisighella, in Riolo Terme und Sant'Alberto wird das Schmiedeeisenhandwerk gepflegt und in Villanova di Bagnocavallo die Flechtkunst;
- Reggio nell'Emilias Provinz schließlich ist ein gutes Einkaufszentrum für Möbelschnitzereien, insbesondere der Ort Rolo.

Zu den kunsthandwerklichen Besonderheiten der Region **Veneto** gehören:

- in Venedig Mosaiken und die weltberühmten Glasbläserwaren, vor allem von der vorgelagerten Insel Murano;
- Schmiedeeisen aus der Provinz Belluno;
- Intarsien und Schnitzereien aus der Schule von Cortina;
- Keramiken aus Bassano del Grappa, Este und Vicenza;

- kunstvolle Puppen aus dem schönen Monselice;
- Musikinstrumente aus Padua;
- aus der Provinz Rovigo Emailarbeiten und Holzintarsien, Kunsthandwerkliches, das in der Schule von Castelmassa gelehrt wird;
- die Schule von Asolo bewahrt besondere altitalienische Traditionen: Stoffherstellung aus Flockseide und Stickerei;
- am Soligofluß entstehen Korbwaren und Möbel aus Weidengeflecht;
- Klöppelarbeiten der einheimischen Frauen und aus der Schule von Burano;
- um Asolo herum werden alte Möbel mit antikem Holz kunstvoll restauriert.

Kurorte

Außerhalb Italiens kaum bekannt sind die rund 20 Kurorte der **Emilia Romagna,** die sich durchaus sehen lassen können:

Bacedasco

(Piacenza) 160 m ü.d.M.
Schwefel-, Sole- und Jodquellen.
Ortschaft Bagni – ✆ 0523/895139 – Informationen auch bei der Fremdenverkehrsverwaltung Piacenza, Via S. Siro 17.

Bagno di Romagna

(Forli) 492 m ü.d.M.
Bikarbonat-, Alkali- u. Schwefelquellen, Hyperthermal (45 °C).
Grand Hotel Terme Roseo, Piazza Ricasoli 2, ✆ 0543/911016 – Euroterme, Via Langosavio 2, ✆ 0543/917979 – Terme di S. Agnese, Via Florentina 19, ✆ 0543/911018.
Für Informationen Kurverwaltung Bagno di Romagna, Via Lungo Savio 10, Tel. 0543/911026.

Bobbio

(Piacenza) 272 m ü.d.M.
Schwefel- und Solequellen.
Ortschaft S. Martino, ✆ 0523/936250 – Informationen auch bei der Fremdenverkehrsverwaltung Piacenza, Via S. Siro 17.

Brisighella

(Ravenna) 178 m ü.d.M.
Schwefel- und Sole-Brom-Jodquellen.
Via Stabilimento, ✆ 0546/81068 – Informationen auch bei der Fremdenverkehrsverwaltung Ravenna, P.zza S. Francesco 7.

Castel S. Pietro Terme

(Bologna) 75 m ü.d.M.
Schwefel- und Sole-Brom-Jodquellen, eisenhaltige Quellen.
Viale Terme 1113, ✆ 051/941247 – Informationen auch bei der Fremdenverkehrsverwaltung Bologna, Via Marconi, 45.

Castrocaro Terme

(Forli) 70 m ü.b.M.
Schwefel-sole-brom-jod- und magnesiumhaltige Quellen.
Viale Marconi, ✆ 0543/767122 – Informationen auch bei der Fremdenverkehrsverwaltung Forli, C.so della Republica, 23.

Cervarezza Terme

(Reggio Emilia) 950 m ü.d.M.
Schwefelquellen.
Hydrotherapie beim Hotel Ilton, ✆ 0522/890244 – Informationen auch bei der Fremdenverkehrsverwaltung Reggio Emilia, P.zza C. Battisti, 4.

Cervia
(Ravenna) 3 m ü. d. M.
Mutterlauge und sole-brom-jodhaltiger Salinenschlamm.
Kurverwaltung Milano Marittima, Viale Romagna, 107, ✆ 0544/993435 – Information auch bei der Fremdenverkehrsverwaltung Ravenna, P.zza S. Francesco, 7.

Fratta
(Forli) 82 m ü. d. M.
Schwefel-, sole-brom-jod- und arsenikhaltige Quellen.
Kuranstalt »Gerolanio Mercuriali«, Via Loreto, 238, ✆ 0543/460911 – Informationen auch bei der Fremdenverkehrsverwaltung Forli, C.so della Repubblica, 23.

Monticelli Terme
(Parma) 99 m ü. d. M.
Hochkonzentrierte Sole-Brom-Jodquellen.
Terme di Monticelli SpA, ✆ 0521/65521 – Informationen auch bei der Fremdenverkehrsverwaltung Parma, P.zza Duomo, 5.

Porretta Terme
(Bologna) 349 m. ü. d. M.
Schwefel-sole-brom-jodhaltige Quellen. Terme Alte, ✆ 9534/22093, Terme Puzzola, ✆ 0534/22062, Terme Sassocardo, ✆ 0534/23074 – Informationen auch bei der Fremdenverkehrsverwaltung Bologna, Via Marconi, 45.

Punta Marina
(Ravenna)
Thalassotherapien.
Fremdenverkehrsverwaltung in Ravenna, P.zza S. Franceso, 7, ✆ 0544/36129, Kurverwaltung Ravenna, Via S. Vitale, 2, ✆ 044/35755.

Riccione
(Forli) auf Meereshöhe.
Sole-brom-jod-, schwefel- und magnesiumhaltige Quellen.
Riccione Terme, Viale Torino, 16, ✆ 0541/602201 – Informationen auch bei der Fremdenverkehrsverwaltung in Rimini, P.zaa C. Battisti, 1.

Rimini
Thalsassotherapien.
Fremdenverkehrsverwaltung von Rimini, P.le C. Battisti, 1. ✆ 0541/27927. Kurverwaltung von Rimini, P.le Indipendenza, 3, ✆ 0541/24511.

Rimini-Galvanina
(Forli) 100 m ü. d. M.
Mineralhaltige Quellen mit Bikarbonat- und Alkaliegehalt.
Informationen bei der Fremdenverkehrsverwaltung in Rimini, P.le Battisti, 1 – ✆ 0541/27927.

Riolo Terme
(Ravenna) 98 m ü. d. M.
Schwefel-bikarbonat-alkali- und solebromjodhaltige Quellen.
Via Firenze, 15, ✆ 0546/71045 – Informationen auch bei der Fremdenverkehrsverwaltung Ravenna, P.zza S. Francesco, 7.

S. Andrea Bagni
(Parma) 123 m ü. d. M.
Bikarbonat- u. alkalihaltige, sole-bromjodhaltige und schwefel-magnesiumhaltige Quellen.
Thermalanstalt, ✆ 0525/51358 – Informationen auch bei der Fremdenverkehrsverwaltung Parma, P.zza Duomo, 5.

Salsomaggiore Terme
(Parma) 156 m ü. d. M.
Hochkonzentrierte sole-brom-jodhaltige Quellen.
Propaganda Terme Büro. Largo Barzieri, ✆ 0524/78201 – Informationen auch bei der Fremdenverkehrsverwaltung Parma. P.zza Duomo, 5.

Salvarola
(Modena) 178 m ü. d. M.
Sole-brom-jod- u. schwefelhaltige Quellen. Terme della Salvarola. ✆ 059/882333 – Informationen auch bei der Fremdenverkehrsverwaltung Modena, C.so Canalgrande 1/A.

Tabiano Terme
(Parma) 166 m ü. d. M.
Schwefelquellen von hoher Konzentration. Terme Respighi, ✆ 9524/66221 – Informationen auch bei der Kurverwaltung ✆ 0524/66245.

›Le Terme di Lombardia‹ heißt eine Broschüre über die Region, die bei den ENIT- und EPT-Stellen kostenlos, leider nur in italienischer Sprache, erhältlich ist. In der Hauptsache eignen sich die **lombardischen Orte** für Kuren zur Behandlung von Erkrankungen der Verdauungsorgane, gegen rheumatische Leiden und Gelenkkrankheiten, Hals-, Nasen- und Ohrenleiden sowie gegen Frauen- und Hautleiden.
Bagni del Màsino: Thermalbad mit alkalischem und radioaktivem Wasser in 1178 Meter Höhe, zur Behandlung von Krankheiten der Harnwege und von Frauenleiden. Die beiden Hotels verfügen über eine Bettenkapazität von nur 105 Betten – die Valtellina-Gastronomie und die guten Weine mögen für manche einen besonderen Anreiz bilden, man kann Ausflüge in die Bergwelt unternehmen, Tennis und Boccia spielen sowie Forellen angeln. Geöffnet Juli bis September.

Boario Terme ist einer der wichtigsten italienischen Kurorte mit langer Tradition. In 221 Meter Höhe gelegen, zur Prävention wie zur Rehabilitation allgemein geeignet, insbesondere gegen Stoffwechselstörungen, Leberleiden, Darmkrankheiten, rheumatische Krankheiten sowie Leiden der Atemwege. Gute Mittelklasse-Hotellerie von der zweiten bis zur vierten Kategorie, mit Pensionen sowie zahlreichen Privatunterkünften. Zwischen Lago d'Iseo und Valcamonica gelegen, bietet der Ort schon einmal diese lohnenden Ausflugsmöglichkeiten, außerdem einen großen Kurpark mit Thermalzentrum, Tennis, Boccia und Minigolf für die sportliche Betätigung, typische Trattorien und Bars, gute Geschäfte, u.a. mit Kunsthandwerkerzeugnissen aus Holz und Schmiedeeisen. Das ganze Jahr geöffnet.

Bormio ist ein Kleinod in 1225 Meter Höhe, 64 Kilometer von Sondrio in der gleichnamigen Provinz, kurz vor dem Stilfser Joch gelegen. Das radioaktive Wasser (30 Grad warm) eignet sich für Bäder, als Trinkkur und zum Inhalieren. Auch Fango mit radioaktiven Beigaben wird angewendet, es gibt Thermalbäder und Schwitzgrotten. Die Atmungsorgane werden hier behandelt, Gicht, Arthrose, Frauenleiden u. a. m. Außerdem ist Bormio Wintersportort. Allein 5000 Betten stehen in Appartements zur Verfügung, die meisten Hotelbetten in der dritten Kategorie, aber es geht hinauf bis zur ersten. Im Winter können sich Kurgäste die Freizeit mit Wintersport vertreiben, im

Sommer mit Ausflügen, sogar mit Sommerskilauf am Stilfser Joch, oder mit Tennis, Angeln in den zahlreichen Gebirgsbächen der Umgebung, mit Schwimmen im 33 mal 16 Meter großen Thermalbecken oder mit Tanz in den Discotheken.

Bracca, Gaverina Terme, Miradolo und **Rivanazzano** liegen zwar in schönen Landschaften und haben gute Kuranwendungen zu bieten, sie spielen jedoch außerhalb der Region allein durch ihre geringe Bettenkapazität keine Rolle im italienischen Bädertourismus. Höchstens Rivanazzano, das so nahe bei Salice Terme liegt, daß es von der größeren Schwester immer mehr profitieren dürfte.

Salice Terme in 173 Meter Höhe gilt als ein Teil der sogenannten piemontesischen Lombardei. Der beliebte Kurort mit Schwefelwasser und bromjodidhaltigem Wasser bietet auch natürlichen Fango, Inhalationen und Kuranwendungen bei Frauenleiden, Hals-Nasen-Ohren-Leiden, Asthma, Bronchitis, rheumatischen und dermatologischen Krankheiten. Ein Diagnosezentrum, ein großer Kurpark, Tennisplätze, Schwimmhalle, Boccia und Sportstadion ergänzen das Angebot. Ein neues Erste-Klasse-Hotel (President Hotel Terme) mit einem fast überdimensionalen Kurmittelhaus (getrennt für Frauen und Männer) im Untergeschoß ergänzt das bescheidenere Hotelangebot in einem Thermalort, der sich auch international sehen lassen kann. Das besonders Reizvolle: die wunderschöne Umgebung, die zu Spaziergängen, Wanderungen und Ausflügen mit dem Wagen lockt. Geöffnet ab März.

San Colombano al Lambro und **San Omobono Imagna** sind wieder recht bescheidene Kurorte, die überregional keine Bedeutung haben, allein wegen der fehlenden Bettenkapazität (jeweils nur zwei Hotels), aber die schwefelhaltigen Quellen sind von guter Qualität.

San Pellegrino Terme ist als heilklimatischer Kurort für italienische Gäste wichtig und wird gern besucht. 452 Meter hoch und nur 24 Kilometer von Bergamo entfernt, verfügt es auch über eine ausgewogene Hotellerie und ein thermalmedizinisches Zentrum, in dem hauptsächlich Krankheiten der Verdauungsorgane und der Harnwege kuriert werden. Tennis und Boccia sowie Sportfischerei für die Freizeitbeschäftigung, ein Thermalschwimmbad, Minigolf, Boccia und Discothek sowie Kino empfehlen sich auch. Schöne Ausflüge in die Umgebung und natürlich nach Bergamo.

Sirmione, ja das wissen die wenigsten, ist außer einem beliebten Urlaubsort auch ein bedeutender, internationaler Kurort, den schon Catull besungen und geliebt hat. Seine Lage am Gardasee auf einer fast drei Kilometer langen, schmalen Halbinsel macht ihn zum vielleicht beliebtesten Heilbadeort der Lombardei. Die radioaktiven, schwefel- und bromjodidhaltigen Quellen finden Anwendung in einem großen, prächtigen Kurmittelhaus (ein zweites ist in Bau), in dem alle nur erdenklichen Anwendungen möglich sind. Gegen rheumatische Erkrankungen, Ischias, Arthrose, Sinusitis und Bronchitis, chronische Bronchitis verschiedener Formen, Asthma, chronische Leiden der Atemwege und vor allem nasenhöhlenbedingte Schwerhörigkeit. Die Hotellerie ist entsprechend ausgewogen bis sehr gut, die Unterbringung ist außerdem außerhalb des Ortes vor der Halbinsel in vielen kleineren Ortschaften am See möglich. Zur sportlichen Unterhaltung gibt es alle möglichen

Wassersportarten und Bootsausflüge auf dem See. Unzählige Geschäfte mit kostbaren und auch einfacheren Mitbringseln und eine sehr gute Gastronomie runden das Angebot ab. März bis November geöffnet, im Winter ist der Ort fast leer.

Tartvalle, Trescore Balneario und **Vallio** schließlich sind die letzten Kurorte in der alphabetischen Reihenfolge der Region Lombardei und eigentlich nur mangels Masse für den überregionalen Bädertourismus ohne Bedeutung.

(Die Übersicht über die Kurorte der Lombardei wurde dem Buch ›Die Lombardei‹ von Nana Claudia Nenzel entnommen, das 1981 im LN-Verlag, Lübeck, erschien.)

Das **Veneto** schließlich glänzt mit zwar wenigen, dafür aber erstaunlich entwickelten Bädern in den Euganäischen Hügeln, die das größte europäische Zentrum für Thermalkuren überhaupt bilden. Kernorte sind Abanao, Montegrotto und Galzignano Terme sowie das sozusagen rein italienische Battaglia Terme (hier findet man kaum einen Nicht-Italiener bei der Kur): mindestens 18000 Hotelbetten in 150 Häusern aller Kategorien, für Leute, die das euganäische Thermalwasser und den mit ihm angereicherten Fango zu schätzen wissen.

Abano Terme ist fest in deutscher Hand, die deutschen Gäste sind hier im wahrsten Sinne des Wortes tonangebend. Das Schöne an den Kurhotels ist, daß man von den Zimmern direkt in die hoteleigenen Kurabteilungen gelangen kann. Dies geschieht teilweise schon zu nachtschlafender Zeit, der Kurbetrieb kann schon um drei oder vier Uhr morgens beginnen.

Auskünfte über die Kurorte des Veneto erhalten Sie bei:

Azienda Autonoma di Soggiorno, Cura e Turismo, Via Pitero d'Abano 18, 35031 Abano Terme, ✆ 049/669055
Azienda di Soggiorno e Cura, Via delle Stazine 37, 35036 Montegrotte Terme, ✆ 049/793384 (Auskunft auch für Galzignano)
Hotelauskunft und Buchung: **Hotelvereinigung ›tas‹,** Via Japelli 4, 35031 Abano Terme, ✆ 049/667500 und 667373 (auch deutschsprechend)

Maße und Gewichte

Wie in Mitteleuropa herrscht auch in Italien das metrische System. Nur kennt man hier die Bezeichnung Pfund nicht, man sagt einfach mezzo chilo, also ein halbes Kilo. Eine Besonderheit ist die Bezeichnung etto = 100 Gramm, 200 Gramm heißen dann due etti etc.

Öffnungszeiten

Banken siehe Geld und Devisen
Postämter montags bis freitags 8.15 bis 14 Uhr, Hauptpostämter teilweise ganztags.
Geschäfte und Apotheken Montag bis Freitag meist 8.30 bis 12.30 Uhr und nochmals 15.30 bis 19.30 Uhr, im Sommer oft auch von 16 bis 20 Uhr. Samstagnachmittag und sonntags, außer in ausgesprochenen Badeorten im Sommer, geschlossen.

Sport

Radsport ist in ganz Oberitalien stark verbreitet. Profis wie Amateure sieht man vor allem auf den kurvigen Bergstraßen in abgelegenen Gebieten. An Wochenenden nicht gerade ein Vergnügen, weil sie sich oft als Verkehrshindernis erweisen und es zu langen Staus kommen kann. Auch während der Woche sollten sich Reisende, die es in einsame Gebiete zieht, vorsehen: Um jede Kurve könnte ein Radfahrer gerast kommen! Schöne Vorschläge für ganz normale Radfahrer hat man vor allem für die Lombardei in einer ausführlichen Broschüre zusammengefaßt.

In dieser Region ist auch der Reitsport zu Hause, insbesondere um Varese herum, also zwischen dem Como-See und dem Lago Maggiore. Viel geritten wird auch an der Adria-Küste, also im Veneto und in der Emilia – die Qualität der Pferde ist aber mit der von Varese selten vergleichbar.

An den Oberitalienischen Seen und an der Adria kann natürlich Wassersport betrieben werden, in jeder erdenklichen Variante. Der Garda-See ist berühmt für die guten Surfbedingungen (im Norden des Sees), aber auch der Iseo-See eignet sich für diesen Sport.

Angeln spielt am Po und in der Lagune von Comacchio eine große Rolle, wo man eine Genehmigung erhält, erfährt man im Hotel oder beim Verkehrsamt.

Tennis wird praktisch in allen Ferienorten angeboten, zahlreiche Hotels haben eigene Plätze direkt am Haus.

Das Veneto vor allem rühmt sich seiner Golfplätze. Bei Abano gibt es einen Platz mit 18 Löchern und ein Acht-Loch-Platz liegt bei Verona.

Auch Italien entdeckt allmählich die Wanderer, insbesondere der Norden, von Südtirol ausgehend. Dolomiten, Alpen und Apennin sind ja für Bergfreunde ideale Wanderreviere, in den meisten Gebieten muß man schon einige Kondition und Bergerfahrung mitbringen. Nicht nötig ist dies an der Küste und entlang des Po, etwa über seine Dämme. An den Oberitalienischen Seen sind bereits Wanderwege markiert, Wandertips erhält man bei den Verkehrsämtern.

Wintersport, sogar für Anspruchsvolle, ist in den Dolomiten, etwa in Cortina d'Ampezzo möglich (Veneto), in den Veltliner Alpen der Lombardei, hier besonders in der Provinz Sondrio (von der Umweltkatastrophe 1984 berührt) mit den Skizentren Aprica (1181 bis 2360 Meter Höhe), Bormio (1225 bis 3020 Meter Höhe) und dem zollfreien Gebiet von Livigno (1816 bis 2800 Meter).

Unterkunft

Da man von ENIT in Deutschland, Österreich und der Schweiz fast nie Hotelverzeichnisse für die gesamte Region erhält, sondern mühsam die einzelnen Provinz-Verzeichnisse der Unterkunftsmöglichkeiten beschaffen muß, greift man besser zu einem ›Michelin‹ oder einem anderem hilfreichen Hotelführer. Einige Adressen sollen ihnen helfen, wenn Sie nicht einfach ohne Buchung losfahren oder über ein Reisebüro buchen wollen.

Buchungsadressen an der Emilia-Küste (Von Norden nach Süden)

COOPTUR, Viale Ariosto 26, 44024 Lido degli Estensi, ✆ 0533/327764

COOPTUR, Via della Fontana 5, 48020 Punta Marina/Ravenna, ✆ 0544/43485

Faita Emilia Romagna (für Camping und Feriendörfer), Via C. Ricci 29, 48100 Ravenna, ✆ 0544/31082

CO.AL.CE Hotels (auch für Milano Marittima), Via Roma 92, 49015 Cervia, ✆ 0544/973340

COOPTUR (auch für Milano Marittima), Viale Roma, Galleria Zoffoli, 49015 Cervia, ✆ 0544/973023

Cesenatico Hotels, Strada Statale Adriatica 2200, 47042 Cesenatico, ✆ 0547/83617

COOPTUR, Viale Carducci 175, 47042 Cesenatico, ✆ 0547/83784

COOPTUR, Via Derna 4, 47037 Rimini, ✆ 0541/56539

Promozione Alberghiera, Via C. Matteucci 4, 47037 Rimini, ✆ 0541/52269

COOPTUR, Viale Ceccarini 183, 47036 Riccione, ✆ 0541/603242

PROMHOTELS, Viale C. Battisti 5, 47036 Riccione, ✆ 0541/604160

Buchungsadressen im Inneren der Emila

Associazone ASSOTURISMO in:

Via Marco Celio 19, 40142 Bologna, ✆ 951/373551

Via Roverella 1, 47023 Cesena, ✆ 0547/22771

Via Pomposa 62, 44100 Ferrara, ✆ 0532/60426

Via E. Dandolo 26/28, 47100 Forli, ✆ 0543/34388

Corso Cavour 37, 41100 Modena, ✆ 059/217334

Via del Consorzio 10, 43100 Parma, ✆ 0521/27062

Via de Meis 10, 29100 Piacenza, ✆ 0523/752235

Via San Vitale 9, 48100 Ravenna, ✆ 0544/34148

Via Galliano 8, 42100 Regio nell'Emila, ✆ 0522/36347

Galleria Balotta 6 B, 45100 Rovigo, ✆ 0425/21443

Buchungsadressen in der Lombardei

Associazione Locale ASSOTURISMO in:

Piazzale Goisis 1/C, 24100 Bergamo, ✆ 035/223055

Via Malta 12, 25100 Brescia, ✆ 030/221398

Via Giovio 11, 22100 Como, ✆ 031/272139

Via Beltrami 18, 26100 Cremona, ✆ 0372/30418

Viale Majano 35, 20122 Mailand, ✆ 02/780628

Via Oberdan 3, 46100 Mantua, ✆ 0376/32981

Via Maffi 1, 27100 Pavia, ✆ 0382/38573

Via Nazario Sauro 29, 23100 Sondrio, ✆ 0342/32117

Via Robbioni 2, 21100 Varese, ✆ 0332/281141

Eine besonders gute Adresse (auch deutschsprechendes Personal ist vorhanden): **COOPTUR Lago d'Iseo** (für die lombardische Seeseite), Vicolo Archetti 2, 25049 Iseo/Brescia, ✆ 030/981154

Buchungsadressen für das Veneto

Associazione ASSOTURISMO in:

Via degli Scrovegni 26, 35100 Padua, ✆ 049/654389

Via Berbaria 35, 31100 Treviso, ✆ 0422/47330

Piazza Corrubbio 21, 37123 Verona, ✆ 045/595188

Via Peschiere Vecchie 19, 36100 Vicenza, ✆ 0444/24872

und außerdem:
Associazione Veneziana Albergatori, San Marco 2475, 30124 Venedig;
Unione Regionale Albergatori del Veneto, Via Torino 61/3, 30172 Mestre/Venedig;
C.I.G.A. (Luxus-Hotels), San Marco 1812, 30124 Venedig

Zollbestimmungen bei der Ausreise

Bei Drucklegung galten folgende Vorschriften für ausländische Touristen, die aus Italien ausreisen: Die Ausfuhr von Gegenständen (Souvenirs), die in Italien gekauft wurden, ist bis zu einem Gegenwert von 500 US-Dollar zollfrei erlaubt. Bei Antiquitäten und Kunstgegenstände kann es schwierig werden, denn dann wird eine Bescheinigung der Kunstkammer verlangt.

Reiseandenken, die aus Italien stammen, also aus einem EG-Land, können bis zu einem Gegenwert von 780 Mark bei Wiedereinreise in die Bundesrepublik zollfrei eingeführt werden, außerdem 1000 Gramm Kaffee oder 400 Gramm Pulverkaffee und 200 Gramm Tee. Einreisende über 17 Jahre dürfen 300 Zigaretten oder 75 Zigarren oder 400 Gramm Tabak einführen, ebenso 1,5 Liter Spirituosen über 22 % oder 3 Liter Spirituosen unter 22 % Alkoholgehalt und 4 Liter Wein. Diese Höchstmengen gelten allerdings nur, wenn sie nicht in einem Duty Free-Laden gekauft wurden. Bei Duty Free-Einkäufen gelten die weltweiten Bestimmungen, die den für Österreich und die Schweiz gültigen entsprechen.

Nach Österreich und in die Schweiz dürfen zollfrei weniger Freimengen eingeführt werden: 200 Zigaretten oder 50 Zigarren oder 250 Gramm Tabak, 1 Liter Spirituosen und 2 Liter Wein.

Adressen, Telefonnummern und Bestimmungen aller Art können sich aus den verschiedensten Gründen manchmal rasch ändern. Wir bitten dafür um Ihr Verständnis. Verlag und Autor sind daher für jeden ergänzenden Hinweis dankbar (DuMont Buchverlag, Mittelstraße 12–14, 5000 Köln 1).

Register

Personen

A = Architekt
B = Bildhauer
M = Maler

Orte

Von Fritz Baumgart sind in unserem Verlag erschienen:

DuMont's kleine Kunstgeschichte

357 Seiten mit 32 Farbtafeln, 417 einfarbigen Abbildungen und Zeichnungen, Namen- und Ortsverzeichnis (DuMont Dokumente)

»Dieser Leitfaden ist eine erste Orientierungshilfe durch die Schatzkammer der Kunstgeschichte. Baumgart holt weit aus, setzt bei der Vorgeschichte an, erwähnt die ersten Hochkulturen in Ägypten, in Mesopotamien und in der Ägäis, führt den Leser durch das Klassische Altertum, an die Stätten des Frühchristentums und des Islams, durchstreift die Jahrhundertwende vom Frühmittelalter bis zum Barock und räumt schließlich den künstlerischen Aktivitäten der Gegenwart einen breiten Raum ein.«

Westdeutscher Rundfunk

»Blumen-Brueghel«

Leben und Werk

183 Seiten mit 20 farbigen und 64 einfarbigen Abbildungen, Literaturhinweisen, Zeittafel (DuMont Taschenbücher Band 67)

»Der vorliegende Band beschäftigt sich ausschließlich mit dem Blumen-Brueghel, der ungerechterweise durch die beiden Pieter ganz in den Hintergrund trat. Man vermutet, daß ihm etwa tausend Bilder in öffentlichen und privaten Sammlungen sowie im Kunsthandel zuzuschreiben sind. Jan Brueghel, der mit dem neun Jahre jüngeren Rubens befreundet war, genoß schon zu Lebzeiten einen großen Ruf. – Dem Autor gelingt der Versuch, ihm jene Bedeutung zuzuweisen, die ihm tatsächlich auch zukommt.«

Wiesbadener Tagblatt

Stilgeschichte der Architektur

299 Seiten mit 311 einfarbigen Abbildungen, 191 Zeichnungen, Namen- und Ortsverzeichnis (DuMont Dokumente)

»Anhand konkreter Beispiele werden die Besonderheiten und typischen Merkmale der alten und neuen abend- und morgenländischen Architektur aufgezeigt. Das geschieht – sehr klug gegliedert – oft fast stichwortartig und sehr sachlich. Auch alte und neue Städteplanung wird berücksichtigt. Man bekommt den Stoff schnell in den Griff.« *Stuttgarter Nachrichten*

DuMont's kleines Sachlexikon der Architektur

170 Seiten mit 225 Abbildungen, Namenverzeichnis (DuMont Taschenbücher Band 44)

»Der besondere Vorzug dieses in einem Band abgeschlossenen Architektur-Lexikons liegt in seiner Konzeption: Durch die Beschränkung auf Sachbegriffe konnte der Verfasser die stattliche Anzahl von rund 800 Stichwörtern aufnehmen, sie präzis erläutern und reich illustrieren. Dabei werden die großen Stil-Epochen der abendländischen Baugeschichte – einschließlich der für Europa bedeutsamen orientalischen Architekturen – ausführlich monographisch dargestellt. Querverweise verbinden die einzelnen Artikel miteinander. Das Namenverzeichnis im Anhang erfaßt alle genannten Künstler, Architekten und Herrscher, so daß der Leser gleichzeitig ein kleines Lexikon der Persönlichkeiten einer mehr als 2000jährigen Baugeschichte erhält.« *Neue Osnabrücker Zeitung*

Bitte beachten Sie auch folgende Veröffentlichungen aus unserem Verlag:

Lombardei und Oberitalienische Seen

Landschaft zwischen Adda und Po
Von Lydia L. Dewiel. Etwa 350 Seiten mit etwa 32 farbigen und etwa 120 einfarbigen Abbildungen sowie etwa 60 Plänen und Zeichnungen, praktischen Reisehinweisen, Literaturhinweisen und Register (DuMont Kunst-Reiseführer)

Gardasee, Verona, Trentino

Der See und seine Stadt
Landschaft und Geschichte, Literatur und Kunst
Von Walter Pippke und Ida Pallhuber. Etwa 320 Seiten mit etwa 40 farbigen und etwa 125 einfarbigen Abbildungen, etwa 80 Karten, Plänen und Grundrissen, prakt. Reisehinweisen, Glossar und Register (DuMont Kunst-Reiseführer)

Südtirol

Begegnungen nördlicher und südlicher Kunsttradition in der Landschaft zwischen Brenner und Salurner Klause
Von Walter Pippke und Ida Pallhuber. 352 Seiten mit 51 farbigen und 127 einfarbigen Abbildungen, 70 Zeichnungen und Plänen, 16 Seiten praktischen Reisehinweisen, Literaturangaben, Register, Zeittafel (DuMont Kunst-Reiseführer)

Die italienische Riviera

Ligurien – die Region und ihre Küste von San Remo über Genua bis La Spezia
Von Rolf Legler. 392 Seiten mit 57 farbigen und 160 einfarbigen Abbildungen, 116 Zeichnungen und Plänen, 40 Seiten praktischen Reisehinweisen, Register (DuMont Kunst-Reiseführer)

Venedig

Die Stadt in der Lagune – Kirchen und Paläste, Gondeln und Karneval
Von Thorsten Droste. 392 Seiten mit 37 farbigen und 148 einfarbigen Abbildungen, 104 Karten und Plänen, 18 Seiten praktischen Reisehinweisen, Glossar, Register (DuMont Kunst-Reiseführer)

»Richtig reisen«: Venedig

Von Eva Bakos. Foto-Illustration von Helga Sittl. 312 Seiten mit 46 farbigen und 209 einfarbigen Abbildungen, 12 Karten, 56 Seiten praktischen Reisehinweisen, Register

»Richtig reisen«: Friaul – Triest – Venetien

Von Eva Bakos. 384 Seiten mit 67 farbigen und 261 einfarbigen Abbildungen, 16 Karten und Plänen, 46 Seiten praktischen Reisehinweisen, Register

»Richtig reisen«: Toscana

Von Nana Claudia Nenzel. 368 Seiten mit 33 farbigen und 182 einfarbigen Abbildungen, 17 Karten und Plänen, 55 Seiten praktischen Reisehinweisen

Toscana

Das Hügelland und die historischen Stadtzentren
Pisa, Lucca, Pistoia, Prato, Arezzo, Siena, San Gimignano, Volterra
Von Klaus Zimmermanns. 392 Seiten mit 40 farbigen und 132 einfarbigen Abbildungen, 140 Plänen und Zeichnungen, 16 Seiten praktischen Reisehinweisen, Literaturangaben, Register
(DuMont Kunst-Reiseführer)

»Richtig reisen«

Ägypten
Algerische Sahara
Amsterdam
Arabische Halbinsel
Australien
Bahamas
Von Bangkok nach Bali
Berlin
Budapest
Cuba
Elsaß
Ferner Osten
Finnland
Florida
Friaul – Triest – Venetien
Graz und die Steiermark
Griechenland
Delphi, Athen, Nord- und Mittelgriechenland, Inseln
Griechische Inseln
Großbritannien
Hawaii
Holland
Hongkong
Mit Macau und Kanton
Nord-Indien
Süd-Indien
Irland
Istanbul
Jamaica
Kairo
Kalifornien
Kanada und Alaska
Ost-Kanada
West-Kanada und Alaska
Kreta
»Richtig wandern«: Kykladen
London
Los Angeles
Madagaskar
Malediven
Marokko
Mauritius
Mexiko
Moskau
München
Nepal
Neu-England
Neuseeland
New Mexico
Santa Fé – Rio Grande – Taos
New Orleans
und die Südstaaten Louisiana, Mississippi, Alabama, Tennessee, Georgia
New York
Norwegen
Ostafrika
Kenya und Tanzania mit Uganda, Rwanda und Burundi (Frühjahr '88)
Paris
Paris für Feinschmecker
Philippinen
Portugal
Réunion
»Richtig wandern«: Rhodos
Rom
San Francisco
Die Schweiz und ihre Städte
Seychellen
Sizilien
Sri Lanka (Ceylon)
Südamerika 1
Kolumbien, Ekuador, Peru, Bolivien
Südamerika 2
Argentinien, Chile, Uruguay, Paraguay
Südamerika 3
Brasilien, Venezuela, die Guayanas
Texas
Thailand
Toscana
»Richtig wandern«: Toscana und Latium
Türkei
Tunesien
Venedig
Wallis
Zypern

Zeittafel zur Geschichte Oberitaliens

6. Jh. v. Chr.	Felsina (Bologna) durch Etrusker gegründet
400 v. Chr.	Felsina wird von Galliern erobert. Die Siedlung Rimini fällt in die Hände der Gallier
268 v. Chr.	Kolonisierung von Rimini durch die Römer: Ariminum
um 225 v. Chr.	Die Siedlung Faenza wird römisch: Faventia
225 v. Chr.	Brixia (Brescia) mit den Römern verbündet
222 v. Chr.	Gallische Siedlung, das spätere Mailand, von Römern erobert
218 v. Chr.	In der Schlacht an der Trebbia wehrt die Stadt Placentia (Piacenza) Hannibal ab
207 v. Chr.	Placentia wehrt Hasdrubal ab
Anf. 2. Jh. v. Chr.	Bologna wird römisch: Bononia
197 v. Chr.	Mailand von den Römern endgültig unterworfen
196 v. Chr.	Das gallische Como von Konsul Quintus Marcellus erobert
183 v. Chr.	Gründung der Kolonie Mutina (Modena) durch die Römer
ab 183 v. Chr.	Parma römische Kolonie
90 v. Chr.	Placentia (Piacenza) erhält römisches Bürgerrecht
89 v. Chr.	Mediolanum (Mailand) erhält römisches Bürgerrecht. Verona wird römische Kolonie
88 v. Chr.	Ravenna erhält römisches Bürgerrecht
49 v. Chr.	Como (Novum Comum) und Verona erhalten römisches Bürgerrecht Keltische Siedlung wird zum römischen Bergomum (Bergamo)
49 v. Chr.	Cäsar überschreitet von Ravenna aus den Rubikon
292 n. Chr.	Kaiser Maximian residiert in Mailand
313	Mailänder Edikt, Anerkennung des Christentums
359	Ökumenisches Konzil von Rimini
370	Hl. Ambrosius in Mailand
Anfang 5. Jh.	Kaiser Honorius residiert in Mailand
401	Mantua wird westgotisch
404	Kaiser Honorius wählt Ravenna zur Hauptstadt
425–445	Galla Placidia regiert in Ravenna
450	Tod der Kaiserin Galla Placidia
451	Sieg Valentinians über die Hunnen auf den Katalaunischen Feldern
452	Vicenza wird von Attila zerstört
455–526	Theoderich d. Gr.
476	Absetzung des letzten weströmischen Kaisers Romulus Augustulus Untergang des weströmischen Reiches
476–493	Ravenna Hauptstadt Odoakers
493	Theoderich siegt in der ›Rabenschlacht‹ bei Ravenna über Odoaker
493–526	Theoderich in Ravenna
534	Mantua wird byzantinisch
539	Ostgoten erobern Mailand
540	Ravenna, von Byzanz erobert, wird Hauptstadt des byzantinischen Exarchats
541–568	Aufblühen Paduas unter byzantinischer Herrschaft
553–568	Parma unter byzantinischer Herrschaft
569	Langobardenkönig Alboin wählt Pavia als Residenz
um 570	Mantua wird langobardisch
572	Langobarden unter Alboin erobern Pavia
ab 579	Parma Sitz der Langobardenherzöge
5. u. 6. Jh.	Ostgoten in Oberitalien. Bau der Basiliken in Ravenna
6. Jh.	Bologna kommt zum byzantinischen Exarchat
6.–8. Jh.	Langobarden in Oberitalien
601	Padua durch die Langobarden zerstört
ab 626	Pavia bevorzugter Sitz der Langobardenkönige
Ende 6. Jh.	Monza Sommersitz der Langobardenkönigin Theodelinde
751	Ravanna fällt an die Langobarden
756	Ravenna fällt dem Papst zu
756–774	Langobarden-König Desiderius
ab 774	Franken in Oberitalien
um 911	Treviso von den Ungarn verwüstet
918	Monza Residenz von Kaiser Berengar I.

924	Berengar I. wird in Verona ermordet
988	Ferrara kommt als Lehen an Markgraf Tebaldo von Canossa
um 990–1050	Guido von Arezzo, Musikgelehrter
um 1000	Mantua gehört zur Feudalherrschaft der Attoni (Canossa)
ab 11. Jh.	Entwicklung der Emporenbasilika (vor allem in Frankreich)
1035	Bologna wird unabhängig von Ravenna
1046–1115	Gräfin Mathilde von Canossa (von Toskana)
Mitte 11. Jh.	Aufstand der Pataria in Mailand unter Guido de Velate (Einleitung des Investiturstreits)
1076	Bischof Dionysius in Piacenza. – Wormser Konzil, Papst Gregor VII. wird als abgesetzt erklärt
1077	Heinrichs IV. Bußgang nach Canossa
um 1080	Cremona wird freie Stadt
1096	Synode Papst Urbans II. in Piacenza
1098	Crema fällt dem Bischof von Cremona zu
Ende 11. Jh.	Ausbildung des Städtewesens in Oberitalien
ab 12. Jh.	Bergamo wird freie Stadt, führend in der Lega Lombarda
	Pavia und Faenza werden freie Kommunen
ab 12. Jh.	Bau der Kommunalpaläste in Oberitalien
12. Jh.	Bau monumentaler Kathedralen
12.–13. Jh.	Höhepunkt der Macht und Bedeutung von Bologna
12.–14. Jh.	Bau der Geschlechtertürme in Oberitalien
1107	Gründung der ›Lega Veronese‹ gegen Barbarossa (Verona, Padua, Vicenza, Treviso)
1115	Tod der Gräfin Mathilde. Ferrara wird selbständig
1116	Kaiser Heinrich V. bestätigt Bologna als freie Kommune
1118–1127	Kämpfe zwischen Mailand und Como, Zerstörung von Como
1125–1190	Kaiser Friedrich I. Barbarossa
1135	Modena als freie Stadt bezeugt
ab Mitte 12. Jh.	Einrichtung des Podestà
1151	Zerstörung von Lodi durch Mailand
1152–1190	Hohenstaufen versuchen Wiederherstellung der kaiserlichen Macht in Italien
1154	Reichstag Barbarossas auf den Ronkalischen Gefilden
1157	Barbarossa verleiht Rimini autonomen Magistrat
1158	Erneuter Reichstag Barbarossas auf den Ronkalischen Gefilden. – Barbarossa läßt Lodi wieder aufbauen. – Die Rechtsschule von Bologna wird durch Kaiser Friedrich I. als Universität privilegiert
1160	Crema von Barbarossa zerstört
1162	Zerstörung von Mailand durch Barbarossa
1164	Treviso als selbständige Kommune von Barbarossa anerkannt
1164	Verona, Vicenza, Padua verbünden sich gegen den Kaiser
1167	Brescia, Bergamo, Mantua, Cremona, Mailand, Ferrara, Parma, Modena, Bologna treten dem Bündnis gegen den Kaiser bei
1168	Lega Lombarda
1175	Padua wird freie Kommune, wählt seinen ersten Podestà
1176	Barbarossa unterliegt bei Legnano
1177	Erdbeben in Oberitalien
1178	Faenza schließt sich der ersten Lega Lombarda an
1178–nach 1200	Benedetto Antelami
1182–1218	Otto IV. von Braunschweig
1183	Anerkennung der städtischen Autonomie Mailands. – Konstanzer Friede. Como als freie Stadt anerkannt
1185	Wiederaufbau von Crema. Erneuerung der Lega Lombarda
1195	Zweites Bündnis der lombardischen Städte in Fidenza, gegen Heinrich VI.
1199	Errichtung des Castello von Castelfranco durch die Einwohner von Treviso
ab Ende 12. Jh.	Bologna Zentrum der Rechtswissenschaft
ab 13. Jh.	Gilden gewinnen an Bedeutung
1212–1250	Kaiser Friedrich II.
1220	Anlage von Cittadella durch die Paduaner
1222	Gründung der Universität Padua
1226	Zweite Liga der oberitalienischen Städte, gegen Friedrich II.
1227–1259	Tyrannenherrschaft des Ezzelino da Romano
1236	Vicenza wird von Friedrich II. erobert und verwüstet